고전에서 찾은
말의 내공

고전에서 찾은 말의 내공

1판 1쇄 인쇄 2025년 1월 8일
1판 1쇄 발행 2025년 1월 14일

지은이 | 린이
옮긴이 | 송은진
발행인 | 홍영태
편집인 | 김미란
발행처 | (주)비즈니스북스
등 록 | 제2000-000225호(2000년 2월 28일)
주 소 | 03991 서울시 마포구 월드컵북로6길 3 이노베이스빌딩 7층
전 화 | (02)338-9449
팩 스 | (02)338-6543
대표메일 | bb@businessbooks.co.kr
홈페이지 | http://www.businessbooks.co.kr
블로그 | http://blog.naver.com/biz_books
페이스북 | thebizbooks
인스타그램 | bizbooks_kr
ISBN 979-11-6254-403-7   03190

비즈니스북스는 독자 여러분의 소중한 아이디어와 원고 투고를 기다리고 있습니다.
원고가 있으신 분은 ms1@businessbooks.co.kr로 간단한 개요와 취지, 연락처 등을 보내 주세요.

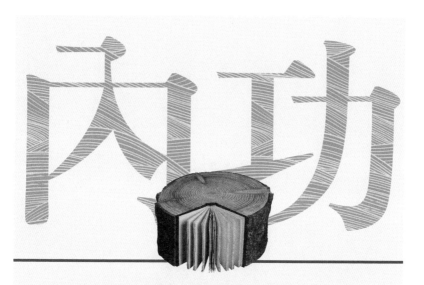

5,000년 시간을 뛰어 넘는 인생 고수들의 대화 전략

고전에서 찾은 말의 내공

린이 지음 | 송은진 옮김

비즈니스북스

차례

제1장

말은 '밀어내는 것'이 아니라 '끌어들이는 것'

제2장

어떻게 해야 말의 내공을 기를 수 있을까?

~ 제3장 ~

틈이 있고 유연해야 말이 단단해진다

~ 제4장 ~

상대에 맞춰 다듬어져야 말다운 말이다

상황도, 사람도
내 편으로 만드는
고전의 말하기 비법

《고전에서 찾은 말의 내공》을 읽으며 세 가지 느낌을 받았다.

첫 번째 감상은 '거시적'이라는 것이다. '역사를 거울로 삼는다'는 격언은 당 태종 이세민이 정국공 위징을 추모하며 남긴 말에서 유래했다.《구당서》舊唐書〈위징전〉魏徵傳에는 '구리를 거울로 삼으면 의관을 가지런히 정돈할 수 있고, 역사를 거울로 삼으면 흥망성쇠를 알 수 있다'라는 구절로 기록되었다. 왕조의 존망이 걸린 난관을 헤쳐나간 역사적 인물의 삶은 단순히 사료를 들춰 파란만장한 사연을 전하는 데에서 그치지 않고 우리에게 제대로 말하고 처신하는 지혜를 알려 준다. 지금까지 화술을 다룬 책은 많이 출간되었지만, 역사를 통해 제대로 말하는 방법을 알려주는 책은 여전히 많지 않다.

두 번째 감상은 '체계적'이라는 것이다. 누군가 영국의 총리였던 윈스턴 처칠에게 이렇게 물었다. "2분 분량의 연설을 준비하는 데 시간이 얼마나 걸립니까?"

처칠이 답했다. "반 달 정도 걸립니다."

상대방은 재차 질문했다. "5분 분량의 연설은요?"

처칠이 다시 답했다. "일주일이 필요합니다."

상대방이 끈질기게 다시 물었다. "그럼 한 시간짜리 연설은요?"

이에 처칠은 웃으면서 이렇게 답했다. "준비할 필요가 없습니다."

이 일화는 간결하면서 효과적으로 말을 전달하기가 쉽지 않다는 것을 알려 주지만, 긴 호흡으로 말하는 것 또한 어렵기는 마찬가지다. 그 긴 시간 동안 일관된 말의 흐름을 유지하기 위해서는 철저한 준비가 필요하기 때문이다.

이 책은 10개의 장으로 구성되어 있으며 각 장마다 다섯 개씩 총 50가지 말하기 사례가 밀도 있게 정리되었다. 만약 처칠이 이야기했던 '연설'을 하는 것 이상의 내공이 저자에게 없었다면 이렇게 훌륭한 책을 집필하는 것은 불가능한 일이었을 것이다. 또한 50가지 사례를 뒷받침해주는 모든 자료는 《사기》史記, 《춘추》春秋, 《좌전》左傳, 《전국책》戰國策, 《진서》晉書, 《신당서》新唐書, 《송사》宋史, 《자치통감》資治通鑑 등 다양한 역사서에서 엄선했다.

세 번째 감상은 '실용적'이라는 것이다. 이 책에서 소개하는 역사적 인물들은 어떻게 말해야 하는지에 대해 네 가지 측면으로 보여주고 있다. 이는 첫째, 지혜로울 것, 둘째, 원칙을 밝힐 것, 셋째, 전략을 이해할 것, 넷째, 말을 중시할 것이다. 그중에서도 첫 번째인 '지혜로울 것'이 무엇보다 인상적이었다.

책에서 만날 수 있는 역사적 인물들의 지혜에는 다음과 같은 다섯 가지가 반영되어 있다.

첫째, 생각이 뚜렷해 현혹되지 않는다. 반고班固는 "지혜로운 자는 혼자 보고 들으며 혼란에 빠지지 않는다"라고 했다. 지혜로우면 어떤 상황에서도 스스로를 등불로 삼아 헤쳐나가며 현혹되지 않는다는 말이다. 그런 점에서 이 책을 통해 우리는 역사적 인물들이 어떻게 자신의 말에 의지해 난세를 헤쳐나갔는지를 엿볼 수 있다.

둘째, 앞날을 내다볼 수 있다. 사마천司馬遷의《사기》〈사마상여열전〉司馬相如列傳에는 이런 말이 나온다. "명민한 사람은 일이 싹도 트기 전에 미리 알고, 지혜로운 사람은 위험이 나타나기 전에 피한다." 현명한 사람은 직면한 문제를 바라볼 때에도 앞날을 헤아리고 사물 간의 연관성을 깊이 관찰한다. 이 책에 등장하는 역사적 인물들은 선견지명을 발휘해 위기를 극복하기도 하고, 반대로 뛰어난 능력을 가지고 있으면서도 스스로를 위험에 빠뜨리기도 한다. 우리는 이들의 삶을 통해 전자는 귀감으로 받아들일 수 있고, 후자는 반면교사로 삼을 수 있다.

셋째, 미세한 조짐에서 큰 그림을 파악할 수 있다.《중용》中庸에 '신중히 생각하며 사리를 분명하게 변별하라'라는 말이 있다. 지혜로운 사람의 말은 원만하며 유연하다. 지혜로운 사람은 현상을 관찰하고 단서를 골라내 논리적으로 추정하며 법칙을 파악할 줄 안다. 또 그 안에서 유사점과 차이점을 알아보고, 연결 고리를 밝혀 혼란 속에서도 실마리를 찾는 데 능숙하다. 이 책에 등장하는 역사적 인물들의 화술을 통해 그러한 지혜를 배울 수 있다.

넷째, 기회를 보면 행동할 줄 안다. 시인 두목杜牧은 《손자》孫子에 주석을 달면서 '병법에 정통한 사람은 지혜를 우선으로 둔다'라고 썼다. 또 청 시기 학자 유월兪樾은 《귀곡자》鬼谷子에 나오는 '조어'釣語라는 말을 두고 '사람이 숨기는 말을 기교로 드러나게 한다'라고 해설했다. 이 책에 등장하는 역사적 인물들은 득실과 진퇴가 결정되는 시기에서 기회를 민첩하게 포착했고, 문제를 슬기롭게 해결했다.

다섯째, 경청을 잘하고 귀와 눈이 모두 밝다. 중국인이 흔히 하는 말 중에 "우매한 사람은 독선적이고 지혜로운 사람은 잘 듣는다"라는 격언이 있다. 서양에도 "말하는 것은 은이요, 듣는 것은 금이다"라는 비슷한 금언이 있다. 경청은 소통의 예술이자 소통의 태도이며 소통의 지혜다. 경청은 말하는 이가 문제의 본질을 알아보고 해결책을 찾도록 돕는다. 이 책에 등장하는 역사적 인물들은 말하기의 달인이기도 하지만 듣기의 달인이기도 했다.

글을 마무리하면서 이 책이 참고한 사료가 주로 흥미롭고 유익한 고사가 많이 전해져 내려오는 선진先秦과 양한兩漢 시기에 집중되어 있다는 점을 말하고 싶다. 관련 연구가 계속 진행 중이라니 저자가 후속작에서 역사의 범위를 더 확장해 더 큰 성과를 독자들과 나눌 수 있기를 기대한다.

중요한 부탁을 받아 진솔하게 썼음을 밝힌다.

왕췬王群
(화둥사범대학 언론정보학과 교수)

당신의 '말 한마디'가
인생을 바꾼다!

"말하는 데 기술이 필요한가요?"

몇 년 전 일이다. 내가 주최한 '청년 학자 커뮤니케이션 포럼'에서 명망 있는 학자 한 분께서 이렇게 말씀하셨다. "린 선생님께서는 말에 대해 연구하고 강의하시는 분이시죠. 그런데 저는 말하기에 무슨 기교 따위가 필요한지 의문입니다. 오직 진실하게, 진심을 전달하는 것만이 유일한 말의 기술이 아닐까요?"

만약 어떤 사회의 구성원들이 말에 '진실'만을 담게 된다면, 그 사회는 어떤 오해나 갈등 없이 서로의 뜻을 오롯이 전하고 또 원활하게 소통하는 곳이 될까? '말하기의 예술'이란 사람과 사람 사이에 이뤄지는 소통이 진실로만 채워질 수 없기 때문에, 담백하게 말하는 것만으로는 부족하기 때문에 생겨난 것이다.

한편으로 "솔직한 말도 마음대로 못하는가?"라는 질문을 종종 받기도 한다. 커뮤니케이션학을 조금이라도 공부해 본 사람이라면 이러한 생각이 전형적인 헤게모니적 표현이자 일방적인 사고이며 이른바 '표적 이론'이라는 것을 안다. 여기서 표적 이론이란 화자가 자기중심적인 태도로 듣는 대상을 표적으로 삼아 마구잡이로 총질하듯 말하는 것을 의미한다.

나는 이와 같은 질문을 들을 때마다 이렇게 되묻고 싶다. "여러분은 말하기 전에 들어주는 상대방에 대해 얼마나 고민하십니까? 상대방이 당신의 말을 듣는다는 것은 자기 삶의 일부를 오직 당신을 위해 할애한다는 의미임을 알고 계십니까? 입장을 바꿔 그저 사실과 진심을 담고 있다면 상대방으로부터 무슨 말이라도, 어떻게든 들어도 상관없다고 생각하십니까?"

대화란 최소한 두 명의 당사자가 참여하는 활동이며, 일방적으로 말을 전하는 것이 아니라 서로 주고받는 것이다. 내가 뱉는 말이 상대방에게 닿지 못한다면 아무리 그 내용이 진실되고 훌륭하다고 해도 쓸모없는 행동이 될 뿐이다. 그저 '진실을 말한다'는 의도에만 취해 일방적으로 전달해놓고서는 제대로 받아들이지 못하는 상대를 탓하는 것은 더 이상 소통이라고 할 수 없다.

지금은 말 한마디 잘못했다고 머리가 달아나거나 멸족을 당하는 세상이 아니다. 그러나 상대방에게 건네고 또 내게 전해지는 말의 무게까지 가벼워진 것은 아니다. 자신의 말이 제대로 상대방에게 닿기를 원한다면 혼자만의 진심을 담고 혼자 만족하는 데에서 그치지 않고 그만큼 전달하는 과정에 대해 준비하고, 또 전달받는 상대방에 대해 고민해야 한다. 우리가 화술을 배워야 하는 까닭은 바로 여기에 있다.

격투기 선수들은 승과 패만이 존재하는 혹독한 시합에서 승리하기 위해 상대를 철저하게 분석하고, 링 위에서 써먹을 기술들을 연마한다. 듣는 상대방을 전제하는 말하기도 다르지 않다. 말을 잘하기 위해서는 화술이 아니라 소양부터 길러야 한다고 하지만, 그 소양 또한 말을 들어주는 상대방을 배려하는 '기술'이 뒷받침되어야 한다. 말의 기술은 그저 감언이설을 그럴듯하게 늘어놓기 위한 기교 따위가 아니라, 내 말에 귀를 기울이는 상대방에 대한 준비이자 예의다.

고전에서 말의 내공을 찾는 이유

중국 역사에는 '변사辯士'라고 불리는 인물들이 있었다. 그들은 세치 혀로 자기 목숨을 구했음은 물론, 나라의 운명까지 바꿔 놓았다. 기원전 311년, 진秦나라의 재상 장의張儀가 다른 나라에 갔다가 진으로 돌아가는 중이었다. 그는 함양에 도착하기도 전에 혜문왕惠文王이 승하했다는 소식을 들었다. 뒤이어 즉위한 무왕武王은 태자 시절부터 장의를 좋아하지 않았고, 신하들은 장의가 없는 틈을 타 그를 비방했다.

장의는 함양에 도착한 다음 기회를 엿보다가 무왕을 찾아가 이렇게 말했다.

"신이 미숙한 계책을 바칩니다. 우리나라가 잘 되려면 반드시 동쪽의 나라들이 서로 사이가 나빠야 합니다. 그래야 전하께서 더 많은 땅을 얻을 수 있습니다. 모두가 알다시피 제왕齊王이 저를 미워해 가는 곳마다 군사를 보내 잡아들이려고 합니다. 전하께서 신을 위魏로 보내시면 제는 틀림없이 위를 공격할 것입니다. 그러면 저들이 싸우는 틈에 전하께서 한韓을 공격해 삼천三川으로 들어가십시오. 함곡관函谷關을 열고 바로 진격해서 주周의 도성에 들어가면 주왕을 잡고 제왕의 공적을 이룰 수 있습니다."

무왕은 이 말을 듣고 반기며 전차 서른 대를 준비해서 장의를 위나라로 보냈다. 장의는 이렇게 진나라를 탈출했고, 말로 자신의 목숨을 구했다. 만약 장의가 함양에 도착하자마자 곧장 무왕을 찾아가 간신들에게 속아 자신에 대해 오해하고 있지 않느냐며 따져 물었다면 그의 운명은, 나아가 전국시대의 향방은 역사와 다르게 흘러갔을 것이다. 이처럼 역사를 찾아보면 말이 역사를 결정지은 사례들을 쉽게 찾을 수 있다. 그리고 그 '말이 바꾼 역사'들은 다시 말로 전해져 수많은 역사적 인물이 결단을 내릴 때 참고가 되었다.

물론 전 세계가 실시간으로 연결되어 방대한 정보를 쉽게 접할 수 있는 지금, 굳이 옛사람에게 말을 배워야 하느냐는 반박도 있을 수 있다. 그러나 말하기의 본질은 옛 사람의 시대에서 크게 달라지지 않았다. 수천 년 전 집필된《논어》論語에 담긴 말이 지금도 여전히 많은 이들에게 큰 울림을 주듯, 오직 말로 난세를 헤쳐 나갔던 이들의 삶은 오늘날 우리에게도 많은 영감을 준다.

《고전에서 찾은 말의 내공》은 이와 같이 '역사'를 바탕으로 '말로 사람을 대하는 기술'에 대해 고민한 결과다. 따라서 그저 옛 이야기를 다뤘다거나 말 잘하는 법에 대해 알려주는 데 그치지 않고 '말로 역사가 결정된 순간'들을 다시 들여다보고, 그 극적인 순간 위인들이 서로를 마주하며 주고받았던 이야기들을 오늘날 커뮤니케이션학에 맞춰 재해석하고자 했다.

이 책의 시작은 '사료에서 화술을 찾아내고 분석하는' 한 인터넷 플랫폼의 무료 팟캐스트 방송에서 비롯되었다. 방송에서 나는 진행을 맡았고, 제작진이 중국 역사에 결정적인 영향을 끼친 매혹적인 대화들을 심도 있게 해부했다. 그러나 입말과 글말에는 차이가 있을 수밖에 없다. 방송이 끝난 후, 우리는 백여 편의 방송 원고 가운데 50편을 엄선해 책에 맞는 글로 다듬었다. 구체적으로는 역사 속 인물들의 사례들을 화술 유형에 따라 10개 장으로 나눴고, 다시 사례들을 각 장마다 다섯 개씩 배치했다.

사료를 정리하고 이야기를 편집하는 것이 너무 방대한 작업이라 혼자서는 어려웠다는 점을 꼭 이야기하고 싶다. 책에 실린 50개 이야기의 사료 정리에 루메이이盧美毅, 천다취안陳大川, 양허이楊和軼, 류레이劉磊, 양칭楊青 등 많은 선생님들께서 심혈을 기울였다. 양둥제楊東傑 선생님도 전공을 활용해 많은 도움을 주셨다. 진심을 담아 감사의 말씀을 드리며, 모두의 노력이 없었다면 이 책이 순조롭게 출판되기 어려웠음을 밝힌다.

내가 책이라는 매체를 빌려 역사를 소재로 삼아 말하기에 대해 설명하는 이유는 크게 두 가지로 정리할 수 있다. 첫째, 역사에는 말로 운명을 바꾸고 심지어 역사의 향방까지 바꾼 사례들이 많다. 둘째, 옛날의 대화에 빗대 오늘날에도 적용되는 사람을 대하는 자세에 대해 말하고 싶었다.

오늘날 스피치, 소통, 변론, 협상 등에서 쓰이는 전문적인 말의 기술은 사실 오래전부터 내려왔던 것들이다. 다만 우리가 그것들을 제대로 전해 받지 못했거나, 당연하다고 생각하며 정작 실천하지는 못했을 뿐이다.

이제부터 오래전부터 전해 내려왔지만 지금은 잊혀지고 있는 '말의 기술'에 대한 이야기를 하고자 하니 천천히 따라와 주기를 바란다.

린이林毅

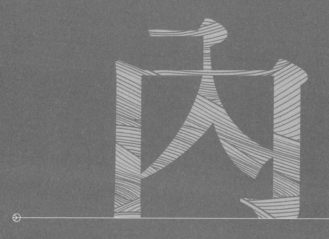

말은 '밀어내는 것'이 아니라 '끌어들이는 것'

【말의 환경 바꾸기】

나의 영역을
만들어 놓고 말하라

《안자춘추》晏子春秋에서 배운다

생명체가 생존하는 데 있어 가장 중요한 요인은 억센 발톱이나 효율적인 대사량이 아니라 적합한 환경이다. 말하기에서도 마찬가지다. 대화를 나누기에 앞서 가장 먼저 갖춰야 할 것은 능란한 언변이나 치밀한 논리가 아니라 대화의 흐름이 자신의 의도에 맞춰 흘러가는 분위기 자체를 미리 조성하는 것이다. 그 반대로 스스로를 대화의 흐름에 맞추면 상대방의 말에 휘둘리게 된다.

"귤도 회하 이북으로 건너가면 탱자로 변한다고 합니다"

춘추시대 중국은 140여 개의 크고 작은 제후국으로 나뉜 채 전쟁이 끊이지 않았다. 따라서 한 나라의 사신으로 타국, 특히 강국을 방문한다는 것은 많은 용기와 지혜가 필요한 일이었다.

기원전 531년 맑지 않은 어느 날, 제齊나라 경공景公이 상대부 안영晏嬰을 초楚나라에 사신으로 보냈다. 당시 상대부는 오늘날 총리에 해당하는 관직이니 이 파견이 얼마나 중요한 의미를 가지고 있는 일이었을지 짐작할 만하다.

당시 제는 진晉과 초라는 강대국들에 둘러싸여 있었으며, 환공桓

公이 '아홉 차례나 제후를 규합하고 천하를 바르게 세웠던' 백 년 전과 는 다르게 국력 또한 쇠퇴한 상황이었다. 제는 이미 진의 세력 아래로 의탁했으나 두 나라의 관계가 굳건하지는 않았다. 한편 초를 다스리는 영왕靈王은 2년 전 진陳나라를 멸망시켰던 전쟁광이었다. 만약 제가 초와 우호적인 외교 관계를 맺지 못하면 얼마 못 가 초의 공격을 받을 것이 분명했다.

안영은 훗날 안자晏子로도 불리는데, 성씨에 '자'子가 붙었다는 것 은 덕이 높은 인물로 평가받았음을 의미한다.《사기》〈관안열전〉管晏 列傳에는 안자의 키가 '6척이 채 되지 않는다'라고 나오는데, 오늘날 단위로 바꾸자면 140센티미터 정도의 단신이다. 그러나 사마천은 안 자의 작은 키를 언급하면서 "안자가 아직 살아 있다면 나는 기꺼이 그 를 위해 채찍을 들고 말을 몰겠다"라는 감탄을 덧붙였다.

초의 성문 앞에 도착한 안자는 문이 단단히 닫혀 있는 것을 발견했 다. 안자가 주변을 살펴보니 성문 옆에 5척 높이의 자그마한 개구멍이 뚫려 있었다. 영왕이 체구가 작은 안자를 조롱하고자 만든 것이었다. 초의 관리들이 문 옆에 서서는 히죽거리며 안자가 개구멍을 지나기를 기다리고 있었다.

아무렇지 않게 이를 바라보던 안자가 돌아서더니 짐짓 물었다. "오 늘 제가 개의 나라에 사신으로 왔다면 당연히 개구멍으로 들어가야겠 지요. 그런데 만약 초에 방문한 것이라면 다른 문으로 들어가야 하지 않겠습니까?"

이 말에는 '꾸짖음'과 '치켜세우기'라는 상반된 두 가지 의도가 모두 들어 있다. 초의 무례를 에둘러 나무라면서도 대국답게 행동하기를 요구함으로써 할 말이 없게 만든 것이다. 그렇게 안자는 큰 걸음으로 성큼성큼 정문을 지나 초로 입성했다.

곧이어 안자는 왕을 알현하기 위해 궁으로 들어갔다. 영왕은 서 있는 안자의 키가 앉아 있는 자신보다 크지 않다는 것을 타박하듯 굳이 책상다리로 바닥에 앉은 채 말했다. "그대와 같은 자를 사신으로 보내다니, 제는 인물이 그렇게 없는가?"

안자는 영왕을 똑바로 바라보며 반문했다. "제의 도읍인 임치臨淄는 칠천 가구가 넘게 사는 대도시입니다. 우리가 일제히 손을 내밀면 소매로 하늘과 태양도 가릴 수 있고, 흐르는 땀을 훔치면 하늘에서 비가 내리는 것과 같습니다. 길을 걸으면 서로 어깨가 맞닿고 발끝이 발꿈치에 부딪칩니다. 그런데 전하께서는 어찌 우리 제에 사람이 없다고 말씀하십니까?"

안자의 말을 자르듯 영왕이 다시 물었다. "그렇게 사람이 많은데 왜 하필 그대가 사신으로 왔는가?"

안자는 옷매무새를 정갈하게 다듬고서 미리 준비해 두었던 답을 내놓았다. "우리 제는 사신을 구분해 보내고 있습니다. 현명한 사신은 현명한 임금을 뵙게 하고, 어리석은 사신은 어리석은 임금에게 보냅니다. 저는 가장 무능한 사람이어서 별수 없이 초에 사신으로 오게 되었습니다."

여기까지 들은 영왕은 미소를 지으며 술과 안주를 가져오라 명했고, 이에 안자도 자연스럽게 예를 갖춰 응했다. 사실 영왕은 안자가 사신으로 온다는 소식을 들었을 낭시 책사에게 방책을 물었다. "안영이라는 자가 제에서 말을 가장 잘한다고 들었다. 그자를 다스릴 방법이 없겠는가."

책사는 이렇게 답했다. "적당한 때에 사람 하나를 끌고 지나가겠습니다. 전하께서 '어느 나라 사람인가?'라고 하문하시면 저희가 '제나라 사람입니다'라고 아뢰겠습니다. 그리고 '무슨 죄를 지었는가?'라고 다시 하문하시면 '도둑질을 했습니다'라고 아뢰겠습니다."

그리하여 영왕과 안자가 술을 마시는 중에 미리 짜둔 궁정 촌극이 시작되었다. 관리 두 명이 밧줄로 꽁꽁 묶은 죄인 한 사람을 끌고 두 사람 앞까지 온 것이다.

영왕은 짐짓 의아하다는 표정을 지으면서 물었다. "도대체 누구이기에 지금 과인이 사신을 맞는 줄 알면서도 이리 끌고 왔는가?"

그러자 옆에 선 신하가 바로 대답했다. "저 자는 제나라 사람으로 도둑질을 했습니다."

영왕은 웃음기를 거두더니 안자를 흘겨보며 말했다. "제의 백성들은 모두 도둑질을 좋아하는가 보오?"

이에 안자는 과일 쟁반에서 귤 하나를 집어 들더니 찬찬히 보다가 이렇게 답했다.

"소신이 듣기에 이 귤이 회하淮河 이남에서 자라면 귤이 되지만, 회하 이북에서 자라면 탱자가 된다고 합니다. 잎의 모양은 비슷해 보여도 먹어 보면 맛이 전혀 다릅니다. 바로 땅과 물이 다르기 때문입니다. 우리 백성이 제에서는 평안하게 지내다가 초에 와서 도적이 되었으니, 이 땅과 물이 도둑질을 가르친 것이 아니겠습니까?"

영왕은 재빨리 술잔을 들고서는 크게 웃으며 말했다. "과인이 어찌 현자를 모욕하려 했단 말인가. 이야말로 자업자득이요, 내가 놓은 덫에 내가 걸린 게로구나!"

이후 영왕은 안자에게 후한 선물을 내리고, 제로 돌아가는 길에도 사람을 보내 돌보게 했다.

내 환경 속으로 상대를 끌어들인다

이 일화에서 안자는 대화의 흐름을 바꾸기 위해 자신이 설정한 말의 환경으로 상대방을 유도했다. 이처럼 '의사환경'을 '설정'해 대화의 흐름을 주도하는 화술을 가리켜 '말의 환경 바꾸기'라고 한다.

'의사환경'pseudo-environment은 미국의 사회학자 월터 리프먼이 제시한 개념으로 타인이나 매스미디어가 제공하는 정보를 통해 간접적으로 경험하는 세계를 의미한다. 또한 '설정'은 자신의 판단에 따라 내린 가설을 뜻한다. 다시 말해 '말의 환경 바꾸기'란 논쟁의 방향을 바꾸기 위해 상대방의 말을 자신의 말이 설정한 환경 속으로 집어넣는 기술이다.

스티브 잡스는 '현실을 뒤틀어버리는 힘'이 있는 사람으로 묘사되곤 한다. 예를 들어 잡스는 아이폰을 출시하며 배터리를 교체할 필요 없는 새로운 휴대폰이라고 단언했다. 이전 핸드폰들과는 다르게 아이폰의 뒷면에는 배터리 교체용 덮개가 없었으니 잡스의 말에 거짓은 없었다. 다만 아이폰 사용자들은 배터리를 교체할 필요가 없는 이이폰에 스스로를 맞춰가며 휴대폰만큼이나 무거운 보조 배터리를 따로 챙겨야 했을 뿐이다.

이처럼 '말의 환경 바꾸기'는 사실을 재설정해 대화의 초점을 자신에게 유리한 방향으로 바꾸는 화술이다. 스티브 잡스와 같은 프레젠테이션의 귀재가 아니라도 우리는 일상에서 다음과 같은 대화를 흔하게 접하곤 한다.

"손님인데 뭘 그렇게 하려고 해? 내가 알아서 치울 테니까 저기서 쉬어."

"내 집처럼 편하게 지내라며, 내 집이니까 내가 치워야지. 너야말로 상 차리느라 고생했을 텐데 좀 쉬어."

서로 궂은일을 하려는 훈훈한 대화 안에서도 대화의 환경을 자신에게 유리하도록 설정하려는 화술이 적용되는 것을 확인할 수 있다.

하고 싶은 말은 대개
침묵 속에 숨어 있다

《전국책》戰國策 〈위혜왕사〉魏惠王死 에서 배운다

운전할 때에는 사각을 주의 깊게 살펴야 사고를 방지할 수 있다. 대화에서도 마찬가지다. 대화의 핵심은 대개 환하게 드러나는 말보다는 말과 말 사이 숨어 있는 의도에 있기 마련이다. 제대로 소통하고 싶다면 주고받는 말의 사각지대를 비춰 진짜 의도를 발견해낼 수 있어야 한다.

"떠나시기 전에 한 번 더 보고 싶으셨나 봅니다"

위 혜왕魏 惠王의 장례 도중 발인하는 날에 큰 눈이 내렸다. 이에 신하들이 달려가 세자를 설득했다. "이런 날 매장을 강행한다면 백성들에게서 아우성이 끊이지 않을 것입니다. 게다가 국고마저 탕진하게 되오니 부디 심사숙고하시어 다른 날로 미루시기를 청하옵니다."

간언을 들은 세자는 이렇게 답했다. "한 나라의 세자이자 왕의 아들로서 백성들의 어려움과 국고의 부족을 이유로 선왕을 제때 매장하지 않는다면 예법에 맞다 할 수 없다. 그러니 그대들은 이와 관련된 일로 더 이상 말할 필요가 없다."

혜왕에 대한 역사적 평가는 그리 좋다고 할 수 없다. 그는 누구와 싸워서도 승리한 적이 없었다. 그렇기에 세자는 혜왕의 장례마저 미루자는 간언을 쉽게 받아들일 수 없었을 것이다. 신하들은 고생하는 백성과 국가 재정을 이유로 들었지만 세자 또한 그럴듯한 명분을 내세워 간언을 거절했다. 여기에는 누구든 다시 이 일을 입에 올리면 그 결과까지 책임져야 할 것이라는 강경한 뜻도 담겨 있었다.

신하들은 감히 더 말하지 못하고 혜공惠公을 찾아가 대신 나서 달라고 부탁했다. 혜공은 위나라, 제나라, 초나라가 연합해 진秦 나라에 맞서야 한다고 주장했으며, 이를 위해 위와 제의 군주가 서로 왕으로 존중할 것을 제안했던 인물이다.

혜공은 태자를 뵙고 장례 날을 물은 다음 차분하게 말했다. "옛날에 주 문왕周 文王의 아버지가 초산楚山 기슭에 묻혔는데 흘러들어온 물로 관의 앞부분이 드러나고 말았습니다. 이를 알게 된 문왕은 '신하와 백성을 한 번 더 보고 싶으셨나 보다'라며 아버지의 관을 파내 신하와 백성들이 직접 찾아와 뵙도록 했습니다. 그렇게 꼬박 사흘을 기다린 후에 다시 장례를 치렀습니다."

혜공이 세자에게 문왕의 사례를 꺼낸 데에는 여러 가지로 심사숙고한 의도가 담겨 있다. 주 문왕이라는 역사적인 위인에 빗대면서 세자와 혜왕의 위신을 세웠으며, 표면적으로는 세자를 압박하는 듯했지만 사실은 그 반대로 빠져 나갈 길을 제시했기 때문이다. 혜공은 '문왕조차 이렇게 했는데 무슨 예법을 걱정하십니까?'라는 메시지를 전하며 신하들과 대립하던 세자에게 적당히 물러날 길을 마련해줬다.

혜공은 세자의 반응을 살피며 이어서 말했다.

"전하께서 선왕을 배웅하시는 데 있어 너무 조급해 보이지 않을까 우려됩니다. 선왕께서 잠시 더 머물며 사직을 바로 잡고 싶으시어 이렇게 큰 눈을 내리게 하신 것이 분명합니다."

어두운 곳에 빛을 비추면 '진심'이 보인다

중국에는 '멍텅구리 카메라'라는 말이 있다. 여기에서 '멍텅구리'는 어리석다는 의미가 아니라 조작이 간편해 사진을 못 찍는 사람도 쉽게 쓸 수 있다는 뜻이다. 하지만 멍텅구리 카메라에도 단점이 있는데 로우라이트low-light에서는 맥을 못 춘다는 점이다. 특히 어두운 곳에서는 제대로 초점을 맞추기가 어렵다.

말하기도 마찬가지다. 우리가 하는 말에도 맞춰야 할 초점이 있는데 이를 잘못 가리키면 의미가 완전히 달라질 수 있다. 예를 들어 "오늘은 어버이날입니다"와 "어버이날은 오늘입니다"는 지향점이 달라서 전자는 '어버이날'을, 후자는 '오늘'을 강조한다.

우리는 부지불식간에 말 속에 비밀을 숨겨 상대방의 초점을 흐리게 만들곤 한다. 우리가 상대방의 말 속에 담긴 로우라이트 부분을 자주 놓치는 까닭도 바로 이 때문이다.

세자가 말 속에 묻어뒀던 것은 무엇이었을까? 역사적으로 세자가 선왕 사후에 무사히 즉위하려면 산전수전을 다 겪어야 했다. 첫째, 조서에 반드시 세자의 이름이 있어야 하는데 이야기에 등장하는 세자는 이 첫 번째 관문을 무사히 통과한 것으로 보인다. 둘째, 예비 왕이 자신의 원년 봉호封號를 세우려면 이듬해 봄까지 기다려야 하는데 종종 이 시기에 적대 세력에 의해 암살당하곤 했다. 하지만 이야기의 시점은 봄을 앞둔 한겨울이니 두 번째 관문도 그리 큰 문제는 아니었을 것이다. 셋째, 주요 정치 세력의 강력한 지지가 필요한데 이는 소개된 이야기만으로는 알 수 없다. 넷째, 선왕의 장례가 완전히 끝나야 정식으로 즉위할 수 있었다.

밤이 길면 꿈이 잦다고 했다. 세자 입장에서는 선왕을 하루라도 빨리 매장하지 않으면 그 하루만큼의 위험을 감수해야 했다. 누구라도 권력에 공백이 생긴 상황에서는 조급할 수밖에 없었을 것이다. 세자는 즉위하는 데 문제가 생길까 봐 걱정했으나 그 불안감을 대놓고 드러낼 수는 없었다.

그래서 "너무 조급해 보이지 않겠습니까?"라는 혜공의 질문은 세자의 핵심을 찔렀다. 혜공의 말은 세자의 마음속 로우라이트를 밝혀 그가 스스로를 똑바로 마주보게 했다. 그러면서도 혜공은 정도를 지키며 더 이상 캐묻거나 나서지 않았다.

혜공은 세자의 사정을 적당히 묻어두기 위해 모든 문제를 선왕에게 미루면서 그가 며칠 더 속세에 머물기를 바라는 것 같다고 말했다. 혜공의 말을 들은 세자는 내키지 않아도 "다른 날로 정하라"라고 허락하지 않을 수 없었다.

말하기는 타인의 말에서 가장 밝게 드러난 부분에만 초점을 맞추지 말 것을 강조한다. 때때로 진짜 맞춰야 할 말의 초점은 어두운 구석에 숨어 있다. 이 구석을 보지 못하면 당신이 하는 말은 영원히 상대방의 마음속으로 들어가지 못할 것이다.

대화의 조건을
나에게 맞추게 하라

〈평원군우경열전〉平原君虞卿列傳 에서 배운다

운동 전에 몸을 풀며 컨디션을 살피듯 대화를 나눌 때에도 말의 전제를
점검하는 과정이 필요하다. 워밍업 없는 운동이 부상을 부르듯 전제가 제
대로 마련되지 않은 헐거운 말은 쉽게 무너지기 마련이다.

"그동안 저라는 송곳은 내버려져 있었습니다"

권세가에게 재주를 인정받아 생계를 의탁한 문객門客은 춘추전국
시대에서 가장 특징적인 무리로 꼽힌다. 진秦에 맞서 나머지 여섯 국
가가 연합해야 한다는 합종을 주장한 소진蘇秦, 그에 맞서 진이 여섯
나라와 각기 동맹을 맺어야 한다는 연횡連橫을 주장한 장의 등 역사에
이름을 남긴 이들도 문객으로 정치 활동을 시작했다. 자기 자신을 추
천한다는 뜻을 남긴 모수자천毛遂自薦 고사의 주인공인 모수 또한 '전
국 사공자' 가운데 한 명으로 꼽히는 평원군平原君에게 몸을 의탁한 문
객 가운데 한 명이었다.

조趙 나라의 계택에서 태어난 모수는 스물여섯이 되던 해 유세가인 우경虞卿의 소개를 받아 평원군 조승趙勝의 문객으로 들어갔다. '국가의 절반'이라는 평가를 받을 정도로 명성이 높았던 평원군은 문무 책사, 정보원, 백정, 술장수 등 다양한 분야에서 활동하는 뛰어난 인재들을 삼천 명 넘게 문객으로 거느렸다.

모수는 무책사武策士로 불리며 문책사文策士 우경과 나란히 '남우북모'南虞北毛로 꼽힐 정도였지만 정작 평원군부에서는 맡은 일도 없이 삼 년 동안 세월만 보냈다. 이에 모수는 뛰어난 무술 실력이 있어도 쓸 기회가 없으니 차라리 학식을 쌓는 편이 낫겠다고 생각했다. 그래서 홀대받는 동안에도 묵묵히 책을 읽으며 때를 기다렸다.

모수가 평원군부에 들어간 기원전 260년은 조나라가 장평대전長平大戰을 막 치른 때였다. 당시 탁상공론이나 할 줄 알던 조괄趙括이 지휘한 조군은 장평에서 명장 백기白起가 이끄는 진군과 충돌해 허무하게 패배했다. 전쟁의 결과로 포로로 잡힌 조나라 성인 남성 45만 명이 죽임을 당했으며, 조나라는 무령왕武靈王이 단행한 개혁인 호복기사胡服騎射로 이룬 부강함도 잃게 되었다.

평원군은 국가의 앞날을 근심할 겨를도 없이 당장 급하게 해결해야 하는 위기와 맞닥뜨렸다. 도읍인 한단을 포위하려는 진의 공세를 물리치는 방도를 찾아야 했기 때문이다. 이를 위해 평원군은 초楚나라에 지원군을 요청하는 역할을 맡았다.

중국에는 '천 일 동안 군사를 기르는 까닭은 한순간에 쓰기 위함이다'라는 속담이 있다. 평원군이 지원군을 요청하기 위해 초에 사신으로 간다면 그의 문객들 또한 반드시 따라나서서 힘을 보태야 했다. 평원군은 삼천 문객 가운데 가장 유능한 스무 명을 골라 동행하고자 했다. 그런데 끼니마다 밥상을 차릴 때에는 누구 하나 빠지지 않더니 막상 이 버거운 임무를 함께할 만한 이를 찾자니 마땅한 인재가 없었다. 간신히 열아홉 명을 모은 평원군은 크게 한탄했다. "그동안 내가 모았던 삼천 명은 도대체 무엇이었단 말인가."

한편 모수는 아예 평원군의 눈에 들지도 못했다. 기회를 기다리던 모수는 사신단에 자리가 하나 남았다는 소식을 듣고선 재빨리 평원군을 찾아 스스로를 추천하며 동행할 뜻이 있음을 알렸다. 평원군은 문객이라면 그저 일이 내려지기만을 기다리기 마련인데, 오히려 나서서 어려운 일을 먼저 청하니 한번 시험이나 해보자는 생각으로 그를 맞았다. 그리고 이 만남에서 역사에 길이 남을 대화가 나왔다.

드디어 자루를 뚫고 침단을 드러낸 송곳

막상 모수라는 청년을 마주한 평원군은 자신에게 그에 대한 기억이 전혀 없음을 깨달았다. 다만 이제라도 찬찬히 살펴보니 비범하고 기품 있어 보이기는 해 일단 대화를 시작했다.

"자네가 내 문하에 들어온 지 얼마나 되었는가?"

"삼 년이 지났습니다."

삼 년 동안 지냈으면서도 자신이 그의 존재를 알지도 못할 정도라면 하는 일도 없이 시간만 보냈다는 말이 아닌가? 평원군은 여기까지 대화를 주고받고는 더 이상 볼 것도 없다고 판단해 탁자 위에 놓인 자루

하나를 보면서 말을 이었다.

"이 자루에 송곳을 넣었다면 벌써 자루를 뚫고 튀어나왔을 텐데 말일세."

모수는 평원군의 뜻을 바로 알아챘지만 담담하게 말을 이었다.

"옳으신 말씀입니다. 다만 저라는 송곳은 그동안 내버려져 있었기에 지금부터라도 자루에 넣어 주십사 스스로를 소개하는 바입니다."

무수하게 사람을 겪어왔던 평원군은 모수의 대답을 들은 즉시 그를 얕보는 마음을 거뒀다. 그리고 그는 모수의 자기소개를 받아들여 출사出使에 동행하게 했다. 마침내 인원이 모두 채워진 사신단은 초를 향해 출발했다.

초에 도착한 사신단은 고열왕考烈王으로부터 평원군 한 사람만 만나겠다는 뜻을 전해 받았다. 평원군 혼자 초 조정의 문무백관을 상대하면 목표를 달성하기가 쉽지 않겠지만 왕명이 그러하니 달리 방도가 없었다. 기세등등하게 나섰던 문객 스무 명은 아침부터 낮까지 그저 궁정 밖에서 기다리는 수밖에 없었다. 이에 묵묵히 일행을 따르던 모수가 나섰다.

모수는 원래 용맹함을 쓸 데가 없어 갑갑함을 느꼈던 무인이기에 보검을 들고는 비장한 심정으로 한 걸음, 한 걸음 대전으로 향했다. 그리고 평원군을 향해 큰 소리로 외쳤다. "이번 연합은 서너 마디로 해결될 간단한 일일 터인데 어찌 이른 아침부터 정오까지 아뢰었음에도 정해지지 않았습니까?"

평원군은 모수가 자신에게 하는 말이 사실은 고열왕을 압박하려는 의도임을 알고 있었다. 고열왕은 조정에서 소란을 피우는 이의 정체를 물었고, 평원군은 자신의 문객이라고 답했다. 이에 고열왕이 고함을 쳤다. "썩 물러가라! 네 주인과 이야기하는 중이다."

그러나 모수는 칼을 뽑아 들고서는 단숨에 고열왕에게 접근해 이렇게 말했다. "전하께서 이리도 기백이 넘치는 까닭은 초에 사람과 말이 많아 우세를 점하고 있기 때문입니다. 하지만 지금 그 많은 사람은 멀고 저는 전하로부터 가까우니, 감히 아뢸 기회를 청합니다."

고열왕은 목숨을 걸고 나선 모수에게 말할 기회를 줬고, 이에 모수는 합종의 계책을 거침없이 이야기했다. 고열왕은 모수의 말이 일리가 있다고 여겨 그 자리에서 평원군과 짐승의 피를 입에 발라 맺는 맹세인 '삽혈위맹'歃血爲盟을 체결했다.

조초합종趙楚合從이 타결되고 한단으로 돌아온 후, 평원군은 모수를 불러 이렇게 말했다. "나는 스스로 인재를 알아보는 사람이라 여겼는데 삼 년이나 자네를 알아보지 못했네. 자네의 세 치 혀가 백만 군사를 능가했어!" 이때부터 평원군은 모수를 귀한 손님으로 여기고 예의를 갖춰 대했다.

전제가 틀리면 결론도 바르지 않다

전제란 추론 과정에서 어떤 결론을 도출하는 데 필수적인 조건이나. 그것이 성립되지 않으면 추론의 결론도 당연히 성립하지 않게 된다. 평원군과 대화할 때 모수가 활용한 화술도 바로 '명확한 대전제 세우기'다. 평원군은 모수를 타박하며 자루 안의 송곳을 비유로 들었다.

그러나 송곳을 자루 안에 넣으면 반드시 자루를 뚫고 나온다는 논리의 전제는 '송곳이 자루에 있어야 한다는 것'이다.

모수는 평원군의 의도를 바로 알아차리고 평원군의 대전제를 뒤집었다. 모수가 반박한 논리에서는 전제 조건이 '처음부터 송곳이 자루 안에 있지 않았다'가 되었으며, 이에 따라 도출된 결론은 자루를 뚫고 나올 만한 기회 자체를 받지 못했다는 것이었다. 이 부분이 모수와 평원군이 벌인 팽팽한 대화에서 가장 빼어난 점이다.

이 고사를 제외하고 모수에 대한 다른 기록은 남아 있지 않다. 그러나 모수는 단 한 번의 결단으로 모수자천을 비롯해 낭중지추囊中之錐나 정신이출挺身而出(곤란하고 위험한 일에 용감하게 앞장선다), 삽혈위맹, 인인성사因人成事(남의 일을 빌려 일을 이룬다), 일언구정一言九鼎(가마솥 아홉 개의 무게만큼 대단한 한마디)과 같은 여러 고사성어를 역사에 남겼다.

【과거 들추기】

과거를 다룰 줄 알아야
미래를 말할 수 있다

《좌전》《촉지무퇴진사》燭之武退秦師에서 배운다

기억은 곧 삶의 흔적이다. 누군가는 그 추억에 기대 남은 삶을 버티고, 누군가는 그 흔적으로부터 벗어나기 위해 삶을 나아간다. 이처럼 기억이란 인생에서 더할 나위 없이 중요한 비중을 차지하기에 대화에 활용할 수만 있다면 큰 불을 일으킬 수도 있다. 다만 그것은 주변을 밝히는 온기가 되기도 하고, 걷잡을 수 없는 화마가 되기도 한다.

"저들이 배신했던 과거를 벌써 잊으셨습니까?"

이 이야기의 배경에 대해 《춘추》에는 "진晉과 진秦이 정鄭을 에워쌌다"라고만 간단히 기록되어 있다. 정나라가 위기에 처한 데에는 두 가지 일로 진晉나라의 미움을 샀던 과거가 도사리고 있다. 하나는 진문공晉文公이 피신했을 때 예를 갖추지 않은 일이고, 다른 하나는 기원전 632년 초나라와 벌인 성복지전城濮之戰에서 정이 초를 도왔던 일이다. 이 전투는 초의 패배로 끝났다.

정을 토벌하기 위해 연합한 진晉과 진秦은 각각 함릉과 범수 남쪽에 군대를 주둔시켰다. 두 나라의 대군이 국경까지 쳐들어오자 정의 대부 일지호佚之狐 는 정 문공鄭 文公에게 진秦 나라에게 철군을 설득할 만한 인재리며 촉지무燭之武 를 소개했다.

《동주열국지》東周列國志에 따르면 촉지무는 이때 이미 일흔이 넘어 머리가 하얗게 센 노인이었다. 촉지무는 문공의 제안을 듣더니 "신이 젊어서는 재주가 남들만 못했고, 지금은 늙어서 할 수 있는 일이 더욱 없습니다"라며 사양의 뜻을 전했다.

촉지무의 말에서는 어딘가 원망의 기운이 느껴진다. 그는 정나라 군주를 삼대나 내리 모신 조정의 원로이나 중용되지는 못했다. 그는 관직 생활 내내《서유기》에서 손오공이 받았던 '필마온'弼馬溫, 즉 마구간 지기와 다를 바 없는 한직만을 전전했다. 촉지무가 관직에 머무르는 동안 군주가 세 번이나 바뀌었으나 그중에 그의 진가를 알아본 이는 단 한 명도 없었다.

문공은 촉지무를 만난 다음 먼저 정중하게 사과했다. "일찍 알아보지 못하고 위급해진 후에야 찾으니, 과인의 과오일세." 이어서 문공은 이렇게 말했다. "그러나 나라가 망하면 자네에게도 좋은 일은 아니지 않겠는가?"

문공의 말은 촉지무의 아픈 곳을 정확히 찔렀다. 그는 정에서 평생을 보낸 일흔 살 노인으로, 조국의 위기가 남의 일처럼 느껴지지 않는 것이 당연했다. 문공의 간곡한 요청은 촉지무의 마음을 크게 흔들었다. 촉지무의 마음에는 자신을 방치한 국가에 대한 원망이 가득했지만, 다른 한편으로 조국의 존립을 위해서라면 그런 불만은 아무것도 아니었다. 촉지무는 기꺼이 임무를 받아들였다.

촉지무의 태도에서 어딘가 처칠의 모습이 겹쳐진다. 그는 2차 세계

대전이 끝나고 정계에서 무자비하게 밀려났다. 한 기자가 국가의 배신에 대해 어떻게 생각하느냐고 질문하자 그는 이렇게 말했다.

"위대한 나라치고 영웅을 버리지 않은 나라는 없었습니다. 옛 영웅을 뒤로 하고 나아가야 나라가 발전합니다. 바로 그런 나라가 위대한 나라입니다. 나의 조국은 위대합니다."

임무를 받은 촉지무는 늙은 몸을 이끌고 성을 몰래 빠져나와 진秦목공穆公 을 만나러 갔다. 목공을 마주한 촉지무는 예를 갖춰 말했다.

"정을 망하게 하는 것이 진秦에 이롭다면 제가 어찌 이 일로 전하를 귀찮게 하겠습니까? 하오나 진晉을 넘어 먼 땅에 있는 정을 진秦의 동쪽 국경으로 삼기가 어려운 일임을 아시면서 어찌하여 정을 무너뜨려 그 이웃 나라인 진晉의 땅을 넓혀 주려 하십니까? 이웃의 이익이 두터워지면 자신의 이익이 박해지기 마련입니다.

정을 치려는 계획을 거두시는 대신 정이 진秦의 동쪽 길을 주관케 하시고, 진秦의 사신이 오갈 때 정이 언제든 부족한 것을 채워 드리면 전하께 해로울 것이 전혀 없습니다. 일찍이 전하께서는 진晉 혜공에게 은혜를 베푸시어 초焦와 하瑕의 땅을 받기로 약속받았습니다. 하지만 혜공이 아침에 강을 건너 돌아가더니 밤에 성을 쌓아 진秦에 대적했음은 모두가 아는 바입니다. 진晉의 욕심에 만족이 있겠습니까? 정을 차지하고 나면 서쪽 땅을 넓히려 할 텐데 진秦을 침범하지 않으면 어디에서 땅을 얻겠습니까? 정을 치는 일은 진秦에 손해를 끼치고 진晉에게만 득이 되는 일이오니 잘 헤아려 주십시오."

촉지무의 말은 당장이라도 전쟁이 벌어질 것 같은 정세에 큰 영향을 미쳤다. 목공은 다 듣고서 탄복하며 정나라와 맹약을 맺은 후, 장수기자杞子, 봉손逢孫, 양손楊孫을 보내 정을 지키게 하고 자신은 군대를 인솔해 돌아갔다.

촉지무의 활약으로 이렇게 진秦은 물러났지만, 진晉은 여전히 정을 포위하고 있었다. 진晉의 장수인 자범子犯은 진晉 문공에게 연합을 풀고 퇴각하는 진秦을 공격하라는 명령을 내려달라고 청했다. 이에 문공은 이렇게 말했다. "그의 지원이 없었더라면 나는 오늘 이 자리까지 올수 없었다. 도움을 다 받은 다음 해치는 일은 인의에 어긋난다. 동맹국을 잃는다면 현명하지 못하고, 잘 갖춰진 군대로 흐트러진 군대를 공격한다면 용맹하지 못하다. 우리도 돌아갈 것이다!"

이렇게 해서 결국 진晉도 정을 떠났다. 촉지무가 싸우지 않고 오직 말로 진秦을 물러나게 한 이야기는 오늘날까지 전해진다.

과거는 조심스럽게 들춰내야 한다

'들추다'라는 행위는 가리거나 지난 일, 잊은 일 따위를 끄집어내어 드러나게 한다는 의미다. 다시 말해 화술에서 '과거 들추기'는 좋지 않았던 지난날, 이른바 '흑역사'를 언급하는 기법이다.

상대방을 자극하는 화술이지만 그렇다고 무작정 난처하게 만드는 데 목적이 있는 것은 아니다. 오히려 골동품을 감상하듯 과거사를 섬세하게 다루며 현재의 대화를 유리하게 이끄는 데 이용하는 방법이다. 다시 말해 화술에서 상대방의 과거를 들춘다는 것은 매우 조심스럽게 행해야 하는 방식이다.

촉지무는 연이어 '과거 들추기' 기법을 사용했다. 먼저 문공의 부탁을 받은 다음에는 자신이 중용되지 못했던 과거를 짚어 그가 사람을 알아보지 못한 실수를 인정할 수밖에 없도록 압박했다. 이어서 목공에게 정을 치는 일을 포기하라고 설득할 때에는 이전에 혜공이 이익을 취한 다음 약속을 어겼던 일을 언급했다. 이처럼 촉지무는 서로 다른 두 대상에게 '과거 들추기' 기법을 적절히 사용해 원하는 바를 이뤘다.

다만 앞서 밝혔듯 '과거 들추기' 화술은 잘 쓰면 효과적이지만, 조심스럽게 다루지 못하면 오히려 관계를 망치게 한다. 예를 들어 부부가 말다툼을 할 때 가장 상황을 악화시키는 말이 바로 '지나간 일'을 꺼내는 것이다. "결혼하기 전에 당신 부모님이 나한테 무슨 말을 했는지 기억해? 내가 그때 가만히 있었다고 해서 진짜 괜찮았다고 착각한 거야?" 말다툼에서 우위를 점하려다가 오히려 갈등만 증폭시키는 대표적인 언사다.

그러나 같은 '과거 들추기'라도 어떤 말은 매서운 폭로가 아니라 달콤한 복기가 되기도 한다. 과거를 돌아보며 추억을 나누거나 지나온 길을 반추하는 성찰에도 적용할 수 있기 때문이다.

고수를 부정하려면
고수가 되어야 한다

《사기》〈편작창공열전〉扁鵲倉公列傳에서 배운다
말의 근거를 제시할 때에는 해당 분야의 전문가가 축적한 정보를 신중하
게 참고할 수 있어야 한다. 전문가의 말을 무시하고 자신의 좁은 식견을
퍼뜨렸을 때 맞게 되는 가장 큰 재난은 모자람이 들통 나 망신당할 때가
아니라, 그 반대로 잘못된 자신의 말을 상대방이 끝까지 믿어줄 때 벌어
진다.

"의원이라면 환자의 말만으로 병의 원인을 찾아냅니다"

중국 역사에서는 삼세편작이라고 해서 편작扁鵲으로 불리는 이가
셋이 있다. 여기서 소개하는 편작은 진월인秦越人이다. 고대 중국에서
는 성과 씨의 개념이 달랐는데 혈통을 잇는 겨레붙이를 성으로, 분봉
을 받은 지명이나 높은 벼슬의 이름을 씨로 삼았다. 그의 성은 주나라
의 국성國姓인 희姬이고, 씨는 진秦이며 이름은 완緩, 자는 월인越人
이다.

편작은 조앙趙鞅의 병을 치료해 인정받았다. 이 조앙이 바로《조씨
고아》趙氏孤兒의 고아인 조무趙武의 손자로 진국육경晉國六卿 가운데

하나로 꼽히는 인물이다. 그는 편작에게 상으로 봉산蓬山, 작산鵲山 인근의 농지 4만 묘畝(당시 1묘는 약 243제곱미터)를 하사했다. 편작이라는 이름은 영지인 두 산에 있는 바위가 하늘을 나는 까치를 닮았다고 해서 얻게 된 것이다.

젊은 시절 편작은 여행자들이 유숙하는 관역에서 손님을 맞이하는 일을 했다. 하루는 장상군長桑君이라는 손님이 묵었는데 편작은 그가 관직이 높은 사람임을 알아보고 공손히 대했다. 장상군 역시 편작이 보통 사람이 아니라고 여기고 눈여겨봤다.

그렇게 인연을 맺어 십 수 년을 어울리던 어느 날 장상군이 편작에게 말했다. "여기 어떤 병이든 치료할 수 있는 비방이 적혀 있네. 이제 나는 늙고 후계자도 없으니 평생 배우며 얻은 비법을 자네에게 전수할 생각이야. 이 비방을 자네만 알고 절대 남에게 전하지는 말게나."

이어 장상군은 약 한 첩을 꺼내더니 "내가 써 둔 시간과 횟수에 맞춰 초목에 맺힌 이슬로 이 약을 타 먹으면 30일 후에 다른 세상을 보게 될 것이네"라고 말했다.

그렇게 장상군은 수많은 비법을 내놓은 다음 자취를 감췄다. 편작은 장상군이 시킨 대로 30일 동안 약을 먹고 투시력을 얻었다. 《사기》에 따르면 편작은 벽 너머에 있는 사람을 볼 수 있고, 진찰할 때 환자의 오장육부를 꿰뚫어 병의 근원을 알아차렸다고 나온다. 다만 환자를 놀라게 하지 않으려고 맥을 짚는 단계를 거쳤다고 한다.

이후 편작은 친하를 주유하며 활발히 의술을 펼쳤고, 그의 명성은 점점 높아졌다. 한번은 편작 일행이 괵국虢國을 지나다가 그 나라의 세자가 사망했다는 소식을 들었다. 편작은 궁궐 앞까지 가서 중서자中庶子

에게 물었다. "세자께서는 어떻게 돌아가셨습니까?"

중서자란 주 시기부터 있던 관직으로 수로 제후, 경, 대부의 자녀를 교육하는 일을 담당했으며 기초적인 의술도 갖춰야 했다. 중서자는 이렇게 답했다. "세자 전하의 병은 기혈이 제멋대로 흐르다가 한 곳에 몰리면서 생긴 울결이 풀리지 않고 갑자기 체외로 발작해 내장이 손상된 것이라네. 자신의 정기로 가라앉히지 못한 사기邪氣가 쌓여 양맥이 미약하고 음맥이 급해지더니 갑자기 돌아가셨지."

이 말을 들은 편작은 다급하게 물었다.

"언제 벌어진 일입니까? 혹시 관에 못을 박았습니까?"

"아침에 있었던 일로 워낙 갑자기 돌아가신 터라 아직 입관도 하기 전이네."

"어서 전하께 전해 주십시오. 저는 발해군의 진월인이라고 합니다. 저는 태자를 다시 살릴 수 있습니다!"

중서자는 깜짝 놀라더니 곧 못 믿겠다는 듯이 고개를 흔들었다.

"황제의 의관인 유부俞跗는 어떤 탕약이나 약인藥引(한약의 약효를 조절하기 위해 배합하는 보조 약재), 안마 같은 것도 없이 환자의 옷을 풀자마자 몸 어디에 문제가 생겼는지 단번에 알았다고 하네. 경혈에 따라서 살갗을 가르고 근육을 잘라 통하게 할 수 있고, 힘줄을 끊었다가 잇기도 하고 뇌수와 격막을 다스리며 오장을 씻어내어 병을 깨끗이 낫게 한다니 정말 신기할 따름이지. 그런 전설과 같은 의술을 가지고 있는 것이 아니고서야 지금 자네의 말로는 이제 막 웃기 시작한 갓난아기조차도 속일 수 없을 것이네."

중서자의 말을 듣고 한참을 침묵하던 편작이 입을 열었다.

"방금 말씀하신 경혈에 따라 인위적으로 소통시키는 치료법은 죽통 안에서 하늘을 보고 틈새로 무늬를 보는 것과 다름없습니다. 진상의 일부는 알 수 있을지언정 병의 근원은 파악하지 못합니다. 이어서 뇌수와 격막을 다스리는 등의 의술은 한낱 헛소리로밖에 들리지 않습니다. 진짜 의원이라면 환자가 하는 말만 들어도 병의 원인을 알아야 하고, 병의 원인을 알면 더 많은 몸의 징후를 미루어 환자의 상태를 짐작할 수 있습니다. 제가 직접 만난 적도 없는 환자를 진단할 수 있는 까닭이지요. 병을 진단하는 방법은 여러 가지이므로, 절대 한 각도로만 보아서는 안 됩니다. 못 믿겠다면 직접 가서 세자 전하를 살펴보십시오. 틀림없이 귀에서는 작고 가느다란 소리가 울리고, 콧방울에 아주 느리고 미세한 떨림이 있을 것입니다. 또 두 다리에서 국부까지 더듬어 보면 다리는 차가우나 국부는 여전히 따뜻할 것입니다."

이 말을 들은 중서자는 충격을 받은 듯 한참을 멍하니 있다가 궁으로 들어가 왕에게 고했다. 잠시 후 괵국의 왕이 헐레벌떡 뛰어나와 편작을 만났다. "선생을 흠모한 지 오래지만 뵙지 못했는데 오늘 이 외진 곳을 지나시다니 정말 큰 복입니다. 선생이 계시니 제 아들에게 아직 기회가 있겠지요!"

"간단히 말하자면 세자는 시궐증尸厥症에 빠졌습니다. 이 병은 정신에 가해지는 압박감을 이기지 못해 생깁니다. 실제로는 사망하지 않았으나 얼핏 보면 죽은 것처럼 보이지요."

편작은 제자 자양子陽에게 침구를 갈아놓도록 지시한 후, 괄사刮痧에 쓰는 돌조각을 꺼내고 침술을 이용해 세자가 의식을 되찾게 했다. 이어 제자 자표子豹에게 약을 바른 침을 준비시키는 한편 탕약을 달여 세자에게 먹이게 한 후, 양쪽 옆구리에 찜질과 침술을 번갈아 쓰니 세자가 자리에 앉을 수 있을 정도로 몸을 회복했다. 이어서 요양 단계에 들어가 약을 처방한 지 20여 일 만에 세자의 건강을 완전히 회복시켰다. 사람들은 편작이 '죽은 사람도 살리는' 신의라며 경탄했다.

한편 《사기》〈편작창공열전〉에는 '편작이 제 환후齊 桓侯를 만나다'라는 이야기가 나온다. 여기서 제 환후는 '채 환공'蔡 桓公이라고도 불리는 전제田齊의 환공, 즉 전오田午를 가리킨다.

편작은 전오를 알현하는 자리에서 이렇게 말했다. "전하의 건강에 문제가 있습니다만, 아직 심각하지는 않습니다. 다만 지금 피부와 근육 사이를 치료하지 않으면 악화될 수 있으니 조심하셔야 합니다."

이에 전오는 거침없이 "과인에게 병 따윈 없네"라고 말했다.

편작이 돌아가자 전오는 신하들에게 투덜거렸다. "하여간 의원이란 놈들은 도둑과 다를 게 없다니까. 멀쩡한 사람을 속여 치료하고는 자기 재주로 고쳤다고 우겨대기나 하지."

닷새 후, 편작이 전오를 다시 찾아와 말했다. "지난번에 아뢴 병이 이제 혈맥으로 들어갔습니다. 지금 치료하지 않으면 계속 심해질 것입니다."

이번에도 전오는 편작이 하는 말을 무시하고 단호하게 말했다. "과인에게는 병이 없다니까!"

다시 닷새가 지난 후, 편작이 또 찾아왔다. "말씀드린 병이 이제 위장과 오장에까지 이르렀습니다. 지금 치료하지 않으면 늦습니다."

이번에도 전오는 편작을 상대하려 하지 않았다.

또 닷새가 지나 다시 찾아온 편작은 전오를 살피더니 아무 말도 없이 서둘러 돌아갔다. 의아해진 전오가 사람을 보내 연유를 묻자 편작은 이렇게 답했다. "병이 피부와 근육에 머물렀을 때에는 찜질과 침을 쓰고 약을 먹는 정도로 물리칠 수 있습니다. 병이 혈맥으로 들어갔어도 치료가 어렵지는 않지요. 그 다음으로 병이 위장과 오장에 들어갔을 때엔 약술을 써서 치료를 도와야 하므로 아무래도 번거로운 일이 되지만 치료가 불가능하지는 않습니다. 하지만 지금은 병이 골수에까지 깊이 들어갔으니 생명을 다스리는 신선이라도 구할 수 없게 되었습니다."

편작이 떠나고 다시 닷새가 흘렀다. 이미 건강이 크게 나빠진 전오는 급히 편작을 찾아 치료를 부탁하려 했지만, 편작은 일찌감치 제나라를 떠난 후였다. 전오는 얼마 못가 세상을 떠났다.

'치료'는 '의사'에게 받는 것이 상책

'전문가에게 물어보기'는 사실 대화의 기술이라기보다는 규범에 가깝다. 누군가는 이것이 말하기와 무슨 관계가 있느냐고 반문할 것이다. 우리가 말을 하는 데 있어 전문가를 존중해야 하는 까닭은 다음과 같다.

첫째, 어떤 문제와 맞닥뜨렸다면 자신의 한정된 경험에 미루어 판단하기보다는 전문가의 소언을 들어야 제대로 해결할 가능성이 높아진다. 어떤 병에 걸렸을 때 비슷한 질환을 무수하게 치료해온 의사의 경험보다 비전문가들의 소언에 현혹되는 바람에 큰 피해를 입은 사례들을 주변에서 한번쯤은 봤을 것이다.

둘째, 비전문가의 잘못된 정보는 여러 사람에게 피해를 준다. 검증되지 않은 정보가 무분별하게 확산될 시 큰 혼란을 일으킬 수 있기 때문이다. 정설처럼 퍼진 비전문가의 어설픈 추측을 인용하다가 낭패를 본 사례 또한 어렵지 않게 접해 봤을 것이다.

이번 이야기에서 편작은 병을 치료하고 생명을 구하는 일에 있어 완전히 다른 두 가지 경험을 했다. 괵국의 왕은 편작의 조언을 따라 아들의 목숨을 건졌다. 반면에 제 환후는 자신의 고집만 내세우다가 결국 목숨을 구할 기회를 놓치고 말았다.

전문가의 말이라고 해서 항상 옳다고 할 수는 없지만, 적어도 비전문가의 근거 없는 판단보다는 믿을 만하다. 특히 오늘날과 같은 스마트미디어 시대에 모든 전파자는 자신이 퍼뜨리는 말에 대한 책임을 항상 마음에 새기고 있어야 한다.

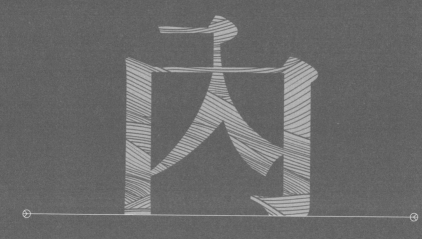

어떻게 해야 말의 내공을 기를 수 있을까?

【의미 극대화하기】
겹쳐서 말할수록
말의 농도는 진해진다

《사기》〈손자오기열전〉孫子吳起列傳에서 배운다

군대가 단단하게 무장한 군중과 다른 점은 깃발 아래에서 오와 열을 맞출
수 있다는 데 있다. 하나로 중첩되는 힘은 모인 숫자의 합을 초월하게 된
다. 말 또한 마찬가지다. 비슷한 말이 겹쳐질수록 그 의미가 선명해지고
말의 기세도 강해진다.

"어질고, 너르며, 슬겁고, 너그러운 군주가 되소서"

중국사에서 '손오'孫吳는 춘추시대와 전국시대의 군사 전략가 두 명
을 가리킨다. '손'은 《손자병법》孫子兵法의 저자 손무孫武이고, '오'는
《오자》吳子를 쓴 오기吳起다.

오기는 전국시대 위衛 나라 사람이다. 청년 시절 그는 증자曾子 문하
에서 공부한 다음 노魯 나라에서 관직에 나섰다. 제나라가 군대를 일
으켜 노나라를 공격하자 오기는 상장군이 되어 공을 세우기 바랐으나
아내가 제나라 사람이라는 이유로 군신들의 의심을 샀다. 이에 오기는
아내를 살해해 충성심을 증명했고, 노군의 지휘관이 되어 세군을 물리

제2장 어떻게 해야 말의 내공을 기를 수 있을까?   53

쳤다.

훗날 사람들은 오기가 벼슬을 구하러 다닌답시고 가산을 탕진했다며 비난했다. 오기는 고향에서 이 일로 자신을 조롱하는 사람들을 여럿 살해한 다음 노나라로 도망쳐 증자의 문하로 들어갔던 터였다. 고향을 등진 그는 나중에 어머니가 돌아가셨다는 부보訃報를 듣고도 돌아가 도리를 다하지 않았고, 이에 효를 중시하는 증자는 오기를 파문했다.

사실 이러한 일화들은 악랄한 비방이다. 아내를 죽인 일은 불인不仁, 가산을 탕진한 일은 불의不義다. 또 고향을 등진 일은 불충不忠이며, 노모를 버린 일은 불효不孝다. 이렇게 불인, 불의, 불충, 불효한 무리는 어느 나라에 있더라도 배척당하며 심하면 사형까지 받을 수 있다. 다시 말해 이런 비난은 그 내용이 진실이든 아니든 당사자에게 치명적이다.

게다가 이제 노가 제를 물리쳤으니 분명히 주변 제후들이 노를 경계할 것이다. 또 노는 위衛와 형제국으로 군주들의 성 또한 '희'姬로 똑같은데, 형제의 나라에서 물의를 일으키고 건너온 사람을 중용했으니 이는 형제국을 무시한 처사다. 이런 말들에 휩쓸린 노왕은 오기를 멀리했다.

노에서 뜻을 이루지 못한 오기는 문후文侯가 어질고 현명하다는 소문을 듣고 위魏나라로 건너가 벼슬을 하고자 했다. 이에 문후는 대신들에게 "오기의 실력이 어떠한가?"라고 물었다.

그러자 "전투에서 군을 이끄는 실력은 제의 전양저田穰苴도 그에 비할 수 없습니다"라는 답이 돌아왔다. 전양저는 당시 손꼽히는 병법가 중 한 명이었다. 문후는 즉시 오기를 대장군에 임명했고, 오기는 진秦 나라와의 전쟁에서 전승을 거뒀다.

대장군으로서 오기는 병사들을 소중히 여기고 하급자들과 늘 동고동락했다. 말도 가마도 타지 않고 어떠한 특권도 받지 않았다. 스스로에게는 무서울 정도로 엄격하면서도 종기가 난 병사가 있으면 직접 입으로 고름을 빨아 치료할 정도로 부하들을 아꼈다. 덕분에 오기는 병사들에게서 존경과 사랑을 받았다. 모든 병사가 목숨을 바쳐 보답하고자 했기에 오기가 이끄는 군대는 막강했다. 문후 역시 오기의 실력을 인정하고 국경 지역 지방관으로 봉해 진秦과 한韓을 막게 했다.

시간이 흘러 문후의 뒤를 이어 그의 아들인 무후武侯가 즉위했다. 한번은 배를 타고 황하를 건너는 중에 무후가 오기에게 말했다. "보아라, 이 아름다운 산천이야말로 우리가 가진 천혜의 장벽이 아니던가. 이 나라의 큰 보배로다!"

무후의 말을 들은 오기는 이렇게 간언했다.

"나라가 견고함은 지형의 유리함과 상관없이 임금께서 어진 정치를 행하는가에 달려 있습니다. 옛날 삼묘씨三苗氏의 나라는 서쪽에 동정호, 동쪽에 팽려호가 있어 험준했으나 군주가 신망을 얻지 못해 하 우왕夏 禹王에 의해 멸망했습니다. 하 걸왕夏 桀王의 영토는 동쪽에 황하와 제수濟水가 흐르고 서쪽에 화산이 높이 솟았으며 남쪽으로는 이궐산, 북쪽으로는 양장산이 있었으나 정치가 어질지 못해 상 탕왕商 湯王에게 무너졌습니다. 또 상 주왕商 紂王에게는 동쪽에 맹문산, 서쪽에 태항산, 북쪽에 항산이 자리잡고 있고 남쪽에 황하가 흐르는 험준한 영토가 있었으나 그 또한 덕이 없어 주 무왕周 武王에게 쫓겨났습니다. 백성들에게 어진 정치를 베풀지 않으면 하늘이 내려준 험한 지형이 있어도 소용이 없으며, 이 배에 함께 타고 있는 모든 사람이 전하의 적이 될 수도 있습니다."

간언을 들은 무후는 "과연 네 말에 틀림이 없구나"라고 답했다.

만약 무후가 천성적으로 의심이 많은 사람이었다면 오기의 말을 두고 '네가 나라를 제대로 다스리지 않으면 내가 언제라도 모반을 꾀하겠다'라는 뜻으로 오해했을 것이다. 다행히 이때만 해도 무후가 간언을 받아들일 때여서 곧바로 "저놈의 목을 잘라라!"라고 명령하지는 않았다.

원하는 것을 얻기 위한 '반복'의 비밀

이 대화에서 오기가 활용한 화술은 '의미 극대화'다. 같은 말을 다양한 표현으로 반복해 전달하고자 하는 바를 강조하는 방식으로, '동심원 병렬'이라고도 한다. 여기에서 '병렬'이란 말하는 과정에서 관련한 모든 내용을 순서의 구분 없이 나열하는 방식을 가리킨다. 이때 동원되는 모든 내용들은 그 크기만 다를 뿐 하나의 중심을 공유하는 동심원과 같은 구조를 가지게 된다. 다시 말해 이 화술은 전달하고자 하는 의견에 대한 논거를 다양한 형태로 반복함으로써 논박할 수 없는 진정성과 권위를 강조하는 방법이다.

오기는 무후에게 간언하면서 삼묘씨가 하 우왕에 의해, 하 걸왕이 상 탕왕에 의해, 상 주왕이 주 무왕에 의해 멸망한 일을 나열했다. 이 세 가지 사건은 군주가 어진 정치를 베풀지 않으면 곧 무너진다는 하나의 메시지로 모이면서 오기의 의도를 선명하게 드러낸다.

　오늘날 일상에서 동심원 병렬을 가장 많이 사용하는 자리는 서로 덕담을 나눌 때다. 명절이나 결혼식과 같은 특별한 날에 우리는 "복 많이 받으시고 건강하세요", "늘 행복하시고 좋은 일만 가득하시길 바라요"와 같은 말들을 주고받는다.

　전부 비슷한 의미를 반복하면서 상대방에게 축복을 보내는 말들이다. 비슷한 말이 겹쳐질수록 의미가 더 커지고 그 기운도 강해지기 때문이다. 덕담은 간결한 말 안에 많은 내용이 담긴 것처럼 보이지만, 사실은 안녕을 기원하는 단 하나의 핵심만을 가지고 있다.

　나아가 이 화술은 한 사람이 단번에 연이어 말하는 방식에 그치지 않는다. 여러 사람이 협력해 말들을 포갤 수도 있고, 한 사람이 시간을 두고 꾸준하게 반복해서 말함으로써 이뤄질 수도 있다.

　일상에서 이 화술을 사용하기 위해서는 한 가지 살펴야 할 지점이 있다. 상대방의 역할과 자신의 처지를 고려해야 한다는 것이다. 비슷한 표현을 중첩하는 까닭은 그만큼 메시지를 강하게 전달하기 위해서다. 이러한 화법은 상대방이 나를 단단하게 신뢰하는 상황에서 조언을 건넬 때에나 무리 없이 적용된다.

　오기가 무후에게 그처럼 거침없이 말할 수 있었던 데에는 두 가지 믿는 구석이 있었다. 첫째, 그는 선대인 문후 시절부터 조정에서 권위를 인정받고 있던 노신이었다. 둘째, 무후가 치적을 쌓으려면 반드시 오기의 힘을 빌려야 했다. 누구나 오기처럼 말할 수 있지만 듣는 상대방은 무후가 아닐 수 있나. 아무리 좋은 의도에서 건네는 말이기도 그로 인해 관계가 훼손된다면 얻는 것보다 잃는 것이 훨씬 많아진다.

오기의 끝은 좋지 못했다. 오기는 무후가 중상모략에 넘어가 자신을 더 이상 신뢰하지 않자 초로 넘어가 재상이 되었다. 하지만 초에서 개혁을 급하게 추진하면서 일부 왕족들에게 큰 불만을 샀다. 결국 오기는 도왕悼王이 승하한 후, 개혁을 반대하는 적대 세력에 의해 죽임을 당했다. 사마천은 《사기》에서 오기에 대해 다음과 같이 평했다.

"어진 정치를 행하지 않으면 끝이 좋지 않다는 것을 알면서도 개혁을 추진함에 있어 인애가 부족했다. 초에서 목숨을 잃었으니 비통한 일이다."

의미를 극대화하는 것은 그저 강하게 말의 핵심을 전달하기 위해서가 아니라 상대방을 더 많이 긍정하고 더 적게 부정하기 위한 화술이다. 자신을 지적하거나 논평하는 것을 반기는 사람은 없다.

【마음에 태도 새기기】

당신이 하는 말이
당신의 태도를 결정한다

《좌전》에서 배운다

우리가 평소 하는 말이 우리가 일상을 대하는 태도에 영향을 끼친다. 나아가 우리가 평소 취하는 자세와 행동 또한 우리가 하는 말에 영향을 주기도 한다. 따라서 말을 제대로 하고 싶다면 태도부터 가다듬어야 하고, 자세를 바르게 하고 싶다면 말부터 바르게 해야 한다.

"당연한 일을 했기에 상을 받을 수는 없습니다"

기원전 628년, 문공文公의 뒤를 이어 란蘭이 정鄭나라 군주의 자리를 계승했으니 바로 목공穆公이다. 한 국가의 정권이 바뀌면 주변의 다른 나라들이 빈틈을 노리기 마련이다. 줄곧 동쪽으로 확장할 기회를 노리던 진秦나라 목공穆公은 이때를 놓치지 않고 진晉나라의 동맹국인 정나라를 치기로 결정했다. 그는 중원을 차지해 진晉의 패권을 빼앗겠다는 야망을 품고 있었다. 마침 진晉 또한 진 문공晉文公이 세상을 떠나고 얼마 지나지 않은 때여서 다른 곳을 신경 쓸 겨를이 없었다.

진 목공은 대장군 맹명시孟明視에세 전차 사백 대를 이끌고 정을 기습할 것을 명령했다. 이듬해 2월, 진秦의 군대가 국경을 넘어 당시 정나라의 속국이었던 활국滑國으로 들어왔다. 진의 군대는 이곳에서 정의 이름난 장사치인 현고弦高와 마주쳤다. 소 열두 마리를 몰고 장사하러 가던 현고는 적잖이 당황했다.

누구나 삶에서 생과 사를 가르는 결정적인 순간과 한번쯤은 맞닥뜨리게 된다. 그때 자신이 내린 선택에 의해 남은 생이 결정되는 것은 물론 어떤 형태로든 역사에 이름이 남겨지기도 한다. 흥미롭게도 이처럼 중요한 순간에 내리는 결정은 냉정하게 득실을 따지는 이성보다 가슴에서 올라오는 감성에 훨씬 큰 영향을 받는다. 현고는 죽임을 당할지도 모른다는 두려움보다 나라를 걱정하는 마음을 따랐다.

현고는 자진해서 소 열두 마리를 이끌고 진의 군대를 찾아가서는 이렇게 말했다. "우리 전하께서는 귀국의 군대가 이곳을 지난다는 사실을 아시고 미리 방비를 해두셨습니다. 더불어 제게 소 열두 마리를 바쳐 원정을 떠나온 군사를 위로하라 명하셨습니다."

물론 이는 현고가 그럴 듯하게 꾸며낸 거짓말이었다. 현고의 거짓말에서 '방비를 해뒀다'는 침공에 대한 대비를 마쳤다는 암시를 건넨 것이고, '군을 위문한다'는 내용은 꼬드기면 그냥 넘어갈 수도 있겠는지 알아보려는 의도를 가지고 있었다. 현고의 말을 들은 진의 장수들은 정이 이미 오래전부터 전쟁을 준비한데다가 이렇게 위문품까지 보내니 싸워도 이기기는커녕 정까지 가기도 어렵겠다고 생각했다.

현고는 파발을 보내 정 목공에게 이 사실을 알렸다. 기별을 받은 목공은 급히 군대를 소집해 전투를 준비하는 한편, 정에 파견 나온 진의 사신이 묵는 객관을 살펴보게 했다. 아니나 다를까 진의 사신과 수행원들은 수레에 물건을 싣고 말을 먹이며 자국의 군대가 도착하기를 기다리고 있었다.

정 목공의 명을 받은 대신 황무자皇武子가 사신 일행에게 예를 갖춰 알렸다. "그대들이 귀국한다는 소식을 들었으나 배웅할 겨를이 없소이다. 머문 지 오래되어 식량이 모두 동이 났을 터인데, 마침 우리나라에는 사방에 사슴이 넘쳐나니 직접 잡아가시는 것이 어떻겠소?"

상황을 살핀 진의 장수들은 정이 이미 제대로 전쟁에 대비하고 있기 때문에 승리를 기대하기 어렵고, 오래 포위해봤자 딱히 득이 될 것도 없다고 여겨 군사를 물리기로 결정했다. 그래도 가는 길에 활국을 침략해서 멸했으니 얻은 것이 아예 없지는 않았다.

약속은 말이 아니라 태도다

한편 역사를 뒤져 보면 현고와 대비되는 이야기도 있다. 위衛나라 의공懿公은 술을 즐기지 않았고, 싸우지도, 사람을 죽이지도 않았으며 오직 두루미를 기르는 데만 몰두했다. 그가 두루미를 아끼는 방식은 매우 특이해서 기르는 두루미 모두를 '대부'大夫로 봉했다. 재미로 부르는 정도가 아니라 수행원, 봉토, 수레, 말까지 제공되는 제대로 된 품계였다.

위의 백성들은 두루미를 시기했지만 어쩔 수 없었다. 훗날 적군이 위를 공격하자 의공은 낭황해 역대 왕과 왕비들의 위패를 모시는 태묘에 전쟁을 고하고 백성에게 적군을 물리치라고 명령했다. 그러나 백성들은 두루미가 나가 싸우면 될 일이 아니냐며 나서지 않았고 결국 의공의 군대는 패했다. 현고는 나라의 위기를 맞아 기꺼이 소를 바쳤지만, 위의 백성은 두루미가 미워 나라의 위기를 외면했던 것이다.

그렇다면 일개 상인이었던 현고는 왜 그토록 애국심이 넘쳤을까? 정은 땅이 크지 않지만 꽤 부유한 나라였다. 사료를 보면 정의 상인들이 여러 나라를 넘나들며 활발하게 장사했다는 기록을 쉽게 찾을 수 있다. 하남河南의 지형이 평탄하고 교통이 발달한 점도 상업에 이롭게 작용했다.

정이 자국의 상인들을 어떻게 아끼고 보호했는지 잘 보여주는 이야기가 있다. 3월 어느 날, 진晉나라의 상경上卿인 한선자韓宣子가 정을 방문했다. 진은 춘추시대 이백여 년의 패주였고 한선자는 그런 진의 정권을 차지한 인물이었다. 당연히 정의 군주가 직접 그를 맞았다.

한편 한선자는 옥가락지를 가지고 있었는데 원래는 한 쌍이었으나 그가 가진 것은 한 짝뿐이었다. 다른 한 짝은 정의 어느 부유한 상인이 가지고 있었다. 이번에 한선자가 정에 온 목적 가운데 하나도 나머지 한 짝을 손에 넣기 위해서였다.

한선자는 정나라에서 옥가락지를 순순히 내놓으리라 믿어 의심치 않았다. 그러나 정의 재상인 자산子産은 "원하시는 옥가락지는 관가의 것이 아니니 우리 군주께서 도울 길이 없습니다"라고 말했다. 한선자는 별수 없이 직접 그 상인을 찾아가 옥가락지를 사겠다는 의사를 밝혔다. 그러나 상인은 팔고 싶지 않다는 뜻을 넌지시 비치며 자산에게 이 일을 꼭 알려야 한다고 말했다.

소식을 들은 자산은 이렇게 말했다.

"우리 선군이신 환공께서 상인들과 함께 이곳에 정착해 땅을 개척하며 대대로 저버릴 수 없는 맹세를 했습니다. '너희는 나를 배신하지 말라. 나도 너희에게 물건을 팔라고 강제하지 않겠다. 또 너희의 물건을 강탈하는 일은 더더욱 없을 것이다. 너희가 어떤 진귀한 물건을 가지고 있더라도 나는 손도 대지 않겠다.' 이 맹세를 믿었기에 서로 보호하며 지금에 이르렀습니다. 대부께서 귀한 걸음을 하시어 우리에게 상인의 물건을 억지로 빼앗으라 하시면 이는 맹세를 배신하는 일이 됩니다. 이런 나쁜 본보기를 만들면 상인들이 더는 정이 안전하다고 여기지 않고 곧 깡그리 도망치겠지요. 그리하여 정의 상업이 쇠락하면 세금을 거둘 수 없고, 대국이 명해도 원하시는 재화를 바칠 수 없습니다."

이 말을 들은 한선자는 더 이상 옥가락지를 바라지 않았다.

현고의 이야기는 한 가지가 더 남았다. 현고의 기지와 용기 덕분에 위기에서 벗어나자 군주부터 백성까지 나라의 모두가 크게 감격했다. 정 목공은 현고에게 높은 벼슬과 많은 녹봉을 주려 했으나 현고는 단호히 거절했다.

"상인으로서 나라에 충성함은 당연한 일입니다. 상을 하사하신다면 저를 외부인으로 여기시는 것이 아닙니까."

상대뿐 아니라 자신에게도 필요한 태도 새기기

현고의 마지막 짧은 몇 마디에서도 일종의 말하기 기술을 엿볼 수 있는데 바로 '마음에 태도 새기기'나. '태도'의 핵심은 무엇을 대하는가에 달려 있다. 그 대상은 일이 될 수도 있고, 사람이 될 수도 있다. 대화할 때 태도를 드러내는 일이 중요한 까닭은, 우리는 마주한 상대방이 분명한 자세를 취하지 않으면 뭔가 다른 생각을 품고 있다고 의심하기 때문이다.

'새기기'라는 말에는 중요한 말을 잊지 않도록 무언가에 지워지지 않는 흔적을 파내 항상 자신을 일깨운다는 의미가 담겨 있다. 태도를 분명히 드러내는 행위는 타인에게 자신의 속내를 전달하는 데 그치지 않고 자기 자신에게 들려주는 일종의 선언이 되기도 한다. 정리하자면 '마음에 태도 새기기'는 태도를 분명히 드러내 타인을 설득하고, 스스로에게 진심을 상기시킴으로써 항상 그에 따라 행동하게 만드는 화술이다.

현고는 자신의 재산을 털어 진의 병사들을 위로함으로써 위기에 처한 조국을 구했다. 다만 이야기가 여기에서 끝났다면 다음과 같은 의심이 들 수도 있다. 현고가 재산을 내놓은 일에 어떤 계산이 있지는 않았을까?

그러나 현고는 포상을 거절하며 '애국은 당연한 일'이라는 태도를 분명히 밝혔다. 그의 말은 혹시 모를 온갖 시기의 여지까지 단칼에 차단했다. 특히 현고는 스스로 뱉은 말이 있는 만큼 혹시라도 욕심이 들었을 때 더욱 자신을 경계하고 단속했을 것이다. 이것이 바로 자기 선언의 힘이다.

넘치지도 모자라지도 않아야 말이 된다

《사기》〈평진후주보열전〉平津侯主父列傳 에서 배운다
'적절하게 말하는 것'은 쉽지 않다. 말의 정도를 적절하게 지킨다는 것은 곧 대화의 목적을 잊지 않는다는 의미다. 누구나 말의 목적이 서로 의사를 주고받는 데 있다는 것을 알지만, 그 당연한 앎을 일상에서 실천하기 위해서는 오랜 경험과 각별한 노력이 필요하다.

"군주의 과오는 옹종함이요, 신하의 잘못은 교만함이다"

중국 역사에는 열두 살에 재상이 된 감라甘羅나 어려서부터 이름을 날린 조충曹沖 같은 신동도 있지만, 범증范增이나 강태공처럼 일흔이 넘어 진가를 드러낸 사람들도 있다. 한漢의 승상 공손홍公孫弘 역시 이러한 대기만성의 대표적인 사례라고 할 수 있는 사람이다.

공손홍은 치천국菑川國 설현薛縣 사람이다. 젊은 시절에 특별한 재주나 기술이 없었던 그는 감옥에서 잔심부름이나 해주며 살았는데 그나마도 잘못을 저지르는 바람에 쫓겨났고, 이후에는 바닷가에서 돼지를 치며 살았다.

공손홍은 마흔이 넘어서야 《춘추》를 읽기 시작했다. 늦은 나이지만 열심히 공부하는 와중에도 어머니에 대한 효심이 지극했다. 자식이 효를 다했음을 언급하는 것이 새삼스럽다고 여길 수도 있겠지만 그가 모시는 어머니는 계모였다.

기원전 140년, 유철劉徹이 한漢나라의 황제로 즉위하며 무제武帝의 시대가 시작되었다. 무제는 즉위하자마자 현명하고 덕이 있는 명사들을 불러 모아 자신을 보좌하게 했는데 이때 이미 예순 살이 넘은 공손홍도 설현 지방관의 추천을 받아 현량자賢良者 신분으로 상경해 교육을 담당하는 관직인 박사가 되었다.

훗날 공손홍은 흉노로 출사했는데 돌아와 보고한 결과가 기대에 너무 못 미쳐 무제를 화나게 했다. 무제는 공손홍이 무능하다고 여겨 자리에서 물러나게 했다. 그렇게 공손홍은 예순이 넘어 겨우 얻은 벼슬에서도 쫓기듯 물러났다.

십 년 후 무제가 다시 각지에서 현명한 인재를 천거하라고 명하자 설현 지방관은 고집스럽게도 또 공손홍을 추천했다. 소식을 들은 공손홍이 지방관에게 말했다. "이미 십 년 전에 폐하께서 나를 탐탁지 않게 여기시어 물러났소. 이제는 일흔이 넘었으니 그저 노후를 편하게 보내게 해주면 안 되겠소?" 그러나 지방관은 "그럴 수는 없습니다"라고 잘라 말했다.

공손홍은 결국 다시 도읍으로 보내졌다. 이런 식으로 추천받아 온 사람들은 모두 나랏일에 관한 전략과 대책을 써내야 했다. 공손홍의 나이를 고려해 보면 그가 쓴 글은 순위가 맨 뒤로 밀려서 사실상 채택되지 않을 것이 분명했다. 아마 그 어떤 누구도 무제가 올라온 글들을 모두 읽고 공순홍의 글을 가장 윗자리에 둘 줄은 예상하지 못했을 것이다. 얼마 후 공손홍을 만난 황제는 글을 쓴 사람이 십 년 전 그 노인임을 알고서 두말없이 박사로 복직시켰다.

이후 한이 남서쪽으로 통하는 길을 열어 파촉巴蜀에 군현을 설치하려는데 파촉 사람들은 중앙에서 온 관리가 자신들을 다스리는 까닭을 이해하지 못했다. 이에 무제는 공손홍을 파견해 시찰하도록 했고, 공손홍은 무제에게 파촉은 워낙 외진 곳이라 군현 설치는 의미가 없다고 보고했다. 이번에도 무제는 보고가 마음에 들지 않았는지 공손홍의 건의를 받아들이지 않았다. 다만 지방관이 거듭 천거했던 일을 고려해 관직을 박탈하지는 않았다.

공손홍은 '군주의 가장 큰 과오는 마음이 좁은 것이고, 신하의 가장 큰 잘못은 검소하지 않은 것'이라고 늘 말해왔다. 그는 추운 겨울에도 얇은 베 이불만 덮고 잤으며, 혼자 밥을 먹을 때는 고기반찬을 두 가지 이상 두지 않았다. 계모가 세상을 떠나자 생모를 대하는 예법대로 삼년상을 치렀다. 조정에 나가 정사를 논의할 때는 사실만을 말하며 직접 반박하지 않았고, 누군가와 얼굴을 붉히며 논쟁하지도 않았다.

무제는 오랜 관찰 끝에 공손홍이 유능한 인물임을 깨닫고 그를 대하는 태도를 고쳤다. 관직을 내놓고 귀향해야 할 나이에 공손홍의 위상은 점점 높아졌다. 공손홍은 관직에 복귀한 지 이 년 만에 군주를 보좌하고 수도 일대를 관리하는 좌내사左內史가 되었지만 여전히 조정에서 논쟁을 벌이거나 변명하지 않았다.

물론 공손홍도 완벽하지는 않았으니, 자신의 지위를 지키기 위해 동료를 배신한 적도 있었다. 한번은 대신들이 부제가 선의를 빈아들이도록 다 같이 설득하기로 합의했다. 그런데 막상 무제 앞에 나서자 공손홍은 사전 합의를 무시하고 홀로 황제를 지지했다. 대신들은 모두 분개했고, 그중 화를 참지 못한 급암汲黯이 거침없이 공손홍을 질책했다.

영문을 모르는 무제가 의아해하며 곡절을 묻자 공손홍은 이렇게 말했다. "저를 아는 사람은 저의 충심을 이해하지만, 저는 모르는 사람은 제가 충성스럽지 않다고 생각하기 때문입니다." 무제는 잠시 생각하더니 그 말에 일리가 있다고 생각하고 대신들이 공손홍을 헐뜯을 때마다 더욱 그를 호의적으로 대하며 감쌌다.

4년 후, 어사대부로 승진한 공손홍은 한 무제가 추진한 변방 개발, 그중에서도 남서쪽 접경 개발과 동쪽 창해군滄海郡 설치, 북쪽 삭방군朔方郡 개발을 여러 차례 반대했다. 이런 불모지 개발은 나라가 휘청거릴 정도로 재정을 낭비하는 일이라고 믿었기 때문이다.

무제는 공손홍의 반대에 말문이 막히자 대신 주매신朱買臣을 불러 삭방군을 세운 뜻을 전하며 설득하게 했다. 주매신이 열 가지 질문을 연이어 던지자 공손홍은 전혀 대답하지 못하고 이렇게 사과했다. "저는 산동에서 온 천한 사람으로 지식이 부족해 삭방군에 그렇게 많은 이점이 있는지 몰랐습니다. 그렇다면 남서쪽 개발과 창해군 설치는 중단하고 삭방군 개발에 전념하시지요."

결국 무제는 한 발 물러선 척하는 공손홍의 의견에 동의했다. 원래 황제는 남서쪽 접경도 개발하고 동쪽에도 창해군을 설치하려고 했으나 그 계획들은 모두 무산되었다.

다투지 않으면서도 분명히 말하는 말의 내공

한편 공손홍을 향한 무제의 총애가 커지자 껄끄럽게 생각하는 사람이 많아지기 시작했다. 급암은 황제에게 이렇게 요청하기까지 했다. "공손홍이 거친 베 이불을 덮고 자는 것은 남에게 과시하기 위함이니 폐하께서 이 일을 소상히 밝혀 주십시오."

사실을 묻자 공손홍은 무제에게 고개를 조아리며 이렇게 되물었다. "급암은 9경卿(삼공 다음에 위치한 높은 벼슬)가운데 소신과 가장 친했던 자이니 그가 한 말은 틀림이 없습니다. 높은 지위와 많은 녹봉이 있는 제가 검소함을 가장하는 것이야말로 온갖 수단으로 명예를 좇는 일이지 않겠습니까?"

공손홍의 말은 아직 끝나지 않았다.

"관중管仲이 제나라에서 국상國相을 지낼 때, 큰 집이 세 채나 있을 정도로 사치스러워 왕조차 그에 비할 수 없었다고 들었습니다. 비록 제 환공이 관중을 등에 업고 춘추시대의 패주가 되었다고는 하나, 이는 예를 넘어선 행동이 아닙니까? 제 경공 재위 당시 국상을 지낸 안영을 보아도 그렇습니다. 밥을 먹을 때는 고기반찬이 많아야 두 가지였고, 처첩에게는 비단옷을 입지 못하게 했습니다. 당시 제나라가 강성했는데 이는 안영이 백성들을 보듬어 나와 남을 구분하지 않았기 때문입니다. 소신이 고관으로 많은 녹봉을 받는데도 베 이불을 덮고 자는 까닭은 백성이 귀천의 차이를 느끼지 못하게 하려는 것입니다. 급암의 말대로라면 지금 소신은 지위와 녹봉에 맞춰 사치를 부려야 합니다. 아무래도 소신은 조정에서 계속 버틸 수 없을 것 같습니다."

이 말을 들은 무제는 공손홍이 겸손하며 예를 갖췄다고 생각해 승상으로 삼고 평진후平津侯라는 칭호를 내렸다.

시간이 지나 회남왕淮南王과 형산왕衡山王의 반역 음모가 드러나 조정에서 이를 조사할 때, 몸이 쇠약해진 공손홍은 자신이 이번 고비를 넘기지 못할 것 같다고 생각했다. '전쟁에서 큰 공을 세우지도 못한 내가 승상의 자리까지 올라 나라를 다스리는 일을 보좌했다. 모든 이가 신하의 예를 갖춰 천자를 섬기게 해야 했으나 모반을 꾀하는 자들이 생겼으니 이는 내가 제대로 일하지 않은 탓이다. 만약 이대로 죽는다면 급암과 같은 자들이 독한 수단을 쓸 터인데 그렇다면 자손들은 어찌 될 것이란 말인가?'

생각을 마친 공손홍은 무제에게 편지를 썼다.

"천하의 강상綱常(사람이 지켜야 할 기본적인 도리)에는 다섯 가지가 있는데 순서대로 군신, 부자, 형제, 부부, 장유라고 들었습니다. 이 다섯 가지 도리를 실천하는 데 쓰이는 미덕은 지혜, 인애 그리고 용기입니다. 공자는 배우기를 좋아하는 것은 지혜에 가깝고, 힘써 실행하는 것은 인애에 가까우며, 부끄러움을 아는 것은 용기에 가깝다고 했습니다. 공자의 말처럼 자기 수양을 높이면 남을 다스릴 줄 알게 되는 것은 예나 지금이나 변함없는 이치입니다.

지금 폐하께서는 옛 시절의 명군을 본받아 주나라에 버금가는 태평성대를 이루셨고, 주 문왕과 무왕의 인덕을 겸비해 오직 실력으로 인재를 취하셨습니다. 애석하게도 저의 품성은 관직을 얻기에 참으로 부족합니다. 이제는 건강까지 나빠졌으니 폐하께서 아끼시는 동물들이 저보다 오래 살 것 같습니다. 제가 세상을 뜨면 내려주신 은덕에 보답할 길 없고, 다른 이의 중상모략을 막아낼 수도 없습니다. 바라옵건대 아직 숨이 붙어 있을 때 스스로 관직에서 물러나 다른 재주 있는 인물에게 자리를 양보하고자 하오니 살펴 주시옵소서."

한 무제는 다음과 같이 답했다.

"옛 임금들은 공이 있는 자에게 상을 내리고, 덕이 있는 자를 널리 알려 칭찬했다. 강산을 지키려면 학문의 덕으로 가르치고, 재난이 닥치면 무공을 숭상해야 하는 법이다. 과거에 운 좋게 황위를 계승하고도 실력이 미치지 못하는 것이 두려워 여러 대신과 함께 천하를 다스리고자 했으니 네가 짐의 뜻을 알 것이다. 군자는 선량하고, 사악함을 증오하는 사람이라 했다. 승상은 매번 일을 행함에 있어 신중하기에 옆에 두어 나무랄 데가 없었다. 몹쓸 병이 생겨 낙향을 허락해 달라 하니 설마 승상은 짐에게 자비가 없음을 보이라고 하는 것인가? 지금은 큰일이 없으니 안심하고 병을 다스려 다 나으면 하루속히 돌아오라."

이어 무제는 공손홍에게 술과 고기, 비단을 하사했다. 몇 달 후, 심적인 부담이 사라진 공손홍은 병상에서 일어나 조정으로 돌아왔다. 그리고 기원전 121년, 일흔 살이 넘어 두 번째로 천거된 공손홍은 조정에 들어간 지 9년 후 승상의 자리에서 사망했다.

불의 세기를 조절하듯 말의 정도를 살펴라

중국인은 불의 세기와 시간을 의미하는 '훠허우'火候에 빗대 도덕이나 학문, 기술 따위의 수준을 이야기하곤 한다. 요리를 해본 사람이라면 불의 세기와 시간이 음식의 질을 결정하는 데 얼마나 중요한 역할을 하는지 알 것이다.

말하기도 마찬가지다. 말이 정도를 넘으면 공격적으로 들릴 수 있고, 반대로 정도에 미치지 못하면 애매하게 들린다. 사람들이 공격적으로 말하는 까닭은 경험과 삶의 내공이 부족해서 표현의 정도를 지키지 못하기 때문이다. 톡톡 쏘는 언사로 순간의 통쾌함을 얻을 수는 있겠지만, 말이란 자신을 만족시키기 위해 하는 것이 아니라 서로 의사를 주고받기 위해 하는 것이다.

정도를 잘 지키는 화술은 금방 배워 쓸 수 있는 것이 아니다. 말이란 그 사람이 거쳐 온 삶의 깊이와 쌓아올린 지식의 수준을 반영하기 때문이다. 공손홍의 이야기에서 그와 부딪치는 급암은 다소 격한 언사를 보였다. 반면 공손홍은 매번 대화 현장의 분위기에 따라 말투나 어세는 물론 내용까지 조절했고, 남들과 다투지 않도록 삼가면서도 자신의 의견을 분명히 전달했다. 그것이 공손홍이 보여준 넘치지도 모자라지도 않은 '말의 정도'였다.

뜻을 담는 데에는
한마디면 충분하다

《사기》〈손자오기열전〉에서 배운다

중국인은 '옌젠이가이'言簡意賅를 말버릇처럼 쓰곤 한다. '말은 간결하나 뜻은 완벽하다'는 의미를 가진 관용어. 말의 밀도는 얼마나 현란하게 말하느냐가 아니라 뜻을 제대로 전하는가에 달려 있다. 그리고 뜻을 효과적으로 전하는 데 말의 길이는 전혀 중요하지 않다. 오히려 짧을수록 쉽게 받아들여지기도 한다.

"그대는 '문제없다' 외에 다른 말은 못하는가?"

'공기불비 출기불의'攻其不備 出其不意(적의 방비가 허술할 때 공격하고, 전혀 생각하지 못한 곳으로 공격하라), '지피지기 백전불태'知彼知己 百戰不殆(적을 알고 나를 알면 백 번 싸워도 위태롭지 않다) 등 한 번쯤 들어봤을 고사성어에는 한 가지 공통점이 있다. 바로 고대 최고의 병법서로 꼽히는 《손자병법》에서 비롯되었다는 것이다.

이 책의 저자인 손무는 춘추시대 제나라의 유명한 무관 집안에서 태어났다. 어려서부터 귀동냥으로 배운 용병술에 큰 관심을 가졌던 손무는 훗날 가업을 이어받아 전쟁에서 공을 세우기를 바랐다.

손무가 조금 더 자랐을 때, 남쪽 오吳나라에서 난이 일어났다. 이때 공자광公子光이 재상 오자서伍子胥의 도움으로 오의 군주가 되었는데 그가 바로 오왕 합려闔閭다. 이들 가운데 한 사람은 오가 빠르게 강성해지기를 바랐고, 다른 한 사람은 초나라를 쳐서 잿더미로 만들고자 했다. 두 사람은 공동의 목표를 위해 인재를 끌어 모으고자 영웅첩英雄帖을 널리 보냈다. 특히 군사 분야의 인재를 발탁하는 일이 시급했다.

이 시기에 손무는《손자병법》을 이미 탈고한 후였다. 합려는 오자서로부터 손무를 소개받으며 '병서를 집필했을 정도로 병법에 밝지만, 실제 전투에서도 잘 싸우는 사람일지는 알 수 없다'는 평을 들었다. 손무와 만난 합려가 물었다.

"그대의 병법 열세 편을 모두 읽었는데 훌륭했다. 혹시 지금 용병술을 펼쳐 보여줄 수 있는가?"

손무가 간결하게 답했다. "문제없습니다."

"궁녀들을 데리고도 할 수 있는가?"

"문제없습니다."

"그 말 말고, 다른 대답은 하지 못하는가?"

"문제없습니다."

합려가 궁녀들을 데리고 용병술을 펼치라고 주문한 이유에 대해서는《사기》에도 나와 있지 않다. 손무를 난감하게 만들어 실력을 가늠하려는 의도일 수도 있고, 그저 궁 안에는 궁녀가 많으니 모으기가 쉬워서였을 수도 있다. 합려는 궁녀 180명을 불러 모은 다음 손무 앞에 데려다 놓았다.

손무는 재빨리 궁녀들을 좌우 두 무리로 가르고 합려가 가장 총애하는 후궁 두 명을 각각 대장으로 삼았다. 그리고 궁녀들에게 기다란 창을 들게 하고서는 이렇게 질문했다. "너희들은 심장, 왼손, 오른손, 등의 방향을 알고 있느냐?"

궁녀들은 재밌는 놀이를 한다는 듯 깔깔 웃으면서 대답했다. "그럼요!"

손무가 궁녀들에게 명을 내렸다. "좋다. 조금 있다가 내가 '앞'이라고 말하면 심장 방향을 똑바로 바라보고, '왼쪽'이라고 말하면 왼손 방향을 보고, '오른쪽'이라고 말하면 오른손 방향을 보고, '뒤'라고 말하면 돌아서서 등 뒤를 보아야 한다. 알겠느냐?"

궁녀들은 여전히 신나는 표정으로 입을 모아 알겠다고 대답했다.

손무는 한쪽에 큰 도끼와 작은 도끼 두 자루를 가져다 두고 나서 명령을 내렸다.

손무가 북을 치면서 "모두 제자리에! 오른쪽!"이라고 호령했다.

그런데 아까의 시원스러운 대답과 달리 궁녀들은 전혀 명령을 따르지 않았다. 서로 얼굴을 마주 보며 장난치거나 잡담하고 웃으면서 도통 집중하지 않았던 것이다. 손무가 "왼쪽!"이라고 해도 그 모양이었고, "앞!"이라고 해도 마찬가지였다.

이를 본 손무는 "군령이 불분명해 병사들이 따르지 않음은 모두 나의 잘못이다"라고 말한 다음 몇 번이고 규칙을 반복해서 설명했다. '세 번 명령하고 다섯 번 알린다'는 삼령오신三令五申이 바로 여기에서 나온 말이다.

설명을 마친 손무는 다시 북을 치며 외쳤다. "모두 제자리에! 왼쪽!" 그러나 궁녀들은 여전히 웃고 떠들면서 명령을 따르지 않았다. 이 지경이니 훈련은 완전히 실패한 것이나 다름없었고 손무의 얼굴은 점점 굳었다. 손무는 히죽거리며 웃고 있는 궁녀들을 향해 외쳤다. "내가 말한 대로 군령이 분명하지 않아 병사들이 따를 수 없음은 당연히 장수의 잘못이다. 그러나 여러 번 설명했는데도 따르지 않음은 대장의 죄이니 그 책임을 물으리라."

이어 손무는 군기를 바로잡기 위해 좌우 두 무리의 대장인 합려의 후궁들을 끌어내어 꿇어앉힌 다음 목을 치려고 했다. 그제야 모두가 깜짝 놀라며 움직임을 멈췄다. 끌려 나온 두 명은 사시나무 떨듯이 벌벌 떨었고 옥좌에 앉은 합려도 크게 놀랐다.

합려는 급히 사람을 보내 손무에게 알렸다. "과인이 이미 그대의 실력을 보았으니 이제 그만하고 두 여인을 부디 용서하라. 이 둘은 과인이 총애하는 후궁으로 그들이 없으면 밥을 목구멍으로 넘길 수 없고 누워도 잠을 잘 수가 없다."

그러나 손무는 눈 하나 꿈쩍하지 않고 이렇게 말했다. "전장에서 전투를 지휘하는 장수의 권위는 절대적이며, 군왕의 명이라 해도 통하지 않는 것이 군율입니다." 그렇게 두 후궁의 머리가 땅으로 떨어졌다.

모두가 기겁해서 벌벌 떠는 와중에 손무는 새로운 대장 두 명을 임명한 후, 다시 북을 두드리기 시작했다. 이번에는 군령을 두 번 내리지 않아도 되었다. 왼쪽, 오른쪽, 앞, 뒤, 앉아, 일어서 등 모든 궁녀가 군령에 맞춰 일사불란하게 움직였기 때문이다. 대열은 반듯하고 가지런했으며 아무도 감히 소리를 내지 않았다.

이에 손무는 사람을 보내 합려에게 이렇게 알렸다. "이제 병사들이 잘 훈련되었으니 전하께서 직접 살펴보십시오. 명령하시면 물불을 가리지 않고 달려갈 것입니다."

합려는 느닷없이 아끼는 후궁 두 명을 한꺼번에 잃은 충격과 슬픔에서 아직 정신을 차리지 못한 채로 대답했다. "이미 본 것이나 다름없다. 그대도 돌아가 쉬도록 하라."

아마 그곳에 있던 모든 사람이 '전하께서 측실의 목숨 값을 내놓으라고 하지 않았으니 얼마나 다행인가. 그러니 얼론 물러나시게'와 같은 반응을 보였겠지만 손무의 반응은 달랐다. 손무는 합려를 향해 차갑게 답했다. "전하는 병법을 말씀하기만 좋아할 뿐, 실제로 사용하지는 못하십니다."

이 말은 합려의 정신을 번쩍 들게 했다. 눈앞의 손무라는 자는 분명히 진정한 장수의 재목이니 반드시 발탁해야만 했다. 이렇게 해서 합려는 정식으로 손무를 장군으로 임명하고 오자서와 함께 안팎으로 중요한 일들을 처리하도록 했다.

훗날 손무는 오의 군대를 이끌고 강성한 초로 진격해 도읍을 공격하고 제와 진晉까지 위협했다.

'간결함'이야말로 가장 강한 무기다

이번 화술은 이름부터 과격한 '간결하게 깨부수기'다. 말은 글과 달리 뱉고 나면 흩어지기에 반복해서 들을 수 없다. 말이 너무 복잡하고 길어지면 듣는 상대방은 지나간 말을 되새기느라 현재 전해지는 내용을 온전히 받아들이지 못한다. 그럴 때 요구되는 덕목이 손무가 보여

췄던 가장 적절한 순간에 가장 적절한 한마디로 핵심을 깨부수는 간결함이다.

사실 우리가 손무의 이야기에서 배울 수 있는 화술은 하나에 그치지 않는다. 예컨대 '타당한 이유 내세우기'도 아주 좋은 화술이나 손무가 구사한 화술의 특징을 더욱 선명하게 드러내는 '간결하게 깨부수기'를 선택했다.

간결하게 깨부수듯 말하는 법은 크게 두 가지로 요약할 수 있다. 하나는 말을 쉽고 간결하게 하는 것이고, 다른 하나는 논리적 정합성을 부각하거나 직관적으로 받아들일 수 있는 자료를 제공하는 것이다.

이야기 전체에서 손무는 말을 많이 하지 않지만, 깔끔하고 날카로우며 알기 쉽게 말한다. 우선 궁녀들을 훈련시킬 때에는 간단하고 이해하기 쉬우면서도 정확하게 군령을 설명했다. 또 합려에게는 간결한 말 속에 군주를 일깨우려는 의도를 담아 비굴하지도 그렇다고 오만하지도 않은 자세로, 냉정하나 거칠지 않게 말했다.

너새니얼 호손Nathaniel Hawthorne이 "읽기 쉬운 글이야말로 가장 쓰기 어렵다"라고 했듯이 손무처럼 간결하면서 정확하게 말하기는 쉬운 일이 아니다. 하지만 우리는 이미 일상에서 이러한 화술을 부지불식간에 쓰고 있다. 이를테면 학창시절 축구 경기를 할 때처럼 급박한 상황에서 동료와 의사소통을 할 때가 그렇다.

상대가 목청을 높일수록
가만하게 속삭여라

《진서》〈사안열전〉謝安列傳에서 배운다

낯선 사람에게 말을 거는 시도는 새로운 세계에 발을 들일 때와 같은 긴장을 불러일으키기 마련이다. 이러한 감정은 상대방도 마찬가지일 것이다. 그러므로 말을 건넬 때에는 나의 감정이 상대방에게까지 전염되지 않도록 속으로는 팽팽하게 긴장하더라도 밖으로는 느슨하게 이완해야 한다. 우리는 이러한 '외유내강'이 말에 적용되었을 때, 언행에 품격이 있다고 느낀다.

"별일 아닐세, 그냥 승전보일 뿐이야"

명문가 출신인 사안謝安은 어렸을 때부터 재주가 넘쳤고 먹고사는 데 걱정이 없었다. 출신이 그렇다 보니 그도 자연스럽게 명문가 자제들이 즐기는 일들에 어울리면서 '가장 속된 것이 가장 우아한 것'이라는 말을 몸소 실천했다.

아무리 세간의 이목을 원치 않아도 이런 사람들에게는 늘 찾아오는 사람이 많은 법이다. 재상 왕도王導 역시 사안에게 벼슬을 주겠다고 몇 번이나 제안했으나 사안은 단호하게 거절했다. 그는 풍류에 젖어 왕희지王羲之 등 여러 명사와 함께 산수를 넘나들고 예술세를 떠돌면서 마흔이 될 때까지 놀기만 했다. 평균 수명이 길지 않았던 당시에 마흔이면 반생을 훌쩍 넘긴 나이였다.

당시 동진東晉은 오래전부터 심하게 부패해 언제라도 무너질 수 있는 상황이었기에 이러한 난국을 해결할 인재가 절실했다. 어느 날 사안은 문득 '부서진 둥지 안에 있는 알이 온전할 수 있을까?'라는 의문이 들었다. 그렇게 벼슬길에 나선 사안은 특유의 초연한 기질과 탁월한 지략으로 역사에 뚜렷한 족적을 남겼다.

한번은 사안이 친구들과 바다에 나가 술을 마시고 시를 읊으며 노는데 갑자기 바람이 불고 구름이 몰려오더니 바다가 심하게 요동쳤다. 거센 파도에 언제라도 배가 뒤집힐 수 있는 상황에서 모두가 허둥댔지만 사안만은 아무렇지도 않게 시를 읊었다. 친구들이 다가와 물었다. "자네는 무섭지도 않은가?"

사안은 담담히 미소를 지으며 "다들 이렇게 무서워 떨기만 한다면 어떻게 돌아갈 수 있겠는가?"라고 말했다. 사안의 태연한 태도를 보다 보니 친구들은 청심환이라도 한 알 먹은 듯이 마음이 차분하게 가라앉았다. 뱃사공은 계속해서 노를 저었다. 풍랑이 점점 더 커지자 사안은 모두에게 찬찬히 의견을 물었다. "그래, 이쯤에서 돌아가겠는가?"

그러자 모두 입을 모아 "어서 돌아가세, 돌아가!"라고 말했다. 배는 그제야 뭍으로 방향을 돌렸고 무사히 해안까지 돌아왔다. 사안은 거대한 파도 앞에서도 태연했듯 정국이 급격하게 흔들릴 때에도 흔들리지 않았다. 그는 두려움이 무엇인지 모르는 것처럼 늘 웃음을 잃지 않았으며 기품을 유지했다.

이 시기 동진은 내외의 문제가 모두 곪은 지 오래였다. 간문제簡文帝

가 근심과 불만으로 병이 들어 세상을 떠난 다음 효무제孝武帝가 어린 나이에 즉위했다. 그러자 실질적 권력자였던 환온桓溫은 자신을 반대하는 왕탄지王坦之와 사안을 제거할 목적으로 홍문연鴻門宴을 열었다. 연회에 참석한 왕탄지는 주변을 살피고는 온몸에 식은땀을 흘리며 질겁했지만, 사안은 장막 뒤에 병사들이 매복한 것을 알고도 담담하게 웃으며 말했다. "제후는 사방을 지켜야 하거늘 어찌 공께서는 배후에 사람을 숨기신 게요?"

환온은 사안의 기개와 배짱에 감탄하면서 껄껄 웃더니 이내 자신을 호위하는 자들이라고 둘러댔다. 당장이라도 칼을 뽑을 것만 같았던 긴장감 넘치는 만남에서 사안은 이처럼 웃으면서 상대의 무장을 해제시켰다.

사안은 대외적으로도 특유의 느긋함을 유지하며 위기를 극복했다. 그를 역사 무대 한가운데에 굳건히 서게 한 사건은 다름 아닌 비수지전淝水之戰이다. 당시 동진의 북쪽에는 전진前秦이라는 강국이 도사리고 있었다. 전진의 황제 부견符堅은 천하를 제패하겠다는 야심을 품고 백만 대군을 일으켜 동진을 공격했다. 사안은 이 절체절명의 국난을 맞아 정토대도독으로 임명되었는데, 동진군의 총사령관 또한 조카인 사현謝玄이고 이외에도 동생, 아들까지 참전했으니 온 집안이 이번 전쟁에 운명을 걸었다고 할 수 있었다.

그럼에도 그는 여전히 여유 있고 느긋한 태도를 잃지 않았다. 틈만 나면 친척과 친구들을 불러 모아 시골에 지어 둔 농가 마당에서 내기 판을 벌이기도 했다. 그가 특히 즐겼던 내기는 바둑으로, 이기는 쪽이 마당을 차지하는 방식이었다.

비수지전에서 동진이 전진을 크게 무찔렀다는 승전보가 도착했을 때에도 사안은 집에서 손님과 바둑을 두는 중이었다. 그가 승전보를 읽고도 기쁜 내색 하나 없이 평소처럼 묵묵히 바둑을 두자 사람들이 재촉하듯 전투가 어찌 되었는지를 물었다.

이에 사안은 심드렁하게 답했다. "별일 아닐세. 아이들이 이미 적을 물리쳤다는군." 그는 바둑을 끝까지 두고 손님이 돌아가고 나서야 비로소 기쁨을 억누르지 못하며 문턱에 나막신이 부딪혀 굽이 박살나는 지도 모를 정도로 춤을 췄다.

사실 전쟁 내내 사안이 보여준 초연함이 곧 그의 전공으로 이어지지는 않는다. 그는 겉으로 보이는 담담함과는 상관없이 비수지전을 맞아 다음과 같은 일들을 철저하게 준비하고 진행했다.

첫째, 북부군을 재건했다. 당시 정부는 부패했고 동진은 전례 없는 군사적인 압박을 받고 있었다. 이러한 어려움 속에서도 사안의 안배를 통해 북부군은 전란을 겪으며 쌓은 경험을 바탕으로 칠 년의 훈련을 거쳐 강력한 군대로 거듭났다.

둘째, 경제 발전에 힘썼다. 동진의 귀족들은 상습적으로 세금을 체납했으나 사안은 신분에 상관없이 인구에 따라 세금을 내고, 복무한 사람은 세금을 면제하는 방식으로 조세 제도를 개혁했다. 이러한 조치는 백성의 부담을 줄이는 한편, 황족들도 세금을 내게 함으로써 국가 재정을 안정화시키는 밑거름이 되었다.

셋째, 군대를 적절히 배치했다. 사안은 전진의 백만 대군을 맞아 동진의 장수와 병사들의 사기가 크게 떨어져 군이 붕괴하기 직전임을 잘 알고 있었다. 그러나 동진에는 장강(오늘날 양쯔강揚子江)이라는 천혜의 지형이 있었다. 사안은 서두르지 않고 침착하게 병력을 유리한 지형으로 이동시키는 한편 적절한 장수를 적절한 위치에 안배했다. 환충桓衝이 이끄는 십만 정예병으로 적을 견제했고, 사현을 총사령관으로 삼아 전진의 주력군이 도착하기 전에 단숨에 적을 격파했다. 나아가 비수강 기슭에서 작전을 벌여 전진의 대군을 대파했다.

사안은 겉으로는 느긋한 말과 평온한 행동으로 주변을 진정시켰으며, 속으로는 탁월한 식견으로 천하를 경계하며 위기에 빠진 나라를 구했다.

때로는 옅은 구름처럼 유려하게 말하라

사안이 보여준 화술은 옅은 구름을 감도는 가벼운 바람처럼 여유 있게 말하는 것이다. '옅은 구름'이란 잔뜩 낀 것도, 그렇다고 한 점도 없는 모양새도 아니다. 이처럼 희미한 구름에 바람이 어울리려면 산들거려야 한다. 거센 바람은 구름을 날려 흩트려 버리고, 그렇다고 아예 바람이 불지 않으면 구름이 두껍게 쌓이게 된다.

그가 구사한 화술이 바로 이러한 자연 풍경과 흡사하다. 급박한 상황을 맞아 말로라도 긴장된 분위기를 완화하고 싶다면 먼저 말투부터 옅은 구름에 부는 가벼운 바람처럼 바꿔야 한다. 상황이 뜻대로 풀리지 않는다고 해서 목소리를 높이는 것은 불 난 데 기름을 붓는 격일 뿐이다.

사안은 늘 여유 넘치는 태도로 재치 있는 말 몇 마디만 툭툭 던지는 듯하지만, 그 효과는 매우 뛰어났다. 감정과 말은 쉽게 전염되기 마련이다. 그의 느긋한 말과 여유로운 태도는 위기 앞에서도 흔들리지 않도록 주변을 진정시키는 효과가 있었으며, 스스로를 고요하게 다스리는 데에도 도움이 되었다.

사안이 보여준 화술은 허세와는 거리가 멀다. 폭풍을 앞에 두고서도 '옅은 구름에 가벼운 바람'처럼 말하고 행동하기 위해서는 먼저 마음속에서 몰아치는 비와 거센 폭풍을 충분히 겪어야 하기 때문이다. 초연한 자세는 바로 그러한 격랑을 극복했다는 자신감에서 비롯된다. 그리고 말에서 그러한 내공이 묻어날 때, 우리는 말에 품격이 있다고 일컫는다.

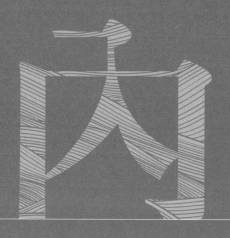

제3장

틈이 있고 유연해야
말이 단단해진다

말이 꽂히는
최적의 순간은 따로 있다

《신당서》,《구당서》舊唐書〈이필열전〉李泌列傳 에서 배운다

생명을 구할 수 있는 가능성이 가장 높은 시간대를 일컬어 골든아워라고
한다. 대화에서 진심을 전하거나 주장을 전개할 때에도 골든아워가 존재
한다. 상대방을 붙들고 충분히 설득할 만한 여유가 없는 상황에서, 또는
다가오는 말을 받아들일 만한 여유가 없는 상대방에게 효과적으로 의사
를 전달하기 위해서는 혈자리에 침을 놓듯 가장 강력한 이유와 명분, 근
거를 단번에 제시해 정곡을 찔러야 한다.

"지금의 결정으로 아버지께서 서러워하지 않을는지요"

"흰옷을 입은 산사람이 당을 재건하여

집안을 보살피고 나라를 걱정함이 깊고 길구나.

공을 세우고 옷소매를 뿌리쳐 산으로 돌아가니

그 높은 절개가 자방子房을 떠올리게 하네."

송宋의 문인 서균徐鈞이 지은 정장시定場詩를 빌려 이필李泌에 대
한 소개를 시작한다. 만약 그 시대에 명함이 있었다면 이필의 명함은
갖가지 직함으로 빼곡하게 채워졌을 것이다. 이필은 당 시기 현종玄宗

부터 숙종肅宗, 대종代宗, 덕종德宗까지 네 황제를 섬겼다. 군주를 섬기는 일은 호랑이 돌보기와 똑같다 하니 이 내력만 봐도 그가 보통사람이 아님을 쉽게 짐작할 수 있다.

이필의 자는 장원長源으로 경조京兆 사람이다. 몇 대를 거슬러 올라가면 권세깨나 있는 가문 출신으로서 어려서부터 총명해 현종의 사랑을 받았다. 당시 그가 얼마나 유명했는지는 중국 전통의 계몽서인《삼자경》三字經의 한 구절을 보면 알 수 있다.

"조형趙瑩(북위北魏의 재상)은 여덟 살에 시를 읊고, 이필은 일곱 살에 바둑을 소재로 삼아 시를 지었다. 두 사람의 총명함과 재능은 기이할 정도로 뛰어났으니 그들을 본받아 열심히 공부해야 한다."

755년 12월, 당시 절도사였던 안녹산安祿山이 사사명史思明 등과 함께 15만 대군을 이끌고 반란을 일으켰다. 바로 안사安史의 난이다.

이듬해 6월, 반란군이 장안으로 쇄도하자 현종은 성이 무너지기 전에 부랴부랴 도망쳐 파촉 땅인 성도成都로 피신했다. 한편 삭방朔方으로 망명한 태자 이형李亨은 다시 진용을 정비해 영무靈武에서 황제로 추대되었다. 훗날 숙종으로 칭해진 그는 당나라의 일곱 번째 황제이자 도성 밖에서 즉위한 첫 번째 황제다. 숙종은 군사를 일으켜 반란을 평정한 다음 아버지 현종을 성도에서 모셔와 태상황으로 삼았다.

이후 이형은 이임보李林甫의 무덤을 파헤쳐서 그 유골을 불태우려고 했다. 태자 시절에 이임보가 현종에게 자신에 대한 악담을 늘어놓으며 해를 끼쳤기 때문이다. 소식을 접한 이필이 재빨리 나서서 의견을 밝혔다. 오랜 원한을 갚으려는 황제의 앞을 감히 가로막고 반대를 말하는 신하라니, 이는 초인적인 용기가 없으면 불가능한 일이다.

"천자가 되어 넓은 마음을 천하에 보이지 못한다면 이전에 미움을 샀던 자들이 반드시 놀라 두려워하며 화를 자초하게 될 것입니다. 어리석은 신은 그저 이번 일로 감히 맞서는 자들이 천자를 따를 생각을 떨쳐 버리고 끝까지 저항하게 될까 봐 걱정할 따름입니다."

현종 시기부터 조정의 노신으로 여러 차례 태자를 감쌌던 이필이 나서서 설득하니 사람들은 이쯤에서 숙종의 복수가 흐지부지 끝나겠다고 생각했다.

하지만 예상과 달리 숙종은 이필의 말을 듣고 더욱 악에 받쳐 말했다. "이 도둑놈이 짐에게 온갖 모략을 저질러 목숨이 위태로울 지경이었다. 짐이 오늘까지 살아서 이 자리에 앉을 수 있는 까닭은 하늘이 보우하셨기 때문임을 그대도 알 것이다. 이 사악하기가 이를 데 없는 자는 다행히도 목적을 이루지 못하고 죽었다. 그런 놈에게 어찌 자비를 베풀 수 있겠는가?"

숙종의 말에는 두 가지 메시지가 담겨 있다. 하나는 이임보에 대한 증오이고, 다른 하나는 이필에 대한 의문이다. 이 두 가지 감정이 결합하면 사태가 더욱 악화될 수도 있었다. 이미 걷잡을 수 없이 분노한 황제 앞에서 보통은 입을 다물어야 했으나 이필은 그렇게 하지 않았다. 대신 지혜로운 말로 상황을 진정시켰다.

"이임보가 한 짓을 신이 어찌 모르겠습니까? 선제께서 천하를 반백 년 동안 다스리시다가 단 한 번의 실수로 기후가 다른 파촉까지 가셨습니다. 자신이 다스리던 때의 신하를 증오해 무덤을 파고 유골을 불 대우려는 것을 선제께서 아신다면 이전에 내린 결정들을 어떻게 생각하시겠습니까? 혹여 선제께서 회한으로 몸져 눕기라도 하신다면 세상은 천자가 천하를 껴안으면서도 정작 어버이는 돌보지 않는다고 여길 것입니다."

이 말을 들은 숙종은 계단을 내려와 이필을 껴안고 흐느꼈다. "짐이 그대처럼 깊이 생각하지 못했구나. 어리석게도 증오에 눈이 멀었어."

순식간에 상대의 마음을 휘어잡아야 한다

이필은 격노에 휩싸인 황제를 정면으로 타이르다 실패하자 말머리를 돌려 정신을 차리게 했다. 이는 그가 사용한 화술인 '입증 극대화하기'가 일으킨 효과다. 당시 그에게 주어진 것은 고작해야 단 몇 마디를 전할 짧은 시간뿐이었다.

이성을 잃기 직전인 사람한테는 절절한 진심을 담아 백만 가지 이유를 제시해 봤자 어차피 제대로 닿지도 않는다. 누가 설득해도 소용이 없을뿐더러 괜히 말을 건 사람만 적으로 오해받기 쉽다. 하물며 상대방이 황제라면 더 조심스러울 수밖에 없다.

'입증 극대화하기'는 이성을 잃어가는 상대방이 그래도 '아직은 듣는 척이라도 하는' 골든아워 안에 가장 강력한 이유를 재빨리 선택해서 의사를 전하는 화술이다. 이 고사에서 이필이 여러 논거 중에서 선택한 가장 강력한 논리는 다음과 같다.

첫째, 당신의 분노에 공감한다. 그러나 당신이 분노하는 사람은 당신의 아버지가 선택한 사람이다.

둘째, 당신의 아버지는 현재 건강이 좋지 않다. 그리고 당신이 분노하는 사람은 이미 사망했다.

셋째, 당신이 그자의 찌꺼기라도 파내 훼손하면 당신 아버지의 체면은 땅에 떨어질 것이다.

넷째, 사람들이 이 일을 알면 당신을 어떻게 평가할 것인가?

이필은 이렇게 집안일, 나랏일, 천하의 일까지 모두 아우르는 가장 강력한 명분을 들어 분노에 휩싸인 숙종의 광기를 가라앉혔다. 다행히 숙종은 이필의 말을 들은 다음 스스로를 돌아보고 곧 이성을 되찾았다. 이필이 재빠르게 내세운 명분이 강력하지 않았다면 황제의 분노는 그에게도 쏟아졌을 것이다.

이미 세상을 떠난 자의 무덤을 파서 시신을 훼손하는 일은 어느 시대에서나 극악무도한 행위로 비난받기 마련이다. 만약 숙종이 분노를 참지 못하고 복수를 감행했다면 이미지를 회복하기 위해 아주 오랫동안 공을 들여야 했을 것이다.

바르게 말해줘야
바르게 알아듣는다

《사기》〈한신노관열전〉韓信盧綰列傳에서 배운다
중국에는 '남이 멘 짐은 전혀 무겁지 않다'라는 속담이 있다. 우리는 상대
방의 말이 이해되지 않으면 자신이 대화에서 배려받지 못한다고 느끼지
만, 반대로 상대방이 자신의 말을 이해하지 못하면 상대방의 교양이 부족
해서라고 여기는 경향이 있다. 상대방이 명확하게 알아듣기를 바란다면
나부터 명확하게 말해줘야 한다. 누구나 알고 있지만, 아무나 할 수 없는
화술이다.

"땅을 아까워하면서 어찌 전쟁에 나서라고 재촉하겠는가!"

만약 중국 역대 왕조들 가운데 가장 특별한 이름을 고르라면 한漢이
라고 답할 것이다. '한'이라는 글자를 빼놓고서 중국 문화에 대해 말할
수는 없기 때문이다.

한나라를 건국한 유방劉邦은 날건달 같은 사람이다. 도망칠 때에는
자기만 살겠다고 자식들을 마차에서 내쫓는가 하면, 사람들이 가마솥
을 걸고 아버지를 삶아 죽이려 하자 "맛 좀 보게 고기 한 그릇 좀 나눠
달라"라며 호탕하게 웃기도 했다. 그러나 이러한 유방이 세운 왕조가
서한西漢과 동한東漢을 거쳐 407년이나 건재한 데에는 이유가 있다.

기원전 200년, 군사를 일으켜 반역을 꾀하다 패퇴한 한신韓信이 흉노와 연합해 한을 공격하려고 했다. 여기에서 말하는 한신은 장량張良, 소하蕭何와 함께 개국 공신으로 꼽히는 '한초삼걸'漢初三傑의 한신이 아닌 동명이인인 한왕韓王이다.

한신과 흉노가 힘을 합쳐 한을 공격했다는 소식이 전해지자 유방은 직접 군대를 거느리고 정벌에 나섰다. 그가 이끄는 군대는 승리를 거듭했으나 적진으로 너무 깊이 들어간 바람에 백등白登에서 포위되어 큰 위험에 처했다.

유방은 선우(흉노의 군주를 일컫는 호칭)인 묵특의 아내에게 접근해 귀한 선물을 주고 남편을 설득해 달라고 부탁했다. 이에 응한 묵특의 아내는 묵특에게 이렇게 말했다. "우리가 한의 땅을 점령해 봤자 어차피 뿌리내리고 살지도 못할 텐데 쓸모가 없지 않겠습니까?"

어처구니없는 망언이었지만 묵특은 아내의 말을 따랐다. 며칠 후 흉노군이 속속 철수했고, 그제야 유방은 백등의 포위에서 빠져나올 수 있었다. 도성으로 돌아가기 전, 유방은 진희陳豨를 열후列侯로 봉하고 그에게 조趙와 대代의 국경 방어를 강화해 흉노의 침략을 막으라고 명령했다.

진희는 완구宛朐 사람으로만 알려졌을 뿐 그가 언제부터 유방을 따랐고 무슨 재주로 유방의 눈에 들었는지에 대한 기록은 남아 있지 않다. 진희는 어느 날 불쑥 역사에 등장했다.

진희는 흉노를 막는다는 고된 업무를 수행하다가 가까스로 휴가를 받아 한단에 들렀다. 당시 조의 상국相國인 주창周昌은 그를 맞으며 뭔가 이상하다는 느낌을 받았다. 우선 진희를 따르는 빈객과 수행인의 규모가 어마어마해 천 대가 넘는 수레가 줄을 잇고 한단의 관사가 꽉 찰 정도였다. 진희는 그들과 수시로 어울리며 지위를 가리지 않고 허물없이 지냈다.

물론 상급자가 부하들과 가까이 지내는 것은 보기 좋은 일이지만 이렇게 떠들썩한 무리는 눈길을 끌기 마련이다. 주창은 진희가 한단을 떠나 대代로 돌아가자마자 즉각 유방을 알현해 진희가 사조직을 꾸리고 있다고 고했다. "진희가 한단에 있을 때 주변에 빈객이 매우 많았으며 서로 가까이 지냈습니다. 따르는 자들이 많고 병사들이 외부에서 통제되지 않으니 딴마음을 품을까 두렵습니다."

이야기를 들은 유방은 사람을 시켜 진희와 빈객들 간의 거래를 비롯해 공적이든 사적이든 그들이 하는 모든 일들을 은밀히 조사했다. 바람이 새지 않는 벽은 없듯 일단 조사를 벌이고 보니 문제가 적지 않았고 무엇보다 모든 문제의 중심에는 진희가 있었다. 진희는 유방이 자신을 조사한다는 사실을 알고는 크게 당황해 비밀리에 흉노 측과 정보를 교환했다. 그도 나름의 살길을 준비한 것이다.

기원전 197년 7월, 유방의 아버지가 사망하자 유방은 진희를 도읍으로 불러들였다. 그러나 태상황의 장례는 조정의 요인들이 반드시 참석해야 할 중요한 자리였음에도 진희는 중병에 걸렸다는 핑계로 가지 않았다.

같은 해 9월, 진희는 뜻을 같이한 사람들과 군사를 동원해 반란을 일으키고 스스로 대代의 왕을 칭하며 조와 대의 국고를 약탈했다. 소식을 듣고 직접 한단으로 달려온 유방은 가장 먼저 진희의 강압에 못 이겨 약탈을 도운 관리들을 사면했다. 그리고는 재미있다는 듯이 웃으며 말했다. "진희 이놈은 남쪽의 장수漳水를 점령하지 않고, 북쪽으로 한단을 지키지 않았다. 그놈은 절대 큰일을 이루지 못할 것이다."

이에 주창은 유방에게 이렇게 진언했다.

"상산常山 지역에 스물다섯 곳의 성이 있는데 진희가 반란을 일으켜 그중 스무 곳을 차지했습니다. 방비가 소홀했던 군수와 군위를 모두 참수해 성을 잃은 죄를 벌하시옵소서."

이에 유방이 물었다. "그들이 모두 진희에게 의탁했느냐?"

주창이 답했다. "반란군에 투항하지는 않았으나 함락당한 자체가 바로 죄입니다."

유방은 손을 저으며 말했다. "그들은 제대로 맞서 싸울 힘이 없었기 때문이지 제멋대로 직무를 이탈한 것이 아니다."

유방은 벌을 내리는 대신 관리들의 사면과 복직을 명했다. 일이 마무리되자 유방은 주창에게 물었다. "지금 이곳에 군대를 이끌고 싸울 장수와 용사가 있는가?"

유방의 명을 받고 주창이 데려온 무관은 겨우 네 명이었다. 무관들은 유방을 보자 모두 무릎을 꿇고 절을 올렸다. 유방은 힐끗 보더니 느닷없이 "너희 같은 무능한 소인배도 군대를 이끌고 싸울 수 있다는 말이냐?"라며 욕설을 퍼부었다.

무관들은 유방이 무슨 의도로 그러는지 알지 못했지만 감히 고개를 들어 쳐다보지도 못했다. 그러나 뜻밖에도 유방은 그들에게 각각 영지를 천 호씩 내리고는 장군으로 삼았다. 유방은 늘 의외의 선택을 내리는 사람이었고 이런 돌발행동 때문에 주변을 자주 당황시키곤 했다. 이번에도 신하들은 깜짝 놀라 유방을 말리기 시작했다.

"많은 이들이 오랫동안 폐하를 따라 촉군蜀郡으로 진격하고 한중漢中에 들어갔으며 서초西楚를 정벌하면서 노고가 많았으나 모두가 이러한 상을 받지는 못했습니다. 지금 이들이 무엇을 이뤘다고 상을 받는다는 말입니까? 이 소식이 노신들에게 전해지면 시기와 갈등이 불거지지 않겠습니까?"

유방은 이렇게 대꾸했다.

"너희가 무엇을 알겠는가? 진희가 반란을 일으켜 지금 한단 이북 지역이 모두 그놈의 손아귀에 놓였다. 이곳에 오기 전에 긴급 소집령을 보냈지만, 지금 어떤 결과를 맞았는가. 황제가 도착했는데도 이에 응한 군대는 하나도 없었다. 지금 우리에게 주어진 병력이라고는 한단 현지의 군대뿐이다. 만약 내가 사천 호를 아까워한다면 어찌 한단의 청년들에게 나라를 섬기라고 격려할 수 있다는 말인가?"

유방을 만류하던 신하들은 감히 더 말하지 못했다. 이제 유방은 본격적으로 반란군을 진압하기 시작했다. 기원전 196년 겨울, 한나라 군이 곡역성曲逆城 전투에서 승리를 거두고 반란군 장수인 왕황王黄과 후창侯敞을 참수했다. 요성聊城에서는 장춘長春의 군대를 격파하고 만여 명을 참수했다. 한의 장군 주발周勃은 태원성太原城과 대군代郡을 평정했다.

같은 해 12월, 유방이 직접 군대를 이끌고 동원東垣을 공격했으나 함락시키지 못했다. 반란군은 득의양양해서 유방을 비웃고 욕했으나 결국에는 얼마 버티지 못하고 항복했다. 이때 유방을 욕한 반란군은 전부 참수당했으며 욕하지 않은 자들은 모두 얼굴에 문신을 새기는 경형黥刑을 당했다. 이후 동원은 진정眞定으로 지명이 바뀌었다. 이윽고 왕황과 만구신曼丘臣을 따르던 부하들까지 모두 현상금이 걸려 붙잡히면서 반란군은 완전히 격파되었고, 진희는 가까스로 달아났다.

낙양으로 돌아온 유방은 대군이 너무 외져 조에서 관리하기가 어렵다고 판단하고 아예 대국代國을 세워 아들 유항劉恒을 그곳의 왕으로 봉했다. 그리고 이듬해 겨울, 유방은 개국 공신 번쾌樊噲를 보내 진희를 영구靈丘까지 쫓아가 마침내 참수했다.

누구나 알고 있는 기초라도 실천은 어렵다

《사기》에서 유방이 직접 진희의 반란을 평정하는 이야기는 여기서 끝이 난다. 우여곡절 속에서도 유방은 화술 '명확하게 말하기'를 통해 위기를 극복했다. 이 화술은 이름에서부터 어딘가 흔하다고 느껴진다. '명확하게 말하기'는 굳이 말의 기술이라고 꼽기도 민망할 정도로 누구나 알고 있는 기초 중의 기초이기 때문이다. 그러나 안타깝게도 이 화술의 기초가 되는 말하기를 아무나 다 잘하지는 못한다. 오히려 우리 대부분은 명확하게 말하기를 버거워한다. 바로 이런 이유에서 우리는 명확하게 말하는 방법에 대해 평생 배워야 한다.

사람들이 명확하게 말하기를 실패하는 이유는 다음과 같다.

첫째, 서로의 수준이 다르기 때문이다. 어떤 사람에게는 명쾌하게 들리는 말이 누군가에게는 복잡하게 꼬인 낯선 말로 들릴 수 있다. 우리는 말을 하거나 듣기에 앞서 서로의 배움과 경험이 다르다는 것을 인정해야 한다.

둘째, 태도의 문제다. 예를 들어 자신이 상대방보다 우월하다고 여기는 사람은 말을 청자의 수준에 맞춰 쉽게 전달할 능력이 있음에도 불구하고 상대방이 자신의 기준에 맞추는 것이 당연하다는 듯 일방적으로 말하곤 한다.

유방은 말을 할 때 모호하게 뭉개지 않고 명료하고 정확하게 전달했다. 황제로서 유방은 명령할 뿐, 굳이 설명을 덧붙일 필요가 없다. 그러나 유방은 입이 거칠지언정 일방적으로 명령만 내리는 것이 아니라 자신이 왜 그런 결정을 내렸는지를 자세하게 설명했다. 그래야만 사람들이 마음으로도 승복하리라는 것을 알았기 때문이다. 나아가 유방은 상대방에게도 명확하게 말할 수 있는 기회를 줬고, 기꺼이 들었다.

그것이 407년이나 이어진 왕조를 창업한 군주의 자세였다.

꾸며낸 이야기가
더 그럴듯하게 들린다

《사기》〈장의열전〉張儀列傳, 〈진기세가〉陣杞世家에서 배운다

실제 있었던 일이라고 전해지는 이야기들은 사실 전달하고자 하는 목적에 맞춰 실제 사건과 인물들을 재구성한 결과다. 교훈을 주기 위해서든 그저 재미를 위해서든 이야기는 이처럼 뚜렷한 목적을 향해 매끄럽게 다듬어진 서사를 바탕으로 한다. 우리가 사례로 곧잘 드는 이야기의 설득력은 바로 여기에서 비롯된다.

"제가 이야기를 하나 들려 드리고자 합니다"

진진陳軫은 전국시대 제나라 출신으로 처음으로 왕을 섬긴 곳 또한 고향이었다. 한번은 제나라 왕이 진진에게 어려운 일을 맡겼다. 당시 초나라의 장군 소양昭陽이 대군을 이끌고 위魏나라를 공격해 전략적으로 중요한 의미를 가진 여덟 성을 점령하는 등 큰 성과를 거뒀다. 소양은 내친 김에 제까지 공격하려고 했다.

왕이 진진에게 준 임무는 바로 소양을 설득해 군대를 철수시키는 것이었나. 그 일은 이미 고기를 입에 문 배고픈 늑대에게 고기를 포기하도록 설득하는 것과 다를 바 없었다. 그럼에도 진진은 왕의 명을 받들어 사신의 신분으로 초군의 군영을 방문했다.

소양을 만난 진진은 곧바로 초군의 승리를 축하하며 큰절을 두 번하고 일어나서 물었다. "초에서는 대승을 거둔 장수에게 어떤 상을 내립니까?"

소양이 "관직은 상주국上株國 까지, 작위는 상집규上執珪 까지 주지"라고 대답하자 진진은 생각에 잠긴 듯 고개를 끄덕이며 다시 물었다. "그보다 더 귀한 관직은 무엇입니까?"

"오직 영윤令尹 뿐이오." 초에서 영윤은 재상에 대장군을 더한 지위와 같으며 군사와 행정을 모두 통솔하니 그야말로 '일인지하 만인지상', 극소수의 귀족만이 오를 수 있는 지위였다.

소양의 대답을 들은 진진은 진지하게 말했다.

"안타깝게도 초에서는 두 명의 영윤을 두지 않을 것 같기에 장군께 이야기를 하나 들려 드리고자 합니다. 초나라에서 한 귀족이 제사를 지낸 다음 문객들에게 술을 내렸습니다. 문객들은 여럿이 나누기엔 술이 넉넉하지 않으니 다 같이 뱀을 그려 가장 먼저 완성한 사람에게 몰아주기로 결정했습니다.

한 문객이 재빠르게 그림을 완성하고는 술잔을 들더니 뱀에 다리를 몇 개 더 그릴 시간도 충분하다며 다리를 그리기 시작했습니다. 그러자 뒤이어 뱀 그림을 완성한 다른 문객이 술잔을 빼앗더니 '뱀에는 다리가 없다네. 자네가 먼저 그렸으나 그것은 뱀이 아니니 내가 이긴 것일세'라고 말하고는 술을 마셔 버렸습니다.

지금 장군께서는 위나라를 공격해서 대승을 거두고 여덟 개 성을 얻었습니다. 이제는 제나라까지 공격하려고 하시니 제는 두려움에 떨고 있습니다. 장군은 이미 천하에 명성을 떨쳤으며 지위는 더 올라갈 곳이 없습니다. 싸워 이기지 못한 적이 없으나 적당히 그치는 도리를 모르는 사람은 화를 조심해야 합니다. 기어코 끝을 보고자 욕심을 부린다면 뱀에 다리를 그린 문객과 무엇이 다르겠습니까?"

소양은 곰곰이 듣고서는 일리가 있다 여기고 곧 군대를 철수해 돌아갔다.

이렇게 제는 망국의 위기에서 벗어났다. 유명한 고사성어인 화사첨족畫蛇添足의 유래로 여기에서 다시 적가이지適可而止(적절하게 되었으면 그쳐야 한다)와 과유불급過猶不及(지나친 것은 미치지 못한 것과 같다)이라는 성어가 나왔다.

하지만 진진은 큰 공을 세웠음에도 제에서 제대로 대우받지 못했다. 이에 그는 진秦 나라로 건너가서 혜문왕을 섬겼다. 재주가 넘치는 사람이니 진에서는 승승장구했을 것 같지만, 진에는 이미 장의가 자리 잡고 있었다. 두 사람은 혜문왕의 신임을 얻기 위해 안간힘을 쓰며 서로를 헐뜯었다.

한번은 장의가 진진을 비방할 기회를 잡아 혜문왕에게 아뢰었다. "진진은 언제든지 초로 내뺄 꿍꿍이가 있는 작자입니다. 그런 자와는 함께 일할 수 없으니 폐하께서 어서 내쫓아버리시기를 청하옵니다."

이 말을 들은 혜문왕은 발끈하며 소리쳤다. "어찌 진진이 감히 초와 내통할 수 있단 말이냐?" 왕은 즉각 진진을 불러들였고, 진진은 왕의 추궁에 애써 반박하지 않으며 차분히 대답했다. "장의뿐 아니라 거리의 모든 사람이 신에 대해 그렇게 이야기합니다."

이어서 진진은 혜문왕에게 다음과 같은 이야기를 들려줬다.

"초나라에 부인을 셋이나 둔 사람이 있었습니다. 셋 중 한 명은 처, 두 명은 첩이었습니다. 한 호색한이 두 첩 가운데 나이가 더 많은 이를 꼬드기려 했다가 크게 욕만 먹고 도망갔습니다. 그래도 그는 단념하지 않고 추근거리며 나이가 더 어린 첩을 꼬드기는 데 성공했습니다.

나중에 부인이 셋 있는 남자가 죽자 누군가가 호색한에게 이제 두 명의 첩을 모두 데려갈 수 있으니 누구를 선택하겠느냐고 물었습니다. 그랬더니 호색한은 나이가 더 많은 첩을 데려가겠다고 대답했습니다. 사람들은 그가 왜 굳이 자신을 거절했던 이를 선택하겠다는 것인지 궁금해했습니다.

그러자 호색한은 자신의 꼬임에 넘어가지 않았음은 두 마음을 가지지 않았다는 의미이니, 훗날 나이가 더 많은 첩에게 비슷한 상황이 다시 벌어지더라도 똑같이 행동하리라 기대하기 때문이라고 답했습니다.

신이 진의 신하로서 초와 자주 내통했다면 초에 가더라도 신뢰를 받고 중용되겠습니까? 어떤 군주라도 오자서처럼 나라에 충성하는 신하를 얻기를, 어떤 부모라도 자녀가 증자처럼 효도하기를 바랍니다. 만약 초가 신을 끌어들이려 했다면 이는 신이 진에 충성을 다했기 때문일 것입니다."

진진의 말을 들은 혜문왕은 급히 "너를 탓하다니 내 잘못이구나"라고 말했다.

이때 진진이 서두르지 않고 변론한 방식에서 '장계취계'將計就計(상대편의 계략을 미리 알아채고 역이용하는 계책)라는 고사성어가 나왔다.

익숙한 이야기일수록 새롭게 들린다

　진진은 혜문왕의 신임을 놓고 다툰 장의와의 싸움에서 결국 무릎을 꿇었다. 둘을 저울질하던 혜문왕이 장의를 재상으로 임명한 것이다. 왕의 신임을 잃은 상황에서 진에 남아 봤자 편히 살지 못할 것이 뻔했기에 진진은 뒤도 돌아보지 않고 초로 갔다. 아쉽게도 초왕 역시 진진을 그리 신임하지 않았는지 그를 사신으로 삼아 진으로 파견했다.

　진진이 초의 사신이 되어 알현하자 혜문왕은 말끝마다 조롱했다. "그래, 과인을 떠나 초로 가고 나더니, 그대는 과인이 그립지도 않았더냐?"

　진진은 망설임 없이 다시 이야기를 시작했다.

　"월국越國 사람 장석莊舃은 초에서 높은 지위에 올랐는데 초왕은 그가 월국을 그리워하는지 궁금해 했습니다. 그러던 중 어떤 사람이 계책을 하나 냈습니다. 마침 장석이 중병에 걸렸다는데 환자가 정신이 혼미할 때 가장 쉽게 비밀을 누설하는 법이니 사람을 보내어 그가 초의 말을 하는지, 아니면 월국의 말을 하는지 보자는 것이었습니다. 초왕이 그럴듯하다고 여겨 사람을 보내 시험하게 했더니 장석은 월국의 말을 했습니다. 오늘 전하께서 이렇게 하문하시니 아뢰옵니다. 신이 버림을 받아 초로 갔지만, 아직 진의 말을 하는 것을 눈치채지 못하셨습니까?"

　진진의 해명을 들은 혜문왕은 그를 용서하고서는 최근에 겪은 골치 아픈 일을 상담했다. 위나라와 한韓나라가 일 년 내내 싸우는 바람에 이웃한 진나라까지 어수선해져 혜문왕이 이를 중재하려고 했지만 조정에서 의견이 갈려 쉽게 결정을 내리지 못하고 있는 상황이었다.

혜문왕의 고민을 들은 진진은 또 다른 이야기를 꺼냈다.

"옛날에 변장자卞莊子라는 사람이 호랑이 두 마리를 잡으려고 했습니다. 그러자 심부름하던 아이가 이렇게 조언했습니다. '소 한 마리를 미끼로 삼아 호랑이를 유인하십시오. 그러면 필시 몰려든 호랑이들이 소를 두고 서로 싸울 것입니다. 이를 잘 지켜보다 보면 호랑이 두 마리를 한꺼번에 잡으실 수 있을 겁니다.'

변장자는 아이의 말이 그럴듯하다고 여겼습니다. 그렇게 소를 미끼로 두고 잠시 기다리니 정말로 호랑이 두 마리가 크게 싸움을 벌여 큰놈 한 마리는 다치고 작은놈은 죽었습니다. 변장자는 때를 놓치지 않고 달려가 큰놈을 힘들이지 않고 해치웠습니다. 이렇게 해서 변장자는 호랑이 가죽 두 장을 얻었을 뿐만 아니라 한 번에 호랑이 두 마리를 잡았다는 명성을 얻었습니다."

이야기를 들은 혜문왕은 즉시 그 의미를 알아차렸다. 이후 진은 위와 한이 서로 싸우는 틈을 타 출병해 큰 이득을 챙겼다. 이 두 이야기는 각각 '장석월음'莊舃越吟과 '변장자호'卞莊刺虎라는 고사성어로 오늘날까지 전해진다.

당신의 주장에 접착제가 되어줄 이야기의 힘

스토리텔링이란 기존의 이야기를 주어진 상황에 맞게 옮기는 데에서 나아가 재구성하거나 창작하는 작업을 일컫는다. 진진은 스토리텔

링 전문가로서 중요한 화술, 바로 '이야기 짜깁기'를 보여줬다. '짜깁기'라는 말에는 '거짓을 꾸며내다'나 뭔가를 '조작하다'라는 의미 외에 '기존의 글이나 영화 따위를 편집해 하나의 새로운 완성품으로 만드는 일'이라는 뜻도 있다.

이야기를 온전히 전달하기 위해서는 역설적으로 이야기를 잘 뜯어고치는 능력, 즉 짜깁기 능력이 필요하다. 기존의 이야기, 어딘가에서 들은 이야기가 현재 상황에 꼭 들어맞지 않을 수도 있기 때문이다. 물론 이야기 속 사실에 해당하는 부분은 그대로 살려야 하므로 아무렇게나 뜯어고쳐서는 안 될 것이다.

뱀 그림 내기부터 호색한, 장석, 호랑이 사냥까지 진진이 들려준 이야기들은 모두 실제 일어난 일이 아니라 그가 상황에 맞게 적절하게 가공했거나 또는 완전히 새롭게 지어냈을 가능성이 크다. 그럼에도 진진의 이야기가 생생하게 느껴졌던 까닭은 그의 '이야기 짜깁기' 능력이 매우 뛰어났기 때문이다.

만약 진진이 이웃 국가들의 위기를 틈타 침략의 기회를 엿보는 군주를 말려야 했다면 호랑이 이야기를 이렇게 변주했을 것이다.

"옛날에 변장자라는 사람이 호랑이 두 마리를 한꺼번에 잡고자 소를 미끼로 두고 호랑이를 기다렸습니다. 예상처럼 호랑이들이 나타나 소를 두고 서로 다퉜지만, 주변에 숨어 있던 변장자를 발견하고는 움직임을 멈췄습니다. 변장자의 속셈을 눈치챘기 때문인지 아니면 더 쉽게 사냥할 수 있겠다 여겼는지는 모르겠습니다. 다만 두 호랑이는 서로를 흘긋 바라보고선 동시에 변장자를 덮쳤습니다."

생생한 말에는
치밀한 근거가 있다

《송사》〈사마광열전〉司馬光列傳에서 배운다

말에 설득력을 갖추기 위해서는 의미와 근거 모두를 제대로 담아야 한다.
의미로만 채워진 말은 금세 무너질 것처럼 허술하고, 근거만 나열하는 말
은 목적지 없이 떠도는 배처럼 공허하게 들릴 뿐이다.

역사를 근거로 삼아 현재의 이치를 밝힌다

사마광의 자는 군실君實이며 광주光州 광산光山에서 태어났다. 당
시 광산의 현령(현을 다스리는 지방관)이던 사마지司馬池는 아들에게
부임지가 연상되는 '광'이라는 이름을 붙여줬는데 사마광은 그 이름에
부끄럽지 않은 일생을 살았다.

어려서부터 사마광은 문학과 역사에서 천부적인 재능을 보였다.
《송사》에 따르면 일곱 살 때부터 《좌전》을 읽느라 갈증과 허기마저 잊
을 정도였다고 한다. 그러나 사마지는 아들이 책벌레에 그치기 않기를
바랐고, 그런 그의 기대처럼 사마광은 다재다능한 인물로 성장했다.

하루는 어린 사마광이 친구들과 어울려 노는데 한 아이가 발을 헛디뎌 물이 가득 찬 항아리 속으로 빠졌다. 이를 본 아이들은 대부분 겁에 질려 도망갔지만, 사마광은 당황하지 않고 기지를 발휘했다. 사마광이 큰 돌을 하나 찾아 항아리에 대고 내리치자 그 갈라진 틈으로 물이 흘러나왔고, 물에 빠진 아이는 목숨을 구했다. 이 이야기는 '소아격옹도'小兒擊甕圖라는 그림으로 전해진다.

어릴 적부터 학업의 기초를 탄탄히 닦은 덕에 사마광은 스무 살이 되었을 때 이미 '통하지 않는 책이 없고 문사文詞가 순수하고 깊다'라는 평가를 받았다. 그런 그에게 과거 시험은 식은 죽 먹기였다.

그는 화주華州에서 판관을 맡은 것으로 벼슬길을 시작했다. 마침 사마지 또한 멀지 않은 동주同州에서 지주知州(주를 관할하는 관직)로 근무했기에 사마광은 부모님을 자주 찾아뵈었다. 이듬해 사마지가 항주杭州로 자리를 옮겼고, 사마광도 아버지의 도움으로 소주蘇州의 판관으로 자리를 옮겼다. 하지만 부모님이 갑작스럽게 연이어 돌아가시면서 상을 치르느라 사마광은 관직에서 물러나 오랫동안 쉬어야 했다.

그 기간 동안 사마광은 가족을 잃은 비통함을 학문으로 달래며 책을 읽고 〈십철론〉十哲論, 〈사호론〉四豪論과 같은 많은 글을 남겼다. 탈상 후 복직한 사마광은 차근차근 경력을 쌓았다. 그런 그를 '끌어주는 사람'도 생겼다. 아버지의 절친인 방적龐籍이 여러 차례 조정에 추천해준 덕분에 사마광은 중앙으로 진출할 수 있었다.

그곳에서 그는 왕안석과 여공저呂公著, 한유韓愈 등과 사귀었다. 특히 왕안석과 사마광은 처음 만났을 때부터 오랜 친구 사이처럼 즐겁게 정을 나눴지만, 안타깝게도 이들 둘은 훗날 정치적 견해의 차이로 앙

숙이 된다.

1061년 인종仁宗은 사마광을 수기거주修起居注로 발탁했다. 수기거주는 황제의 말과 행동을 기록하는 관직으로 벼슬에 뜻이 있는 사람이라면 누구나 욕심내는 자리였다. 하지만 사마광은 스스로 능력이 부족하다고 여겨 이를 다섯 차례나 거절했다.

얼마 후 인종은 조서를 내려 사마광을 수기거주와 비슷한 업무를 보는 관직인 기거사인起居舍人으로 임명하니, 이때부터 그의 간관諫官(군주의 언행과 처사에 대해 간언하는 관직)으로서의 삶이 시작되었다. 간관으로 일하면서 사마광은 특히 가난한 백성들에게 관심을 기울였으며, 상주문을 통해 민생에 이로운 여러 조치들을 건의했다. 사마광은 절친했던 왕안석이 변법變法을 주장했을 때에도 맹렬하게 반대했다.

인종에 이어 영종英宗과 신종神宗이 차례로 즉위했다. 사마광은 구양수歐陽修의 추천을 받아 신종에게 중용되었다. 그러나 젊고 혈기 왕성한 신종은 전통적인 사고방식을 지닌 사마광보다는 왕안석을 더 가까이했다.

당시 심각했던 송의 재정난을 극복하는 방안으로 왕안석은 새로운 재원 창출을, 사마광은 경비 절감을 주장했다. 이뿐 아니라 사회를 바라보는 시각 또한 달라 두 사람의 사이는 점차 소원해졌다. 옛정은 온데간데없이 수시로 격론을 벌였고 때로는 황제가 주재하는 회의에서도 충돌해 서로 물러서지 않았다. 왕안석이 빈농을 구제하기 위한 저리 금융정책인 청묘법靑苗法을 주장했을 때에도 사마광은 그것이 오히려 백성들에 대한 착취가 될 것이며 사회 안정을 해치는 제도라고 강하게 비판했다.

한번은 사마광이 역사를 강독하면서 조참曹參이 소하를 대신해 재상이 된 일을 언급하자 신종이 "한나라는 소하의 법도를 바꾸지 않고 계속해서 지켜 갔는데도 괜찮았는가?"라고 물었다.

　사마광은 이렇게 대답했다. "무제는 고제高帝(한 고조 유방)의 규장을 바꿔 천하의 절반을 도적으로 만들었고, 원제元帝는 효선제孝宣帝의 법령을 바꿨으니 이로부터 나라가 쇠락했습니다. 이러하니 조종祖宗의 법령은 바꿀 수 없습니다."

　그러자 여혜경呂惠卿이 발끈하며 반박했다. "선왕들의 법령은 일 년마다 바뀌었습니다. 정월에 날씨가 따뜻해지면 누궐에서 법령을 공포했고, 순행 제도는 5년에 한 번씩 바뀌었으며, 형벌 또한 30년에 한 번씩 무거웠다가 가벼워지기를 반복했습니다. 사마광은 옛일을 핑계로 조정을 우롱하고 있습니다."

　이에 사마광이 답했다.

　"누궐에서 공포하는 법령은 옛것이고, 제후가 예악禮樂(유학에서 왕도정치를 실현하기 위한 정치 원리)을 바꿨다면 왕이 순행해 그를 주살했을 것입니다. 나라가 새로 설 때에는 죄를 지은 사람이 가벼운 벌을 받지만, 나라에 난리가 나면 무거운 벌로 다스리니 이렇게 형벌이 가벼웠다가 무거워지기를 반복하는 것을 두고 바뀌었다고 할 수는 없습니다. 천하를 다스리는 일이란 집에서 사는 것과 다르지 않습니다. 집이 낡아지면 고쳐야겠지만, 그렇다고 아예 허물고 처음부터 다시 지을 필요는 없는 법입니다."

　이어 변법의 핵심인 청묘법이 화제로 나오자 사마광은 "백성들조차 빚을 놓아 이자를 취하는 방식으로 빈농의 가계를 잠식하는데, 하물며 관청에서 빚을 내어 쓰라고 권하다니 이는 가난한 백성을 괴롭히는 조치일 뿐입니다"라고 말했다.

사마광의 주장에 여혜경은 "청묘법은 원하는 자에게만 돈을 빌려주고 원하지 않은 자에게는 강요하지 않습니다"라고 받아쳤다.

사마광 또한 물러서지 않고 다시 반박했다.

"빚을 놓아 재산을 불리는 부자들도 강요하지 않기는 마찬가지입니다. 백성들은 빚을 내서 쓸 때의 이로움만 알고 빚을 갚을 때의 어려움을 모릅니다. 일찍이 태종太宗께서 하동河東을 평정하고 화적법和糴法(흉년일 때 기근을 방지하고자 풍년일 때 나라에서 곡식을 구매하는 제도)을 실시하셨습니다. 당시는 쌀이 한 말에 십 전이라 백성들이 기꺼이 관청과 거래했으나 후에 물가가 올랐는데도 화적법을 취소하지 않아 화가 되었습니다. 신은 청묘법도 그렇게 될 것 같아 두렵습니다."

듣고 있던 신종이 "관고를 지어 쌀을 사들이면 어떠한가?"라고 물었다. 앉아 있던 신하들이 모두 일어나 대답하는데 사마광은 이번에도 역시 불가하다고 했다.

여혜경이 말하기를 "만약 쌀 100만 곡斛(한 곡은 약 10말)을 산다면 동남쪽 운송 비용을 아낄 수 있으니 그 돈을 수도에 공급할 수 있습니다"라고 했다.

이번에도 사마광은 반대했다. "그 지방은 돈이 없고 쌀이 많습니다. 쌀을 사지 않고 운송 비용만 받는다면 그곳에 있는 것을 버리고 없는 것을 취하게 되오니 농민과 상인들 모두가 피해를 볼 것입니다."

자치통감, 천년의 이치를 담은 다스림의 근거

1071년, 사마광의 절친한 친구인 범진范鎭이 왕안석을 비판하는 상서를 올렸다가 파직되었다. 사마광은 그 부당함에 대해 상소하고 '이제 자신은 벼슬을 내놓고 낙양으로 물러나 더는 정사를 논하지 않고 싶다'고 청했다. 이 일 이후 사마광은 《자치통감》을 편찬하는 일에 몰두했다.

물론 '위로는 전국시대부터 아래로는 오대五代까지' 다룬 이 방대한 저작을 혼자서 완성하기는 불가능하다. 사마광 외에 당대의 석학인 유서劉恕, 유반劉攽, 범조우范祖禹가 수십 명의 문인을 거느리고 함께 밤낮없이 심혈을 기울였다. 그중 유서는 책이 미처 완성되기도 전에 과로로 세상을 떠났다.

시간이 흘러 1084년에 16왕조, 1,300여 년의 역사를 담은 결과를 마침내 탈고했다. 사마광이 모든 책을 바치자 신종은 이를 매우 중하게 여겨 각 편의 시작과 끝마다 황제의 도장을 찍고 '자치통감'이라는 이름을 하사했으며 직접 서문까지 썼다. 사마광의 칩거는 역사에 길이 남는 걸작을 탄생시켰고, 그 결과 사마광은 '천고의 두 사마'라고 불리며 사마천과 어깨를 나란히 하는 명성을 얻었다.

왕안석의 변법은 취할 것도 많았지만, 그 과정에서 많은 화를 샀다. 1085년 신종이 붕어하니 왕안석은 강력한 정치적 지지를 잃었고, 새로 권력을 잡은 고태후高太后가 반대하면서 변법을 계속 추진할 수 없게 되었다. 이때 사마광이 다시 중용되어 도읍으로 돌아왔는데 귀경길에 많은 백성의 환영을 받았다고 전해진다.

복권된 후 사마광은 변법 철폐를 시작했다. 그는 왕안석의 변법을 뒤집어엎는 동시에 변법 반대파를 대대적으로 발탁하고 찬성파를 탄압했는데 이 때문에 훗날 당쟁이 끊이지 않게 되었다.

변법이 전면 폐지되자 왕안석은 도저히 받아들이지 못하고 시름에 잠겨 곧 세상을 떠났다. 사마광은 정적이자 옛 친구의 죽음에 통곡하고 장례를 후하게 치러줬다. 사마광 역시 반년도 채 지나지 않아 친구를 따라가듯 사망했는데, 임종을 앞두고 그간 관심을 가졌던 천하의 일들을 당부했다고 전해진다. 시호는 문정文正으로, 문인으로서 최고의 덕을 보여준 그의 일생에 걸맞았다.

'이치'와 '사실'이라는 두 가지 말의 재료

법령을 바꾸느냐 마느냐를 두고 논쟁을 벌였을 때 사마광이 구사한 화술은 '이치와 사실을 담기'다. 여기에서 '이치'란 도리이고, '사실'은 그 근거다. 만약 둘 중 하나만 갖추고 말한다면 결코 타인을 설득할 수 없다. 이치만 읊어대는 말은 공허하고 지루할 수밖에 없고, 사실만 전달하는 말은 생생할지언정 진짜 전하고자 하는 의도가 무엇인지 분명하게 드러나지 않아 혼란만 줄 뿐이기 때문이다. 이치는 사실을 요약하고 정제한 결과이며, 사실은 이치에 대한 설명과 보완이다. 두 가지는 상부상조하므로 어느 한쪽도 없어서는 안 된다.

사마광은 황제를 올려다보든 조정의 동료를 마주하든 늘 이치를 잘 설명하면서도 사실을 조목조목 이야기하는 데 능했다. 비유는 매번 적절했으며, '이치와 사실' 모두를 잘 아울러 차분하면서도 당당하게 의견을 밝혔다.

말이란 요리와 같다. 온갖 조미료로 간을 맞추는 데에만 신경 써도, 재료 본연의 맛을 살리는 데에만 정신이 팔려도 좋은 맛을 내기가 힘들다. 입에 맞는 맛은 사마광의 말이 그러했듯 언제나 둘 모두를 아우르는 균형에서 나오는 법이다.

오염된 소문을 근거로 삼으면 듣는 귀까지 얼룩진다

《사기》〈장석지풍당열전〉張釋之馮唐列傳에서 배운다

말은 입에서 나와 귀를 통해 다시 입으로 전해진다. 그래서 말은 한 번 거칠 때마다 듣고 옮기는 이의 입장에 따라 조금씩 왜곡되어 이윽고 터무니 없이 변하기도 한다. 이러한 말의 오염에 저항하는 방법은 최초의 정보, 정확한 출처를 확보하는 것이다.

"제 아비가 직접 겪었기에 말씀드릴 수 있습니다"

왕발王勃의 시 〈등왕각서〉滕王閣序에는 '시운이 고르지 않고 운명은 어긋남이 많구나, 풍당馮唐은 이미 늙었고 이광李廣은 봉해지기 어려웠다'라는 구절이 있다. 시에서조차 그의 늙음을 읊었을 정도로 풍당은 매우 느직하게 진가가 드러난 인물이다.

풍당은 할아버지가 조趙나라 출신이나, 아버지 세대에 대代로 이주했다. 대는 조나라 무령왕 때 세워진 군현으로 진秦나라의 36개 군에도 포함되어 대현代縣이라 했다. 풍당 일가는 한漢나라 초기에 다시 안릉安陵으로 이주했다.

풍당은 남다른 효심으로 이름이 알려져 중랑서장中郎署長으로 추대되었다. 진한 시기 당시 중랑은 일종의 궁중 경비원이자 수행원이었다. 황실에는 총 세 곳의 중랑서가 있었는데 각각의 책임자가 바로 중랑서장이다. 중랑서장으로서 풍당은 문제文帝를 섬겼다.

하루는 문제가 마차를 타고 풍당이 잡일을 하던 곳을 지나갔다. 이때 풍당은 이미 나이가 많았다. 황제는 귀밑머리가 희끗한 풍당을 보고서 깜짝 놀라 물었다. "그 나이에도 시위侍衛를 하는가? 자네 집은 어딘가?" 이에 풍당은 선대의 고향부터 낱낱이 고했다.

문제는 풍당 일가가 한때 대 지방에서 살았다는 말을 듣고 별 뜻 없이 다시 물었다. "짐이 대에 있을 때 한 신하가 이제李齊라는 장수가 빼어나다는 이야기를 여러 번 했었다. 특히 거록巨鹿에서의 활약상을 자세히 들었는데 지금도 밥을 먹다 보면 종종 그 이야기가 생각나곤 한다. 혹시 그를 아는가?"

풍당은 거침없이 대답했다. "이제 장군은 염파廉頗, 이목李牧과 비교조차 할 수 없습니다. 소신의 조부는 조의 무관 출신으로 이목과 친분이 있었습니다. 또 소신의 아비는 대국代國 시절에 상국을 지내 이제 장군과 친분이 두터웠습니다. 이런 연유로 그들을 잘 알고 있습니다."

이 말을 들은 문제는 흥분을 감추지 못하고 물었다. "짐이 이목, 염파 같은 장군들의 보좌를 받지 못해 참으로 안타깝구나. 짐에게 그런 장수들이 있었다면 흉노 따위를 두려워했겠는가?"

그러나 풍당의 대답은 차가웠다. "황공하오나 폐하께서 염파, 이목을 얻으셔도 그들을 장군으로 삼을 리 없으니 소신과 이런 이야기를 나눈들 전혀 의미가 없습니다."

풍당의 말에 분위기가 순식간에 얼어붙었다. 문제는 화를 억누르며 궁으로 돌아갔으나 아무리 마음을 다독여도 분노가 가라앉지 않자 결국 풍당을 불러들여 꾸짖었다. "늙은이! 어디 감히 한마디도 지지 않고 짐에게 반박한단 말이냐! 설령 네 말이 맞더라도 따로 고하면 될 일을 기어코 그렇게 짐의 체면을 깎아야 속이 시원했는가?"

풍당은 절하며 죄를 빌었다. "저 같은 비루한 아랫것이 하지 않아야 할 말과 피해야 할 말을 어찌 알겠습니까. 평소 말로 흠집을 내고 공격하기를 즐겨하는 탓이옵니다."

얼마 지나지 않아 흉노 대군이 조나朝那를 침략했고 현지의 도위都尉(지역에서 군사 업무를 맡아 보는 관직)가 이를 막다가 전사했다. 문제는 크게 근심하다가 예전 그 궁정 시위에 불과한 늙은이의 말이 다시 들리는 것 같아 더는 가만히 앉아 있을 수 없었다. 문제는 이번에야말로 분명히 물어볼 심산으로 풍당을 다시 불렀다. "그대는 어찌하여 짐이 염파와 이목 같은 인재를 쓰지 않을 것이라고 단정했는가?"

풍당은 즉각 대답했다.

"옛 군주들은 장수가 출정할 때 무릎을 꿇고 전차의 수레바퀴를 붙잡고서 장수를 향해 '나라 안의 일은 과인이 처리할 것이니, 나라 밖의 일은 장군이 결단을 내리게. 군대 안에서의 모든 결정은 장군이 밖에서 직접 결정하고 나중에 돌아와서 조정에 보고하게'라고 했습니다.

폐하, 소신의 할아비가 제게 자주 들려줬던 이야기에 따르면 이목이 조의 국경에서 병사를 이끌고 싸우면서 세금으로 삼군을 포상했는데, 그 사용에 관해서는 지휘관이 나라 밖에서 직접 결정했고 조정은 전혀 관여하지 않았다고 합니다. 군주가 장군에게 중임을 맡기면 딴생각은 말고 완수하기만을 기다리면 될 일입니다. 이목도 그렇게 해서 자신의 재주를 마음껏 발휘할 수 있었습니다. 그는 잘 만든 전차 1,300대를 마련했고, 궁병 1만 3,000명을 훈련시켰으며, 보병 10만을 동원해 흉노를 몰아냈습니다. 동호東胡를 대파하고 서쪽으로 진秦을 다스렸으며 남쪽으로 한韓과 위魏를 막았습니다. 당시 조는 천하의 패주와 진배없었습니다.

위상魏尙 장군이 운중군의 태수로 있으면서 세금을 풀어 병사들을 위로하고 사재를 써서 음식을 장만해 먹었다고 들었습니다. 대여섯 날에 한 번씩 소 한 마리를 잡아 빈객과 말단 군관들까지 접대하니 좌우의 부관들과 매우 가깝다고 합니다. 그의 군대는 사기가 높고 매우 강해 흉노도 운중군을 멀리 피해 갔습니다. 흉노가 한차례 침략을 시도했으나 위상이 이끄는 군에게 투구와 갑옷까지 잃을 정도로 호되게 당했습니다. 운중군의 병사들은 모두 평범한 집안의 자식들입니다. 시골에서 올라온 아이들이 군령과 무공을 적는 척적尺籍이 무엇인지, 출신을 증명하는 오부伍符가 무엇인지 어찌 알겠습니까?

그러나 이렇게 죽을힘을 다해 싸우며 나라를 지킨들 조금이라도 실제와 어긋나는 말을 했다가는 법에 따라 엄벌을 받습니다. 소신의 어리석은 생각으로는 폐하의 법령이 너무 엄격하며, 상은 너무 가볍고 벌은 너무 무거운 것 같습니다. 위상이 물리친 적의 수를 여섯 명 더 보고했다 하여 폐하께서는 그의 직위를 박탈하고 노역으로 처벌하셨습니다. 이러한 까닭에 설령 폐하께 염파와 이목이 있다 해도 중용하지는 않을 것이라 여겼습니다."

한 문제는 이 말을 듣고 즉시 풍당에게 황명을 받았음을 증명하는 부절符節을 들고 가서 위상을 사면하게 했다. 또 위상을 운중군 태수로 복직시키고 풍당을 차기도위로 임명해 치안을 관리하는 중위中衛들과 각 군국의 전차를 관장하게 했다.

문제의 뒤를 이어 경제景帝가 즉위하자 풍당은 초楚의 승상으로 파견되었으나 곧 해임되었다. 다시 경제의 뒤를 이어 무제가 즉위해 천하에 인재를 구하니 여전히 많은 사람이 풍당을 추천했다. 그러나 당시 풍당은 이미 아흔을 넘긴 나이라 조정에서는 그의 아들을 시랑侍郎(궁중의 호위를 맡은 관직)으로 대신해 삼았다.

잘못된 정보에 휩쓸리지 않으려면

"너한테 비밀 하나 알려줄게, 절대 다른 사람한테 말하지 마." 이런 말을 한번쯤은 들어봤을 것이다. 이 말을 전하는 사람도 자신에게 알려준 사람에게 이런 당부를 받았을 가능성이 크다. 말이란 한번 입에서 나오면 걷잡을 수 없이 확산되기 마련이다.

따라서 보통사람들이 어떤 정보나 소문을 접할 때마다 최초의 출처나 진위를 확인하기는 어려운 일이다. 이러한 특성을 이용해 인터넷 세상에서는 새롭고 자극적인 것에만 초점을 맞춘 거짓 정보가 난무하기도 한다.

언론학에서 나온 말인 '정보원'source 을 쉽게 풀어 말하자면 '정보의 게시자'라고 할 수 있다. 한번 퍼진 내용은 무수한 전파 과정을 거친 끝에 큰 변화를 겪는다. 말을 전하는 사람마다 내용을 달리 이해하고, 각자의 입장 또한 다르므로 한 번씩 말이 옮겨질 때마다 정보가 왜곡되기 때문이다. 그렇기에 최초의 출처를 확보한다면 정보의 신뢰성을 최대로 확보할 수 있다.

풍당이 황제 앞에서 두 걸출한 인물에 대한 평가를 거침없이 할 수 있었던 까닭 또한 마찬가지다. 그가 이제와 이목을 비교할 수 있었던 가장 신뢰할 만한 근거는 할아버지가 이목을 직접 겪었고, 아버지가 이제와 가까운 사이였다는 것이다.

물론 뜬소문을 속닥거릴 때에는 정보가 왜곡되었다는 것을 어느 정도 감안하기 마련이라, 우리가 대화할 때마다 항상 오염 없는 진실만을 추구하는 것은 아니다. 게다가 풍당은 거침없이 말하는 성정이기에 늙을 때까지 변변한 자리 하나 꿰차지 못했다. 앞서 소개한 시구 '풍당은 이미 늙었고 이광은 봉해지기 어려웠다'의 까닭이다.

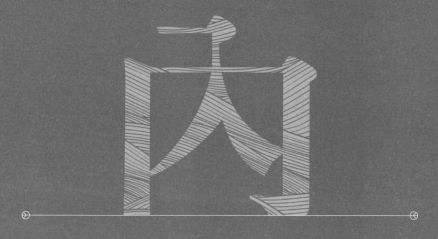

【 제4장 】

상대에 맞춰 다듬어져야
말다운 말이다

【암시를 통해 참뜻 전달하기】

뜻을 몰래 전하고 싶거든
이야기 속에 숨겨라

《전국책》에서 배운다

여우는 호랑이에게 자신이 하늘에서 내린 짐승의 우두머리라고 주장했다. 호랑이는 여우와 함께 걸으면서 다른 짐승들이 놀라 도망가는 것을 보고는 여우의 말을 믿었다. 남의 권세를 빌려 다른 사람을 위협한다는 뜻을 가진 '호가호위'狐假虎威는 오늘날에도 널리 쓰이는 말이다. 그러나 우리에게 익숙한 이 고사성어에는 우리가 몰랐던 역사가 숨겨져 있다. 바로 교묘한 화술로 나라에 헌신한 위인을 매도했던 사연이다.

"세상이 개의 주인이 아니라 개를 두려워하고 있습니다"

초나라 선왕宣王 밑에서 영윤을 지내던 소해휼昭奚恤과 위나라 출신인 강을江乙은 늘 사이가 껄끄러웠다. 누군가는 초가 위의 수도인 대량大梁을 공격했을 당시 소해휼이 보물을 많이 약탈했고, 이를 본 강을이 선왕에게 소해휼에 대해 험담했기 때문에 둘의 사이가 틀어졌다고도 전한다.

앞서 밝혔듯 당시 초에서 영윤이란 재상이자 군 지휘관을 겸하는 높은 자리였는데, 선왕이 소해휼을 영윤에 앉히려 하자 뒤에서 뜯어말린 사람도 바로 강을이었다. 그는 직접 험담을 늘어놓는 대신 이야기 하나를 꺼냈다.

"기르는 개를 무척 아끼고 사랑하던 사람이 있었습니다. 하루는 그 개가 우물에 오줌을 싸서 마을 전체가 먹는 물이 더럽혀지자 이웃이 개 주인에게 따지려 했습니다. 그런데 개가 문 앞을 가로막고 섰을 뿐만 아니라 이웃을 물어 상처까지 입혔습니다. 이웃은 개가 무서워서 따지기는커녕 문 안으로 들어가지도 못했습니다."

소해휼을 사나운 개에 비유하며 그가 권세를 독차지하고 있다고 지적한 것이다. 소해휼은 초의 삼대 귀족 가문인 소昭, 굴屈, 경景 가운데 하나인 소씨 가문을 대표하는 인물이다. 명문가 출신에 평판도 나쁘지 않았기에 선왕은 강을의 속내를 곧바로 눈치챘음에도 귀담아듣지는 않았다. 그러나 이러한 비방이 거듭되자 선왕의 마음 한구석에서 마침내 소해휼에 대한 의심이 서서히 생겨나기 시작했다.

소해휼은 영윤이 되어 막강한 권위를 바탕으로 직언을 서슴지 않아 제후들 사이에서 명성을 떨쳤다. 이렇게 되자 대놓고 영윤에 맞설 수 없었던 강을은 그에게 해를 입힐 방법을 다시 생각해냈다. 한번은 강을이 선왕을 향해 산양군山陽君이라는 귀족에게 땅을 봉해 달라고 청했다. 이에 소해휼은 산양군이라는 자가 국가에 공헌한 바가 없는데 어떻게 봉지를 받을 만한 자격이 있겠느냐며 상서를 올렸다. 그럼으로써 소해휼에게는 자신에게 원한을 가진 정적이 한 명 더 추가되었다. 강을은 자신의 손에 피를 묻히지 않고 혀 하나로 늑대를 때려잡을 수 있는 사람이었다.

그러던 중 초에 큰일이 닥쳤다. 《신서》新書 〈잡사〉雜事에 따르면 진秦 나라는 당시 초를 공략하고자 명분을 짜냈다. 진은 초로 사신을 보내 국가의 보물을 보여 달라고 요구했다. 보물을 보여주면 초가 훔쳤다며 공격하고, 보여주지 않으면 이를 트집 잡아 어떻게든 공격할 심산이었다.

선왕은 매우 슬퍼하며 신하들에게 물었다. "보물이라면 화씨벽和氏璧을 가리키는 것인가, 아니면 보주寶珠를 말하는 것인가. 정녕 이것들을 진의 사신에게 보여야 한단 말인가?"

신하들도 어쩔 도리가 없으니 "전하께서 하문하시어도 저희가 결정할 수 없습니다"라고 말할 뿐이었다. 선왕이 소해휼에게 다시 묻자 그는 한마디로 대답했다. "보여줘야 합니다. 신이 준비하겠습니다."

이렇게 해서 소해휼은 큰 판을 설계했다. 사신을 높이 세운 단으로 데려온 그는 사방을 둘러싸고 있는 초의 고관들을 빠짐없이 한 명 한 명 상세하게 소개하기 시작했다. 듣다 지친 사신은 소해휼의 말을 끊고 이렇게 물었다. "저는 보물을 보여 달라고 청했습니다만, 대체 이 나라의 국보는 언제 소개해주실 것인지요?"

소해휼이 담담하게 대답했다. "손님께서 초의 국보를 궁금해하셨기에 이렇게 보여 드리던 참입니다. 이들이야말로 우리의 국보입니다. 우리 초가 태평성대를 누릴 수 있는 까닭은 현명하고 충성스러운 관료들이 나랏일에 정성을 다하고 헌신한 덕분입니다."

말문이 막힌 사신은 곧 진으로 돌아가서 왕에게 보고했다. "초에는 현신이 많으니 치려는 계획을 다시 따져봐야 할 것 같습니다."

소해휼은 남다른 담력과 식견으로 나라에 닥친 큰 위기를 해결했다. 그러나 큰 상을 받아도 모자랄 공을 세웠음에도 그는 강을의 반복되는 비방과 선왕의 오해로 곤경에 빠지고 만다.

어느 날 선왕은 어디서 흘러들어오는지 모를 소문을 듣고서 신하들에게 물었다. "듣자니 북쪽의 제후들이 모두 소해휼을 두려워한다는데 어찌 된 일인지 아는가?"

신하들은 어떻게 대답해야 할지 몰라 서로 바라보기만 했다. 이때 강을이 기다렸다는 듯이 나와서는 뜬금없이 우화를 이야기하기 시작했다. 앞에서 소개한 '호가호위'가 바로 여기서 비롯된 말이다.

이야기를 마친 강을은 이렇게 덧붙였다. "호랑이는 걸으면서 뭇 짐승들이 자기를 두려워한다는 것을 모르고 여우를 무서워한다고 착각했습니다. 오늘날 전하의 영토는 오천 리에 무장한 병사가 백만이나 되지만 사실상 모두 소해휼에게 속해 있습니다. 북방이 품은 두려움은 소해휼을 향한 것이나 사실 온갖 짐승이 호랑이를 두려워하듯 그 배후에 있는 우리 초의 군대를 두려워하는 것입니다."

이후 소해휼의 행적은 역사에 기록된 바 없다. 어쩌면 강을의 꾸준한 비방으로 큰 위기에 빠졌을지도 모르겠다. 심지어 그는 죽고 난 이후에도 수천 년에 걸쳐 오해를 받고 있다. 오늘날 우리에게도 익숙한 '호가호위' 또한 그를 모함하고자 만들어진 이야기라는 사실은 잊힌 채 전해지기 때문이다.

감추면서 동시에 마음을 드러내는 법

강을이 말한 우화와 같은 이야기들이 널리 퍼져 오늘날까지 전해질 수 있었던 이유는 그가 '암시를 통해 참뜻 전달하기' 화술을 사용했기 때문이다.

'암시'란 어떤 사물에 대한 수사적 표현을 통해 다른 일을 에둘러 설명하는 방식을 가리킨다. 수학으로 빗대자면 암시는 하나의 값으로 등식의 다른 값을 대체하는 등가 치환의 개념과 통하는 데가 있다.

'참뜻 전달'은 이러한 암시를 통해 표현하고자 하는 참뜻을 일종의 등가 치환을 통해 명확하게 알려준다는 의미를 가지고 있다. 즉 암시는 말을 전하는 수단이고, 참뜻 전달은 말을 전하는 목적이다.

강을은 문을 지키는 개에 빗대 소해휼이 왕의 귀를 막은 채 권력을 독차지하고 있다고 암시했고, 호랑이를 뒤에 세운 여우 이야기를 통해 소해휼이 왕의 위세를 업고 자신의 명성을 앞세우고 있다고 암시했다. 모두 친숙한 우화를 적대 대상에 대한 모함으로 치환한 것이다.

화술은 소통의 도구일 뿐이어서 그 자체로는 옳고 그름을 따질 수 없다. 강을이 남다른 화술을 그릇된 방향에 사용했다고 해서 그 화술 자체까지 부정할 수는 없다. '암시를 통해 참뜻 전달하기' 또한 얼마든지 좋은 방향으로 활용할 수 있다. 우화가 가득 담긴 교과서가 바로 그 대표적인 사례다.

교과서를 보면 먼저 재미있는 우화를 소개한 다음 말미에는 이야기에 담긴 의미에 대한 설명을 덧붙이는 구성이 자주 나온다. 교과서의 저자들이 학생들에게 전하고자 하는 바를 바로 밝히지 않고 굳이 우화를 동원하는 까닭은 몰입하기도 쉽고, 공감하기도 쉬운 '이야기'가 진심을 전달하는 데 매우 효과적인 수단이 되기 때문이다. 아이들은 쉽게 풀어준 이야기가 없으면 말의 참뜻을 이해하기 어려워하고, 어른들은 이야기 없이 설교만 있으면 집중해 듣기를 버거워한다.

'암시를 통해 참뜻 전달하기'는 굉장히 유용한 화술이지만 이를 성공시키기 위해서는 한 가지가 반드시 충족되어야 한다. 바로 이 화술을 사용할 때 등가 치환을 할 만한 충분한 여유가 있어야 한다는 것이다. 만약 이야기를 제대로 늘어놓을 만한 시간이 없다면 암시를 전하기도 전에 에두른 이야기만 하다 끊길 가능성이 크다. 예를 들어 토론이나 법정과 같은 자리에서 '암시를 통해 참뜻 전달하기'는 어울리지 않는다.

말이란 주고 나서
언젠가 다시 받는 것이다

《자치통감》에서 배운다

오늘날 솔직함과 개성이 각광받는다지만 내키는 대로 내뱉는 말은 진솔함이 아니라 그저 '막말'일 뿐이다. 의사소통에서 진솔함이란 자신뿐만 아니라 상대방의 개성에도 관심을 가지고 존중해줄 때 발휘된다. 따라서 진솔한 말이란 솔직함을 말로 드러내는 기술이 아니라 거쳐 온 세월이 그대로 드러나는 삶의 태도에 가깝다.

"나는 당신을 모욕해도 당신은 나를 모욕할 수 없다"

춘추시대 중후반기에 이르러 제후국의 군주들은 옛 주나라의 왕인 주천자周天子처럼 차츰 권력을 잃어갔다. 권력의 중심이 군주에서 귀족 대부 집단으로 넘어감에 따라 제후국끼리의 전쟁은 줄어들었으나 각 제후국 내의 가문 간 투쟁은 점점 더 격화되었다.

특히 당대 최강대국인 진晉 나라에서 그러한 내분이 두드러졌다. 진을 장악한 네 가문인 조趙, 한韓, 위魏, 지智를 가리켜 '진국사경'晉國四卿이라고 하는데, 그중 정경正卿 자리에 오른 지씨 가문의 힘이 가장 강했다. 지요智瑤는 당시 지씨 가문의 대표자로서 진에서 가장 강력한 권력을 가지고 있었다.

《자치통감》에 따르면 지요는 체격이 훤칠하고 외모 또한 뛰어났다. 여러 재주를 겸비하고 승마와 활쏘기에도 능숙했으며 언변 또한 능란했다. 여기에 결단력도 있고 포부도 갖췄지만 딱 하나, 덕이 부족한 것이 옥에 티였다.

지요가 재상으로 등용된 지 얼마 되지 않아 다른 재상인 한강자韓康子, 위환자魏桓子와 함께 술자리를 가졌을 때였다. 갑자기 지요가 한씨 가문의 가신인 단규段規를 놀리기 시작했고 급기야 험한 말로 모욕하기까지 했다. 얼마나 심했던지 당사자인 단규는 꾹 참고 아무 말도 하지 않았는데 오히려 보다 못한 지요의 신하들이 나서서 주군에게 말을 조심하지 않으면 언제 화가 닥칠지 모른다고 충고했을 정도였다.

그런데도 지요는 손을 내저으며 들으려고도 하지 않았다. "이제껏 오직 나만 다른 사람에게 장난을 칠 수 있었다네. 괴롭히지만 않으면 되는 것 아닌가? 그리고 누가 감히 내게 장난을 치겠나?"

권력을 잡은 지요는 초강대국 진의 패권을 되살리기 위한 계획을 세우기 시작했다. 그때 진의 땅은 이미 네 개 가문에 의해 거의 비슷한 규모로 나뉘어 있었다. 그들로부터 영토를 돌려받기란 상당히 어려운 문제였으나 지요는 번왕藩王(작위와 봉지를 받아 제후국을 다스리는 왕)들의 영지를 박탈하거나 축소시킨다는 간단하면서 거친 결정을 내렸다. 이른바 삭번削藩 정책의 시행은 지요에게 전혀 어려운 문제가 아니었다. 그는 유력 가문들에게 땅을 내놓으라고 요구한 다음, 이에 응하지 않으면 모조리 강탈할 생각이었다.

지요는 가장 먼저 한씨 가문의 땅을 요구했으나 한강자는 응할 생각이 전혀 없었다. 이때 예전 술자리에서 지요에게 모욕당했던 단규가 한강자를 설득했다. "지요는 욕심이 많고 고집도 세서 땅을 달라 했는데도 주지 않으면 반드시 우리를 토벌하려 할 것이니 차라리 먼저 주는 편이 낫습니다. 우리에게 땅을 받으면 지요는 더 오만방자해져 분명히 다른 가문에도 땅을 내놓으라고 할 것이고, 만약 그들이 내놓지 않으면 무력을 동원하며 갈등을 빚을 것입니다. 그러니 우리는 일단 화를 피했다가 상황이 변할 때를 기다려 움직이면 됩니다."

한강자는 단규의 의견에 동의하고 수만 호의 영지를 지요에게 바쳤다. 지요는 일이 생각보다 순조롭게 풀리자 곧바로 위씨 가문에도 땅을 달라고 요구했다. 위환자 역시 주고 싶지 않았으나 가신들이 단규와 마찬가지로 설득했다. "우리가 땅을 주면 교만해져서 적을 과소평가할 것입니다. 그러면 우리는 그를 두려워하는 가문들과 연합해 군사를 일으키면 됩니다. 지씨의 명은 그리 길지 않을 것입니다."

위환자 또한 지요에게 수만 호에 달하는 영지를 바쳤다. 거듭 재미를 본 지요는 득의양양해서 이번에는 조씨 가문에게 제일 좋은 땅을 바치라 했는데 예상과 달리 단칼에 거절당했다. 조씨 가문을 이끄는 조양자趙襄子가 버티자 지요는 한강자와 위환자를 불러 함께 조씨를 공격하자고 채근했다. 눈치를 챈 조양자는 가신과 병사들을 데리고 서둘러 진양晉陽 일대로 피신했다.

지요는 잔인한 사람이었다. 그는 자신을 따르지 않은 데 대한 보복으로 분하汾河의 물을 끌어 와서 진양을 범람시켰다. 물이 성벽 높이만큼 차올라 아수라장이 되었지만 진양 백성들은 끝까지 조씨에게 충성하며 투항하지 않았다.

하루는 지요가 의기양양하게 한강자와 위환자를 대동하고 진양의 상황을 살피러 갔다. 이때 위환자는 마차를 끌게 하고 한강자는 옆에서 호위하게 했다. 성에 가득 찬 물을 바라보던 지요는 활짝 웃었다.

"물로도 한 나라를 망칠 수 있다는 것을 오늘 알았구려."

'앞으로 우리 성읍도 똑같은 일을 당할 수 있겠구나.' 이를 들은 위환자는 팔꿈치로 한강자를 툭 쳤고, 한강자는 말없이 위환자의 발을 밟았다. 두 사람 모두 속으로 같은 생각을 한 것이다.

경솔한 한마디로 결정된 역사

얼마 후 지씨의 모신謀臣 한 사람이 걱정스러운 표정으로 은밀히 지요에게 말했다. "한씨와 위씨가 분명히 반란을 일으킬 것입니다."

지요는 대수롭지 않게 물었다. "그것을 어찌 확신하는가?"

"우리는 한씨와 위씨의 군사를 동원해 조씨를 멸했습니다. 한씨와 위씨는 다음 재앙이 자신들 차례라고 생각했을 것입니다. 주공께서는 이전에 그들과 조씨의 성읍을 나눠 갖기로 약속하셨습니다. 이제 진양은 곧 끝이 납니다. 고립된 채 사람이 사람을 먹는 지경이 되었으니 성벽이 무너질 날이 머지않았지요. 그러면 한씨와 위씨도 땅을 나눠 받을 텐데 두 사람은 전혀 기뻐하는 기색이 없고 오히려 근심하니 모반의 징조가 아니고 무엇이겠습니까?"

조언을 들은 지요는 뜻밖의 행동을 했다. 모신이 한 말 그대로 한강자와 위환자에게 직접 물어본 것이다. 한강자와 위환자는 기겁하며 급히 해명했다. "주공께서 저희를 의심하게 만들어 공격을 늦추게 하려는 소인의 이간질이 분명합니다. 아니라면 우리 두 집안이 어찌 조만간 손에 넣을 수 있는 땅을 마다하고 성공할 리 없는 위험한 일을 도모하겠습니까?"

지요는 두 사람의 말에 일리가 있다고 생각했다. 두 사람이 나가자마자 모신이 들어와 지요에게 물었다. "어쩌자고 제가 드린 말씀을 그 두 사람에게 하셨습니까?"

지요는 또 깜짝 놀라며 "그걸 어찌 아느냐?"라고 되물었다.

모신은 허탈해하며 대답했다. "두 사람이 나오면서 저를 빤히 쳐다보고는 빠른 걸음으로 걸어갔습니다. 필시 제가 그들의 속내를 간파했음을 안 것입니다."

지요는 소리 내어 웃으며 모신의 말을 마음에 두지 않았다. 그러자 더 이상 이곳에 있을 수 없다고 여긴 충직한 모신들이 하나둘씩 지요를 떠났다.

한편 한강자와 위환자는 지요의 모신이 우려한 대로 조양자와 연락이 닿았다. 조양자가 보낸 사신이 두 사람을 비밀리에 만나 말을 전했다. "순망치한脣亡齒寒의 이치는 모두가 알고 있습니다. 지금 지요가 우리를 공격하지만 다음은 곧 두 분의 차례가 될 것입니다."

지요가 집권 후에 했던 행동들을 떠올린 한씨와 위씨는 즉시 조씨와 합을 맞춰 비밀리에 역공을 계획했다. 먼저 미리 약속한 때에 조양자가 사람을 보내 제방을 지키는 지씨의 병사들을 죽이고 물을 거꾸로 흘려보내게 했다. 지씨 진영이 물에 잠기면서 큰 혼란에 빠지자 양쪽 날개에서 미리 매복하고 있던 한씨와 위씨의 군사들이 기습을 시작했다. 세 가문은 지요의 군대를 대파했고, 후환을 피하고자 지씨 가문까지 공격해 200여 명을 죽인 다음 그 땅을 나눠 가졌다.

훗날 진양지전晉陽之戰이라고 일컬어진 이 전투는 중국사에서 새로운 시대를 여는 변곡점으로 평가받는다. 전쟁이 끝나고 당대의 패주였던 진은 조, 한, 위의 세 가문으로 분할되면서 200여 년에 걸친 춘추시대가 막을 내린다. 그리고 진秦, 제齊, 초楚, 연燕, 조趙, 위魏, 한韓으로 구성된 전국 칠웅戰國七雄의 시대가 시작되었다.

당신이 쌓은 덕이 언젠가 당신을 구한다

지요는 막강한 권력을 가졌으면서도 올바른 화술, 바로 '말로 덕 쌓기'를 구사하는 데 실패해 모든 것을 잃었다. '말로 덕을 쌓다'를 종교 개념 정도로 생각하는 사람이 많지만, 사실은《사기》와 같은 역사서에서도 쓰이는 말이다. 일반적으로 '좋은 결과를 얻기 위해 좋은 말을 많이 전하는 것'으로 해석한다.

이 화술의 반대는 당연하게도 '말로 덕을 쌓지 않기'가 될 것이다. 대체 누가 굳이 자신에게 손해가 될 말을 하겠느냐고 의문을 가질 수도 있겠지만, 바로 지금도 우리는 일상에서 말로 덕을 쌓지 않는 행동을 무수하게 저지르고 있다.

말을 채 마치기도 전에 후회가 들었던 경험을 누구나 한 번쯤은 겪었을 것이다. 단 한순간도 놓치지 않고 감정을 완벽하게 다스리며 사는 것은 불가능한 일이다. 홧김에 해서는 안 될 말을 뱉기도 하고, 잠깐의 통쾌함을 위해 마음에도 없는 말을 꺼내기도 한다.

우리가 상처 주는 말을 내뱉고 후회하는 이유 가운데 하나는 그 상처가 자신에게로 돌아올 수도 있다는 것을 알기 때문이다. 지요가 아무렇지 않게 타인을 모욕하고, 남의 불행에 차갑게 코웃음을 칠 수 있었던 데에는 자신은 타인에게 해를 입힐 수 있지만 타인은 자신에게 그럴 수 없을 것이라는 터무니없는 자신감이 도사리고 있었다. 결국 그는 방자함에 취해 말로 덕을 쌓지 못한 바람에 세 가지 나쁜 결과를 맞았다.

첫째, 지요는 공공연하게 자신의 얕은 욕망을 드러냈다. 한강자와 위환자는 지요의 횡포를 목격하며 그가 앞으로도 내키는 대로 굴면서 사람들을 괴롭힐 것이라고 우려했다.

둘째, 지요는 진양을 물로 공격하며 비슷한 약점을 가진 한씨와 위씨를 살피지 않았다. 지요의 성공이 누군가의 약점을 공략해 거둔 것이었다면 비슷한 처지에 놓인 사람에게는 당연히 받아들여질 수밖에 없다.

셋째, 사람은 종종 자신의 비밀을 타인에게 밝히는 실수를 저지른다. 지요가 진양성 어귀에서 흘린 말은 한강자와 위환자에게 똑같은 방식으로 반격할 수 있는 여지를 줬다.

아무리 재주가 뛰어나더라도 말로 덕을 쌓을 줄 모르는 사람은 위기 앞에서 어이없이 무너진다. 그리고 사람에게는 누구나 반드시 위기가 한 번쯤은 찾아오기 마련이다. 만약 지요가 평소에 말로 덕을 쌓고 성공했을 때에도 함부로 처신하지 않았다면 중국의 역사는 지금과는 다르게 흘러갔을지도 모른다.

【명구 활용하기】

누구에게나 삶에 새긴
아름다운 한마디가 있다

《사기》〈번역등관열전〉樊酈滕灌列傳에서 배운다

누구나 인생에 새기는 아름답고 깊은 말을 하나쯤 가지고 있다. 그것을
일컬어 명구名句라고 한다. 명구는 시간과 공간을 초월해 무수한 사람에
게 전해지고, 무수한 삶에 잊히지 않는 흔적을 남긴다. 그럼으로써 다시
잊을 수 없는 말이 새로이 만들어지기도 한다.

초한쟁패, 명구가 쏟아져 나온 극적인 순간

　《사기》에 따르면 번쾌는 한 고조 유방을 따라 수십 년 동안 싸우면
서 총 176명을 참수하고 288명을 포로로 잡았다. 단독으로 군대를 지
휘해 일곱 군을 격파하고 다섯 성읍을 공략했으며 여섯 군 및 52현을
평정했다. 그 과정에서 승상 한 명, 장군 열두 명, 장관 열한 명을 포로
로 잡았다.

　그 뛰어난 무공 때문인지 영화나 연극에 등장하는 번쾌는 대개 구
레나룻을 기른 거친 사내로 그려진다. 하지만 창작물에서의 모습과는
다르게 역사 속 번쾌가 무식하고 혈기만 왕성했던 사람은 아니었다.

기원전 206년 10월, 유방의 군대가 제후 중에서 가장 먼저 함양에 들어갔다. 흰 말이 끄는 흰 수레를 타고 유방의 군대가 있는 지도軹道까지 온 진나라의 세 번째 군주인 자영子嬰은 목에 줄을 매달고 옥새와 부절을 바치며 항복의 뜻을 보였다.

여기에서 지도는 당시 행정 단위로는 정亭에 해당한다. 진秦 시기에는 사방 10리를 정이라고 하고, 정 열 곳을 합쳐 향鄕이라고 불렀다. 진 왕 자영이 지도에서 투항한 이래로 중국어에서 '지도'는 나라를 잃고 투항하는 곳이라는 뜻으로 자주 인용된다.

부하 장수들이 투항한 진왕을 죽이라고 권했지만 유방은 "초 회왕楚 懷王이 나를 관중으로 보낸 이유는 내가 관대하고 사람을 포용한다고 여겨서가 아니더냐?"라며 거절했다.

진왕을 연금한 다음 유방은 군사를 이끌고 서쪽의 함양으로 진격했다. 마침내 황궁에 들어선 유방 일행은 웅장한 궁궐과 멋들어진 준마에 기이한 동물, 사방에 쌓인 보물과 미녀들 앞에서 정신을 차릴 수 없었다. 유방이 흥분해서 말했다. "이곳에 자리를 잡아야겠다!"

이때 번쾌가 진의 황궁에 머물면 안 된다며 유방을 말렸다. 반대에 부딪힌 유방이 발끈하자 장량이 서둘러 나섰다. "천하를 위해 폭정을 뿌리 뽑았으면서도 함양에 들어서자마자 보물을 차지하려 하신다니, 폭군인 걸왕을 부추기는 것과 무엇이 다르겠습니까? 충언은 귀에 거슬리나 행동을 단속하기에는 좋고, 약은 맛이 쓰나 병을 고치는 데에는 좋습니다."

장량의 조언을 들은 유방은 깨닫는 바가 있어 왕궁의 문을 닫고 경비병만 남겨 두고 주둔지로 돌아갔다. 여기에서 조걸위학助桀爲虐(걸왕을 부추겨 더 포악하게 만든다)이라는 말이 나왔다.

유방은 파상灞上으로 회군하기 전에 사람들을 모아 놓고 선포했다. "처음부터 제후들끼리 먼저 함양에 입성한 자가 왕이 되기로 약속했고 내가 먼저 도착했으니 당연히 이곳의 왕이 될 것이다. 그동안 모두 진의 가혹한 법으로 고통을 받아왔다. 나는 약속하겠다. 나의 법령은 세 가지뿐이다. 사람을 죽인 자는 사형으로 다스리고, 사람을 다치게 한 자는 벌로 다스릴 것이며, 강도질한 자는 잡아 가둘 것이다. 나머지 진의 법령은 모두 폐지할 것이다."

여기에서 바로 약법삼장約法三章이라는 말이 나왔다. 이어서 유방은 이렇게 말했다.

"나는 백성들에게 해로운 일을 없애기 위해 이곳에 왔다. 너희에게 어떠한 피해도 가지 않을 것이니 두려워 말라. 지금 내가 파상에 주둔하는 까닭은 함께 다스릴 규범을 논의하기 위해 다른 제후들을 기다리기 때문이다."

유방이 사람을 시켜 이 말을 각지에 전하게 했더니 모두가 듣고 크게 기뻐하며 돼지와 양을 잡아 군사를 위로하려 했다. 하지만 유방은 "아직 식량이 남아 부족하지 않으니 굳이 돈을 쓸 필요 없다"라며 전부 거절했다.

한편 함곡관까지 온 항우의 대군은 유방의 군사들에게 막혀 관중으로 들어가지 못하고 신풍新豐의 홍문鴻門에 주둔했다. 이 일로 기분이 상한 항우에게 불난 집에 기름을 들이붓는 일이 생겼다. 유방의 신하 조무상曹無傷이 비밀리에 사람을 보내 항우에게 유방을 모함한 것이다. "유방이 관중의 왕이 되려고 진왕을 상국으로 삼고 성안의 보물을 모조리 취했습니다."

이에 항우는 불같이 화를 내며 유방을 박살내겠다고 선언했다. 당시 항우의 군세는 40만인데 유방의 군세는 10만에 불과했으니 결과는 불 보듯 뻔했다. 한편 항우의 신하인 항백項伯은 이전부터 친분이 있는 장량이 유방을 따르다가 함께 죽임을 당할까 봐 몰래 장량에게 상황을 알렸다.

장량은 도망가라는 항백의 제안을 거절하고 오히려 같이 유방을 만나보자고 제안했다. 그렇게 이들과 마주한 유방은 마치 스승을 대하듯 정중히 항백을 대하며 말했다. "우리는 함곡관에 주둔한 후에 사소한 것조차 함부로 손댄 일이 추호만큼도 없습니다. 단지 민간의 명부를 정리하고 창고를 봉인해 놓고는 항우 장군께서 오시기만을 기다렸을 뿐입니다."

이 이야기에서 추호무범秋毫無犯(가을에 털갈이한 짐승의 가는 털만큼도 범하지 않았다)이라는 말이 나왔다. 항백은 군영으로 돌아가며 유방에게 다음날 반드시 항우에게 사죄하러 홍문으로 오라고 당부했다.

"큰일을 하는 사람은 사소한 것에 얽매이지 않습니다"

이튿날 아침, 항백의 당부처럼 일찍부터 유방은 측근 백여 명을 대동하고 홍문에 이르러 항우에게 정중히 사죄했다. "저는 장군과 함께 힘을 합쳐 진을 쳤습니다. 장군께서는 황하 이북에서, 저는 황하 이남에서 싸웠지요. 저도 제가 먼저 함양에 들어갈 것이라고는 전혀 생각하지 못했습니다. 그런데 지금 제가 이 자리에서 장군을 뵈오니 어떤 소인이 무슨 악담이라도 한 듯합니다."

항우가 대답했다. "조무상이라는 자가 사람을 보내 알려주었소. 아니면 내가 왜 화가 났겠소?"

긴장 상황이 마무리되면서 술자리가 마련되었다. 물론 술자리의 진짜 목적은 유방의 목을 치는 것이었다. 술이 오가는 내내 범증은 여러 차례 눈짓하고 혁대에 달린 패옥을 만지며 계획을 실행하자는 뜻을 보였으나 항우에게서는 별 반응이 없었다. 참다못한 범증은 벌떡 일어나 나가서 항장項莊을 불렀다.

범증의 밀명을 받은 항장은 연회장에 들어서더니 검무를 춰 흥을 돋우겠다며 검을 빼 들었다. 이때 항백이 얼른 일어나 항장에 맞서 검무를 추며 유방을 비호했다. 분위기가 점점 험악해지자 장량은 군영 입구로 나와 번쾌를 불렀다. "항장이 검무를 추고 있으니 분명 패공沛公(당시 패현의 지도자인 유방을 일컫는 칭호)을 노리는 게야."

여기에서 '항장무검 의재패공'項莊舞劍 意在沛公(항장이 유방을 겨누고 칼춤을 추니, 행동의 목적이 다른 곳에 숨겨져 있다)이라는 말이 나왔다.

장량의 말을 들은 번쾌는 냅다 큰 장막을 걷고 들어가 항우를 쏘아보았다. 그의 눈은 분노로 커다랗게 부릅떠졌고 머리카락은 곤두섰으며 눈꼬리는 찢어져 있었다. 항우는 깜짝 놀라 보검을 잡으며 일어나 물었다. "저 사람은 무슨 용무로 왔기에 저리 무도한가?"

장량이 "그는 패공의 호위 무사인 번쾌라고 합니다"라고 대답했다.

항우는 한번 훑어보더니 감탄하며 "장사로군! 술을 마시겠는가?"라고 권했다.

번쾌는 큰 잔에 술이 내려지자 인사하고선 선 채로 한입에 비웠다. 그러자 항우는 "돼지 다리도 하나 먹어 보아라!"라며 권했다. 이 번쾌의 난입이 바로 '두주불사'斗酒不辭의 유래가 된다.

번쾌가 돼지 다리를 방패 위에 내려놓고 몸에 지닌 칼로 쓱쓱 잘라가며 먹으니 그 모습이 매우 호방했다. 항우는 물었다. "과연 장사로다! 술을 더 마시겠느냐?"

이에 번쾌가 대답했다.

"죽음조차 마다하지 않는데 술 한 잔을 마다할 이유가 있겠습니까? 진왕은 사람을 삼대 베듯 죽였고 마구잡이로 형벌을 내려 천하가 등을 돌렸습니다. 이에 뭇 제후들이 떨쳐 일어났고, 회왕께서는 함양에 먼저 들어가는 자가 왕이 될 것이라고 하셨습니다. 이번에 저희가 운 좋게도 먼저 함양에 들어왔으나 패공께서는 털끝만큼 작은 것도 옮기지 않았습니다. 군사를 동원해 함곡관을 지킨 것도 혹여 다른 꿍꿍이가 있는 자들이 일을 벌일까 걱정해서였습니다. 제 주군은 노고가 많고 공이 큰데 장군께서 포상을 내려 주시지는 못할망정 소인의 참언에 넘어가 해치려 하시니 이는 진과 다를 바가 없어 보이지 않겠습니까?"

번쾌의 말을 들은 항우는 말문이 막혔다. 유방은 화장실에 가는 척하면서 번쾌를 밖으로 불러내 걱정스러운 표정으로 말했다. "지금 내가 핑계를 대고 잠시 나왔는데 항우 장군께 인사하지 않고 그냥 가도 되겠느냐?"

번쾌는 단호하게 대답했다. "큰일을 하는 사람은 자질구레한 예법에 얽매이지 않아도 됩니다. 저들은 지금 도마와 칼이고, 우리는 그 앞에 놓인 생선이나 다름없는데 이 상황에 무슨 예를 차리겠습니까?"

여기서 불구소절不拘小節(사소한 예절에 얽매이지 않는다)와 인위도조 아위어육人爲刀俎 我爲魚肉(도마 위에 놓인 생선처럼 곧 남의 손에 죽게 생기다)이라는 말이 생겼다.

번쾌의 말을 들은 유방은 먼저 홍문을 떠나면서 장량에게 이후의 수습을 맡겼다. 장량은 유방에게 어떤 선물을 가져왔는지를 물었고 유방은 "항우 장군께 드릴 옥벽 한 쌍, 범증에게 줄 옥 국자 한 쌍이 있네"라며 건넸다. 장량은 유방이 파상에 도착했을 즈음에 술자리로 돌아와 선물을 바쳤다.

항우가 급히 물었다. "유방은 지금 어디 있는가?"

장량은 찬찬히 말했다. "장군께서 자꾸만 탓하시니 먼저 떠나셨다고 들었습니다. 아마 지금쯤 군영에 도착하셨을 겁니다."

항우는 유방이 소인이라며 비웃고는 선물 받은 옥벽에 흡족해하며 탁자 위에 두었다. 하지만 범증은 처소로 돌아와 국자를 땅에 내동댕이친 다음 칼로 부수면서 욕을 퍼부었다. "애초에 너희 같은 망나니들과는 큰일을 도모할 수 없었다. 항우의 천하를 빼앗을 자는 분명히 패공이다!"

이 이야기에서 수자부족여모豎子不足與謀(어리고 경험이 부족한 사람과는 더불어 일을 꾀할 수 없다)라는 말이 나왔다.

죽을 고비를 간신히 넘긴 유방은 주둔지로 돌아오자마자 조무상부터 죽였다. 며칠 후, 항우는 유방으로부터 넘겨받은 함양으로 들어가 약탈과 방화를 일삼았다. 그리고 이미 투항한 진왕 자영을 끌고 와서 기어코 목을 베고 황궁에 불을 질렀는데 이 불이 석 달이나 계속되었다. 또 유방이 봉인해 둔 부고府庫를 열어 몽땅 털었으며 궁 안에 있던 미녀들도 잊지 않고 전부 데려갔다.

항우가 폐허가 된 함양을 버리고 팽성彭城으로 천도를 서두르자 신하 한생韓生이 이를 말렸다. "관중은 산과 강을 장벽으로 삼아 요새로 둘러싸여 있으며 땅이 비옥합니다. 여기에 도읍을 정하고 천하의 왕이 되십시오."

그러자 항우는 잿더미가 된 담벼락을 보며 "부귀해져 고향에 돌아가지 않는 것은 한밤중에 비단옷을 입고 산길을 가는 것과 같다. 누가 그것을 볼 수 있다는 말이냐"라고 말했다.

한생은 고개를 저으며 "원숭이를 목욕시켜 관을 씌운 꼴이구나!"라고 탄식했고, 이 말을 들은 항우는 분노하며 한생을 죽였다. 여기에서 금의환향錦衣還鄕과 목후이관沐猴而冠이라는 말이 나왔다.

인생을 바꾸는 말 한마디의 무게

'명구 활용하기' 화술은 여러 시대에 걸쳐 많은 사람이 오랫동안 써오며 다듬어진 명구를 활용하는 기술이다.

번쾌는 유방을 둘러싼 여러 위인들 가운데 가볍지도 무겁지도 않은 비중을 가진 인물이다. 아마도 홍문연에서 그는 지나가는 조연 정도의 역할이었겠지만, 유방을 위기에서 구하면서 '불구소절'이라는 오랜 세월 동안 전해지는 명구를 남겼다.

'명구'는 그저 멋있는 말에 그치지 않는다. 누군가의 삶에 새겨지고, 인생을 바꿀 만한 무게를 가진 말이다. 따라서 시간과 공간을 초월해 전해짐으로써 누군가의 인생에 영향을 끼칠 수 있다면 누가 한 말이라도 명구가 될 수 있다. 나에게도 그러한 말이 하나 있다.

대학교 새내기 시절, 졸업한 선배 한 분이 진행한 특강을 들은 적이 있다. 강의 내용은 이제 희미해졌지만 선배께서 마지막으로 한 말만은 지금까지도 또렷이 기억하고 있다.

"소통에 대해 공부할 때에는 외로움으로부터 익숙해질 수 있어야 합니다."

지금 나는 이 책을 통해 이 명구를 다시 전한다.

살다 보면 마음과는
다른 말을 해야 할 때도 있다

《사기》〈백기왕전열전〉白起王翦列傳에서 배운다

누군가는 간단한 행동 속에 깊은 뜻을 묻어 두고, 누군가는 겉으로 취하는 태도와 속내가 다르다. 말하기에서도 여러 뜻을 겹쳐 새로운 의미를 만들어 내거나, 표면적인 메시지와는 전혀 다른 의미를 말 속에 묻어 전하는 화술이 존재한다. 다만 이렇게 복잡한 언어 정보를 주고받기 위해서는 한 가지 전제가 필요하다. 서로가 서로에게 충분히 적응해야 한다는 것이다.

"저는 겁이 많고 무능해 전쟁이 두렵습니다"

왕전王翦은 조趙나라의 염파와 이목, 진秦나라의 백기와 더불어 전국시대에서 손꼽히는 명장이다. 왕전의 성인 '왕'을 거슬러 올라가면 고대의 성씨인 희姬가 나온다. 황제黃帝는 원래 성이 공손公孫이고 이름은 헌원軒轅인데, 수구壽邱에서 태어났으나 희수姬水에서 자라 성을 '희'로 바꿨다. 희진姬晉은 동주東周의 11대 왕인 영왕靈王의 아들로 아버지의 치수책에 반대하다가 태자의 자리에서 내려왔다. 그렇게 희진은 평민이 되면서 성 또한 '왕'으로 바꿨다.

왕전은 이 왕씨 가문의 18대손으로 빈양頻陽의 동향東鄕 사람이다. 소년 시절부터 병법에 관심이 많았으며 후에 진나라에서 진시황을 섬겼다. 그는 군략에 매우 능해 진이 여섯 나라를 공략해 중국을 최초로 통일한 전쟁에서 한나라를 제외한 다섯 국가가 모두 왕전과 왕분王賁 부자가 이끄는 군대에 멸망당했다.

기원전 229년, 왕전은 군대를 이끌고 조나라를 공격했고, 일 년이 넘는 전투 끝에 왕의 투항을 받아냈다. 기원전 227년, 연나라의 태자 단丹이 진시황을 암살하고자 자객 형가荊軻를 보냈으나 실패했다. 이에 진이 군사를 일으켜 연을 공격하자 연왕은 요동으로 달아났다. 이어서 진시황은 왕전과 그의 아들 왕분을 보내 초나라를 공격했다. 이 전쟁에서 승리한 후 곧이어 그들은 위나라를 공격했고, 이번에도 위를 멸망시켰다.

이 시기 진의 젊은 장군 이신李信은 수천 명의 군사를 이끌고 연의 태자 단을 맹렬히 추격해서 사로잡았다. 진시황은 이렇게 젊은 장군이 거뜬히 싸워 이기자 무척 흡족해했다.

하루는 진시황이 이신을 불러 물었다. "초를 침공해 완전히 섬멸할 생각인데 병력을 얼마나 써야 할 것 같으냐?"

이신은 "최대 20만이면 충분합니다!"라고 자신 있게 대답했다.

진시황은 돌아서서 왕전에게 다시 물었다. "장군은 얼마가 적합하다고 생각하오?"

왕전은 "60만이 아니면 어렵습니다"라고 냉정하게 잘라 말했다.

그러자 진시황은 크게 웃으며 왕전을 조롱했다. "왕 장군도 이제 나이가 든 게구려. 이신이야말로 과감하고 용감하니 과인이 보기에는 그의 말이 옳소."

진시황은 이신과 몽염蒙恬에게 20만 대군을 내려 초를 공격하게 했고, 자신의 의견이 받아들여지지 않은 왕전은 병을 핑계로 고향 빈양으로 내려갔다. 이신과 몽염은 두 갈래로 나뉘어 초로 쇄도하면서 이신은 평여平輿를, 몽염은 침구寢邱를 각각 점령했다.

더욱 자신만만해진 이신은 성부城父에서 몽염과 합류하고자 진격에 박차를 가했다. 그러나 초의 주력군은 그런 이신의 자만을 노리고 있었다. 초군은 삼일 밤낮으로 강행군까지 해가며 이신의 군대를 완전히 격파하고 이신이 거느리던 도위 일곱 명까지 모조리 죽였다. 진의 대패였다.

초를 얕잡아 보던 진시황은 정신이 확 들었다. 그는 직접 빈양까지 찾아가 왕전에게 정중히 사과하며 물었다. "장군의 충고를 듣지 않고 이신을 보내어 대패했으니 치욕스럽기 짝이 없소. 듣기로는 초의 대군이 진으로 다가오고 있다는데, 장군은 설마 정말로 과인과 나라를 버릴 생각이오?"

왕전은 진시황의 요청을 물리며 이렇게 말했다. "소신은 여전히 몸이 좋지 않은데다 무능하고 겁까지 많아 죽음이 두렵습니다. 그러니 전하께서는 다른 인재를 보내심이 옳을 것 같습니다."

진시황은 왕전에게 재차 사과했다. "그만 화를 풀고 더는 사양하지 마시게. 이제는 무조건 자네 말대로 하겠네."

왕전은 그제야 "그래도 소신을 생각해주신다면 군사 60만을 주십시오"라고 대답했다.

진시황은 단번에 약속했다. "모두 그대 뜻대로 하겠다. 60만 대군이 그대의 말을 들을 것이다."

이렇게 해서 왕전은 군사 60만을 이끌고 출정하게 되었고 진시황은 직접 파상까지 나와 배웅했다. 출병 전, 왕전은 진시황에게 이렇게 요청했다. "제게 비옥한 땅 천 경頃(당시 1경은 약 2만 4,300제곱미터), 좋은 집 백 채, 그리고 연못과 정원이 있는 저택을 하사해주십시오."

진시황은 불편한 기색이 역력한 얼굴로 말했다. "싸우러 가면서 군이 지금 이런 요청을 하다니, 그것이 다 무슨 소용이오? 제발 전심전력으로 싸워 주시오. 설마 과인이 장군의 가족을 푸대접하겠소?"

함곡관에 도착한 왕전은 사신을 다섯 차례나 보내 약속을 꼭 지켜달라고 채근하고, 함양에 가서도 조정에 더 많은 토지와 재산을 여러 번 요구했다. 수하 장수들이 결국 참지 못하고 불만을 토로했다. "장군께서 나라에 큰 힘을 쓰시니 당연히 그 보상 또한 나무랄 데 없어야겠지만, 그래도 지금 모습은 너무 꼴사나워 보이지 않겠습니까?"

부하들의 항의를 접한 왕전은 차분히 설명했다. "진왕은 의심이 많은 사람이다. 지금 내가 이끄는 60만은 나라가 가진 전부다. 진왕의 덕성에 비추어 보건대 이 대군을 내게 맡기고선 돌아서서는 모반을 꾀할지도 모른다고 의심할 것이 분명하다. 그래서 끊임없이 이익을 조르며 자자손손 진에서 복을 누리려는 뜻이 있음을 왕에게 보인 것이다."

초왕은 왕전이 지원군을 이끌고 왔다는 소식을 듣고 전국의 병력을 모조리 끌어와 맞섰다. 그러나 왕전이 직접 최전선에서 지휘하는 진군은 빈틈없는 방어선을 구축한 다음 방어 태세로만 일관했다. 왕전은 적이 아무리 도발해도 절대 교전하지 말라고 전 군에 명령을 내렸다.

오로지 방어만 하며 버티는 동안 진군의 군영에서는 병사들에게 이

전보다 맛있는 식사가 제공되었다. 왕전은 종종 수하 장수나 병사들과 함께 잔치를 벌였고, 모든 병사가 사나흘에 한 번씩 목욕을 하며 편하게 쉬도록 했다.

그러던 어느 날 왕전이 부관에게 물었다. "병사들이 평소에 모여 무슨 놀이를 하느냐?" 부관은 병사들이 모이면 돌을 더 멀리 던지는 놀이를 즐긴다고 전했다. 그러자 왕전은 "이제 싸울 때가 되었구나"라고 말했다.

한편 초군은 아무리 도발해도 진군이 응하지 않고 방어만 하자 병력을 동쪽으로 철수시키기로 했다. 바로 이때, 왕전은 초군이 철수하는 틈을 노려 충분히 쉬며 힘을 비축한 전 군에 공격을 명하고, 최정예 병사들로 조직한 결사대를 돌격시켜 초군을 단숨에 무너뜨렸다. 진군은 후퇴하는 초군을 기현蘄縣까지 추격해서 초의 장수 항연項燕을 죽였다. 이어서 썩은 나무를 꺾듯이 쉽게 초의 영토를 점령하고 왕을 포로로 잡아 초를 완전히 멸망시켰다. 왕전은 여세를 몰아 남쪽으로 백월百越까지 공략했고, 왕분은 이신과 함께 연과 제의 남은 땅을 점령했다.

기원전 221년, 진시황은 마침내 모든 제후국을 점령하고 천하를 통일했다.

상반된 말에 담긴 진짜 본심

한마디 안에 상반된 의미를 담아 전하는 왕전의 화술은 '건곤乾坤을 담은 말'이라고 할 수 있다. 《역경》易經 64괘에서 건괘와 곤괘는 각각 하늘과 땅을 의미한다. 그러니까 '건곤을 담은 말'이란 서로 다른 하늘과 땅의 함의를 하나의 말 속에 숨기는 것이다.

한마디로 두 가지 의미를 전하거나 두 가지 목표를 달성하는 것을 뜻하는 것치고는 표현이 거창하다고 여길 수도 있을 것이다. 그러나 하늘과 땅을 가리키는 건곤은 일석이조—石二鳥나 일거양득—擧兩得과 같은 사자성어들과는 그 의미가 전혀 다르다.

고대인들은 하늘과 땅이 서로 반대 방향으로 운행한다고 생각했다. 따라서 말에 건곤을 담아내기 위해서는 한마디 안에 표면적인 의미와 숨어 있는 의미를 아울러야 할 뿐만 아니라, 그 두 가지 의미가 서로 상반되는 효과를 일으켜야 한다. 이것이 바로 이 화술의 가장 어려운 부분이자 묘미다.

왕전은 표면적으로 진시황에게 과도한 보상을 요구하며 재물만을 탐하는 모습을 보였다. 이런 행위 뒤에 숨은 의도는 반드시 출정해 승리하겠다는 의지를 보이는 동시에 병권을 내놓은 진시황의 의심을 잠재우려는 것이었다.

'말에 상반된 의미 담기' 화술은 영화나 드라마 작가들이 생이별하는 주인공들의 대사를 짤 때 즐겨 쓰는 방식이기도 하다. 한국 드라마에 자주 등장하는 장면들을 떠올려 보자. 주인공은 연인이 자신을 만날 때보다 더 안정된 삶을 살기를 바라는 마음에서 '더 이상 당신을 사랑하지 않는다'는 거짓말을 꾸며낸다. 그는 이 말로 상대방을 서운하게 하지만, 사실 그 이면에는 깊이 사랑하는 이가 평생 행복하기를 바라는 바람과 그런 자신의 마음을 언젠가는 상대가 알아주기를 바라는 욕망이 숨어 있다.

무릇 인심의 향배는 건곤이 정한다고 했다. 말에 건곤을 담는 것은, 그리고 그 안에 담긴 상반된 의미를 헤아리는 것은 인공지능이 아직까지는 따라하지 못하는 사람의 영역이기도 하다.

어떤 간절함은
말없는 말로만 전해진다

《좌전》〈정공사년〉定公四年에서 배운다

말하는 입장에서는 입으로 전하는 내용에만 주목하는 경향이 있다. 그러
나 듣는 입장에서는 소리로 전해지는 말뿐만 아니라 몸짓이나 표정, 시선
등 다양한 준언어paralanguage까지 포함해 말하는 이의 의도를 해석한
다. 우리가 일상에서 가장 자주 말하고 또 듣는 준언어는 침묵일 것이다.

"당신과 같은 신하가 있으니 그에게도 살 가치가 있다"

춘추시대에 한 남자가 이야기를 나누다가 결론이 나지 않자 크게 울
음을 터뜨렸다. 울음은 무려 7일 밤낮이나 계속되었다. 역사에 기록되
었을 정도로 괴상한 일이지만, 이 통곡으로 한 나라가 멸망의 위기에
서 벗어날 수 있었다.

이야기는 오자서가 시신을 채찍질해 복수한 데서부터 시작된다. 오
자서의 아버지 오사伍奢는 초나라의 태부太傅, 즉 세자의 스승이었다.
역시 세자의 스승인 동료 비무기費無忌는 진秦나라와 초의 혼인에서
매우 부덕한 짓을 저질렀다. 초 세자와 진의 공주가 혼인할 때, 초왕은

비무기를 보내 신부를 맞이하도록 했다.

공주를 데려온 비무기는 그녀의 아름다움을 한껏 과장하며 초왕에게 며느리가 될 사람을 후궁으로 들이라고 부추겼다. 비상식적인 일이지만, 놀랍게도 초왕은 여기에 동조했다. 초왕은 아들의 정혼자를 총애하며 간신 비무기를 측근에 두고 무슨 일이든 그의 말을 따랐다.

비무기는 승승장구하면서도 한편으로는 나중에 세자가 보위에 오르면 보복당할까 봐 두려워했다. 그러던 중 오사가 세자를 두둔하자 반란을 모의한다는 누명을 씌워 옥에 가뒀다. 그리고 화근을 완전히 없애고자 오자서와 그의 형 오상伍尙에게 그들 둘이 죄를 인정하면 아버지 오사를 살려주겠다는 뜻을 전했다.

오자서는 이것이 함정임을 깨닫고 형에게 함께 초를 탈출하자고 설득했지만, 오상은 차마 아버지를 놔두고 떠날 수 없어 홀로 비무기 측과 만나는 자리에 나갔다. 결국 오자서는 아버지와 형 모두를 비무기의 손에 잃고 말았다.

피맺힌 원한에 휩싸인 오자서는 죽음을 무릅쓰고 초에서 탈출했다. 이 과정에서 오자서가 소관昭關을 지나며 하룻밤 사이에 백발이 되었다는 이야기가 전해져 내려온다. 오자서는 도망가는 길에 오랜 친구인 신포서申包胥를 우연히 만났다. 그는 신포서 앞에서 흐느끼며 아버지와 형의 죽음을 전하고선 반드시 초를 멸망시키겠다고 맹세했다.

신포서는 원래 초의 왕실 출신인 의원으로, 늘 왕에게 충성하고 나라를 사랑했으나 이번 일만큼은 왕이 도리를 다하지 않아 오자서 일가가 억울한 일을 당했다고 생각했다. 깊은 고민에 빠진 그의 마음은 오랜 친구에 대한 동정으로 절반, 나라를 지키고자 하는 마음으로 나머지 절반이 나뉘었다. 그는 오자서를 다독이며 이렇게 말했다.

"그렇게 하시게! 그대는 분명 초를 멸망시키겠지만, 내가 재건할 것이네."

이후 오吳 나라로 도망친 오자서가 오왕 합려를 보좌해 나라를 다스리자 오는 곧 강대해졌다. 오왕은 오자서를 가까이 두고 그의 전략에 따라 초와 본격적으로 전쟁을 시작했다. 증오로 가득 찬 오자서는 직접 군사를 이끌고 초의 수도를 무너뜨렸다.

그러나 아버지와 형을 죽인 평왕平王과 비무기는 이미 죽고 없었으며, 후계자인 소왕昭王은 다른 나라로 피신한 뒤였다. 오자서는 복수를 마쳤음에도 마음이 풀리지 않아 직접 초 평왕의 무덤을 파헤쳐 채찍을 들고 시신을 후려갈기기 시작했다. 그렇게 오자서는 평왕의 시신에 삼백 대를 내리치고야 비로소 채찍질을 멈췄다. 이 이야기에서 과한 복수를 일컫는 굴묘편시掘墓鞭屍 라는 말이 나왔다.

당시 소왕을 따라 피난길에 나섰던 신포서는 옛 친구인 오자서의 행적을 들으며 이루 말할 수 없는 고통을 느꼈다. 신포서는 오자서의 지나친 행동을 꾸짖으며 그 정도에서 그만하자는 뜻을 담은 편지를 보냈다. 그러나 오자서도 오기가 대단해 친구의 만류에도 "나는 이미 늙어 시간이 많지 않다. 정상적인 방법으로 복수할 수 없는 바에야 상식을 거슬러서라도 평생의 소원을 이루겠다"라고 대꾸했다. 목적을 달성하기 위해 순리를 거슬러 강행한다는 뜻을 가진 도행역시倒行逆施 라는 말이 여기에서 비롯되었다.

오자서가 맹세한 대로 초를 멸망시켰으니 이제는 신포서가 맹세한 대로 나라를 재건할 차례였다. 신포서는 바로 이전에 혼인의 연을 맺었던 진秦 나라에 지원을 요청한다는 중대한 결심을 내린다. 진으로 달려간 신포서는 애공哀公을 만나 애원했다.

그는 탐욕스럽고 흉악하고 잔인한 오를 견제해야 한다며 '오 위협론'을 펼쳤다. "오자서가 우리 초를 무너뜨렸으니 이제 곧 진의 차례가 될 것입니다. 저희가 귀국을 돕게 해주십시오."

그러나 이런 말들을 애공은 수도 없이 들었을 것이다. 그는 이렇게 말했다. "자네의 뜻은 잘 알겠네. 우리도 잘 생각하고 따져볼 터이니 돌아가 쉬고 계시게. 논의가 끝나면 곧 알려주겠네."

애공의 두루뭉술한 답을 들은 신포서는 실패를 직감했지만, 자신의 왕이 소식을 기다리고 있었기에 이대로 돌아갈 수는 없었다. 그는 벽에 기대어서는 "아이고!"를 외치며 눈물을 쏟아냈다. 울음은 그렇게 하루, 이틀이 지나도 그치지 않았다. 신포서는 꼬박 7일 밤낮으로 밥도 물도 물리치고 이 처절한 통곡을 멈추지 않았다.

다 큰 남자가 사람들 앞에서 이 정도로 울어대기는 흔한 일이 아니니 애공도 마침내 마음을 움직였다. "초왕이 비록 어설프고 무도하지만, 자네와 같은 신하가 있다면 살 가치가 있다." 이렇게 해서 진은 군사를 보내 오를 물리치고 초의 재건을 도왔다.

침묵도 언어의 일부다

신포서는 말이 아니라 울음으로 국가의 재건을 간청했다. 당시 그가 보여준 눈물이 바로 준언어를 활용한 '말없이 말하기'다. '준언어'는 언어학 용어지만 이미 우리 모두가 일상에서 말할 때 항상 그것을 사용하고 있기에 전혀 어려운 뜻을 가지고 있지 않다.

좁은 의미에서 '준언어'는 웃음이나 울음과 같이 소리 언어 이외의 다른 소리 현상을 가리킨다. 넓은 의미에서 '준언어'는 소리가 없는 언어 유형으로 해석할 수 있다. 예컨대 표정, 몸짓, 손짓, 대화할 때의 거리 등이 여기에 속한다.

대화란 단순히 구두 언어를 이용한 의사소통에 국한되지 않으며 음성 언어, 음성 언어가 아닌 소리, 어떤 소리도 없는 다양한 현상을 모두 포함하는 통합 커뮤니케이션이다. 이러한 '준언어'의 기능은 신포서의 언행에 딱 들어맞는다. 그는 말로는 진 애공의 동의를 얻어내지 못했다. 하지만 7일 밤낮을 울부짖은 끝에 마침내 진 애공을 설득하는 데 성공했다.

언젠가 한 친구와 이런 대화를 나눈 적이 있다.

"아내는 언변이 썩 좋지 않아서 무슨 말로도 나를 설득하지 못해. 하지만 아내에게도 필살기가 있는데 말이야, 입을 다물고 빤히 쳐다보면 내 방어선이 와르르 무너진다니까."

나는 "너는 정말 좋은 남편이야"라고 대꾸했지만, 진짜 하고 싶은 말은 따로 있었다.

"제수씨는 말을 못하는 게 아니야. 침묵도 언어의 일부임을 아시다니 현명한 분이네."

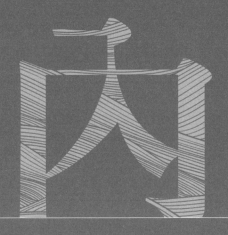

보통의 말로 비범하게
말하는 것이 화술이다

【글로 말하기】

말로 다하지 못하기에
글에 담는다

《사기》〈악의열전〉樂毅列傳에서 배운다

말이 글보다 생동감이 넘치고 거리감도 가까움에도 굳이 글로 대화를 시도할 때가 있다. 사유를 정제한 글이 가진 장점은 화자가 충분한 시간을 두고 말을 정돈할 수 있고, 청자 또한 그렇게 정리된 생각을 자신의 리듬으로 받아들일 수 있다는 것이다. 깊고 절절한 고백이 그렇듯, 어떤 말은 글로 전할 수밖에 없다.

"감히 붓을 들어 서신으로 천명하옵니다"

악의樂毅는 중산中山의 영수靈壽 사람이다. 영수는 원래 중산국中山國이었는데 위魏나라에게 멸망당한 후 다시 세워졌으나 조趙나라에 재차 병합되었다. 이런 이유에서 악의를 조나라 출신이라고 추측하고 있다.

그는 어려서부터 병법에 관심이 많아 조에서 벼슬을 추천받았으나 조 무령왕이 사구沙丘에서 일어난 정변으로 포위되어 굶어 죽자 위나라로 건너갔다. 한편 북쪽의 연나라는 내란을 거치면서 남쪽의 제齊나라에게까지 침략을 당해 큰 피해를 입었다. 연의 소양왕昭襄王은 제에

제5장 보통의 말로 비범하게 말하는 것이 화술이다   159

복수하기로 마음먹었지만, 이를 실행하기에는 연이 외지고 궁핍한 처지에 놓여 있었다. 이에 소양왕은 몸을 낮춰서 자신을 도와줄 천하의 명사들을 모시고자 했다.

악의는 마침 위 소왕魏 昭王의 사신으로 연을 방문했다가 소양왕의 끈질긴 구애에 못 이겨 재상에 버금가는 자리인 아경亞卿에 올라 연을 재건하는 한편 제에 대한 복수를 준비했다.

당시 제는 한창 국력이 뻗어나가는 시기였다. 초를 물리쳤을 뿐만 아니라 서쪽 전장에서 위와 조까지 깨부쉈고, 이후에 한, 조, 위를 끌어들여 진秦까지 침공하면서 영토가 천여 리나 확장되었다.

그러나 나라의 기세가 오르면서 제의 민왕湣王은 교만해졌고 백성들은 그의 폭정에 신음했다. 이 소식을 들은 소양왕은 급히 악의를 불러 제를 칠 방법을 의논했다. 악의는 연이 혼자 힘으로 제를 공격하기에는 벅차지만, 제에 침략당한 초, 한, 조, 위와 연합해 함께 복수를 시도한다면 승산이 있다고 봤다. 이에 소양왕은 즉각 이 네 나라와 동맹을 맺고 전국의 병력을 동원한 후 악의를 상장군으로 임명했다. 얼마 지나지 않아 악의는 5국 연합군을 지휘해 제를 향해 출병했다.

제수濟水 전투에서 5국 연합군은 제의 대군을 격파했다. 이후 연합군이 모두 본거지로 돌아간 후에도 악의는 끈질기게 제군을 추격했다. 악의가 이끄는 연군은 제의 수도 임치를 철저하게 부쉈고 금은보화를 노획했다. 복수에 성공한 소양왕은 너무나 기뻐 직접 전선까지 나와 군사를 위로하고 악의를 창국군昌國君으로 봉했다.

이어 소양왕은 금은보화를 악의에게 내리며 "제를 완전히 무너뜨려주게!"라고 격려한 다음 돌아갔다. 악의는 왕명을 철저히 받들어 5년 동안 대군을 이끌고 성을 70여 곳이나 공격해 제의 큰 땅덩이를 거의 모두 연의 영토로 편입했다. 이제 제에 남은 땅이라고는 거성莒城과 즉묵卽墨뿐이었다.

그러나 소양왕은 제의 멸망을 보기도 전에 세상을 떠났다. 뒤를 이어 즉위한 혜왕惠王은 이전부터 악의가 눈에 거슬리던 참이었다. 제의 장군 전단田單은 이 기회를 놓치지 않고 혜왕과 연의 신료들 사이에 불화를 심었다. "악의가 대군을 이끌고 공격했는데 왜 거성과 즉묵만 남겨 두었겠습니까? 여기에 남아 새로운 제의 왕으로 독립하려는 것이 분명합니다."

전단의 계략에 넘어간 혜왕은 악의에서 기겁騎劫으로 상장군을 교체한 다음 악의에게는 도성으로 돌아오라고 명령했다. 악의는 이대로 돌아가면 위험이 닥칠 것을 눈치채고 고향인 조나라로 도망쳤다. 조왕은 악의를 기쁘게 받아들이고 관진觀津 지역을 영지로 하사하며 망제군望諸君으로 봉했다. 조왕은 모든 면에서 악의를 존중하며 그를 통해 연과 제를 견제하고자 했다.

한편 연의 새로운 상장군 기겁은 전단의 상대가 되지 않았고, 결국 연군은 즉묵성 전투에서 대패했다. 이번에는 반대로 제군이 연군을 맹렬하게 추격하며 잃어버린 땅을 온전하게 되찾았다. 혜왕은 상장군 자리를 교체한 인사를 크게 후회하는 한편 자신을 떠난 악의도 원망했다. 무엇보다 이 틈을 타 악의가 연을 공격할지도 모른다는 불안감에 시달렸다.

혜왕은 조에 사신을 보내 악의에게 사과의 편지를 보냈다. 사과라고 하지만, 사실은 모욕에 가까운 글이었다.

"선왕께서 장군에게 온 나라의 군사를 맡겼고, 장군이 제를 무너뜨렸으니 그 공로를 하루도 잊지 않은 날이 없소. 어리고 어리석은 내가 기겁을 보내어 장군을 대신하게 한 것은 장군이 여러 해 동안 너무 힘들게 싸워온 것이 안타까워 불러들여 쉬게 하려던 의도였소. 그런데 어찌 장군은 떠도는 말을 믿고 조에 의탁했소? 상왕께서 장군을 얼마나 아꼈는지는 생각하지 않는 것이오?"

편지로 전할 수밖에 없었던 간절한 마음

악의는 편지를 가지고 온 사신을 한번 보고는 혜왕에게 보낼 편지 한 통만 써서 돌려보냈다.

"신이 불초해 왕명을 받들고 대신들의 뜻을 따를 수 없었던 까닭은 연으로 돌아간 후에 뜻밖의 재앙을 만나 선왕의 영명함을 해칠까 두려웠기 때문입니다. 전하께서 지금 편지를 보내어 저를 책망하시니 선왕께서 저를 받아들이고 신뢰했던 이유와 도리에 대해 대신들이 깨닫지 못하면 어쩌나 걱정되어 외람되게도 서신으로 천명하옵니다.

어질고 슬기로운 임금은 가까운 사람이 아니라 공이 많은 인재에게 상을 내리고 뛰어난 자를 중용한다고 들었습니다. 능력을 살펴 관직을 주는 군주만이 대업을 이룰 수 있고, 덕목을 따져 교류하는 현자만이 이름을 세울 수 있습니다. 저는 선왕께 군왕으로서의 남다른 기품을 보았습니다. 당시 저는 위의 사신으로 연에 왔는데 선왕께서는 저를 인정해주시어 왕족이나 가까운 신하들과 상의하지도 않고 만인지

상으로 삼으셨습니다. 그때 신은 어리고 어리석으나 선왕께서 하시는 말씀을 받들고 열심히 일하면 죄는 짓지 않을 것이라고 여겨 사양하지 않았습니다.

선왕께서는 제에 큰 원한을 가졌기에 나라의 힘이 약소함에도 싸우고자 하셨으니 저는 반드시 조, 한, 위 그리고 초를 조력자로 삼아야 대업을 이룰 수 있다고 아뢰었습니다. 이에 선왕께서는 저를 조에 사신으로 보냈습니다. 저는 하늘의 도우심에 힘입어 5국 연합군을 이끌고 제를 물리칠 수 있었습니다. 정예부대를 이끌고 승승장구해 제의 도성을 공격하니 제의 왕이 홀로 달아났습니다. 이에 선왕께서 얻은 수많은 전리품을 모두 연으로 보낼 수 있었습니다.

제의 제기들은 연의 궁궐 영대寧臺에 진열되었고, 대려종大呂鐘은 연의 원영궁元英宮에 놓였습니다. 강탈당했던 연의 제기들 역시 모두 되찾았으며 계구薊丘 땅 위에는 제의 문수汶水에서 난 대나무를 옮겨 심었으니 춘추오패 이래로 공적을 논하자면 선왕을 따를 군주가 없을 정도입니다. 선왕께서는 원하시는 바를 이루어 매우 만족하시고 제게 영지를 하사하시어 제후로 봉하셨습니다.

어질고 영명한 군주는 대업을 세우고 손상됨이 없기에 역사에 기록될 수 있고, 탁월한 식견을 가진 선비는 명성을 얻고 훼손되지 않아 후세까지 칭찬을 듣습니다. 선왕께서는 원한을 갚고 치욕을 씻어 강한 제를 물리치고 팔백 년 동안 축적한 부를 거두어들이셨습니다. 승하하시는 날까지도 가르침을 남기시어 신하들이 법령을 정비하고 서얼을 단속하는 등 그 덕정을 백성에게까지 미치었으니 모두 후세에 교훈이 될 만합니다.

강산을 치기는 쉬워도 지키기는 어려운 법입니다. 일의 시작이 순조롭다고 해서 반드시 끝까지 순조로운 것은 아닙니다. 옛날 오자서의 말을 합려가 받아들였으므로 오가 초의 도성까지 세력을 뻗칠 수 있었으나, 부차夫差는 받아들이지 않고 오자서를 죽게 만들더니 그 시신을 말가죽 부대에 담아 강물에 버렸습니다. 부차는 오자서의 말을 들으면 공을 세울 수 있음을 전혀 알지 못했으므로 그를 자결하게 만들고도 전혀 후회하지 않았습니다. 또 오자서는 부차의 도량이 작고 포부가 다름을 알지 못해 강에 던져지고도 제대로 눈도 감지 못했습니다.

화를 피해 목숨을 지키고 공을 세워서 선왕의 업적을 널리 밝히는 것이 신의 가장 큰 바람입니다. 비방을 당해 선왕의 명성을 떨어뜨리는 것이야말로 신이 가장 두려워하는 일입니다. 예측하지 못한 큰 죄를 입고서 근근이 목숨을 부지하며 사사로이 명성과 재물이나 취하려는 행위는 포부가 있는 저와 같은 사람은 할 수 없는 일입니다.

군자는 사귐이 끊어져도 나쁜 말을 하지 않고, 충신은 나라를 떠나도 군주에게 허물을 돌리지 않는다고 들었습니다. 신은 비록 불초하나 성현의 말씀을 받들어 왔습니다. 다만 전하께서 좌우 군신의 의견만 들으시고 멀리 쫓겨난 신의 의견을 듣지 않으실까 염려되어 감히 글을 올려 아뢰오니 부디 헤아려 주시기 바랍니다."

혜왕은 이 답장을 보고 크게 감동해 악의의 아들인 악간樂間을 창국군으로 봉했다. 악의는 조에 계속 머물면서 연을 오갔으니 양국이 다시 사이좋게 지냈다. 연과 조는 모두 악의를 객경客卿(높은 지위를 주고 외부에서 초빙한 자문)으로 받들어 공경했고, 악의는 조에서 세상을 떠날 때까지 몸을 바쳐 헌신했다.

글, 얼굴을 마주하는 것 이상의 효과

길게 이어진 편지 글에서 악의의 말을 분석하는 시도가 억지스럽다고 느낄 수도 있다. 그럼에도 이 편지는 아주 멋진 화술, '글로 말하기'의 대표적인 사례라고 할 수 있다. 글을 두고 화술에 대해 얘기하기 전에 음성과 문자의 차이점부터 짚고 넘어갈 필요가 있다.

첫째, 음성이란 구두 언어를, 문자란 글로 정제된 언어를 가리킨다. 구두 언어는 일종의 생방송으로 반복해서 들을 수 없지만, 문자는 녹화 방송에 해당하므로 반복해서 읽을 수 있다.

둘째, 음성 전파의 리듬은 화자가 결정하므로 청자는 화자가 말하는 속도를 따라야 한다. 반면에 문자 전파의 리듬은 독자에게 달려 있으므로 빠르게 듣고 싶으면 빠르게 읽고, 느리게 듣고 싶으면 느리게 읽을 수 있다.

셋째, 직접 마주했을 때 꺼내기 어려운 말을 문자로는 상대적으로 쉽게 전달할 수 있다. 만약 악의가 직접 혜왕을 만나 말했더라면 이렇게까지 진솔하고 절절할 수는 없었을 것이다.

이러한 음성과 문자의 차이 때문에 악의는 편지라는 방식으로 말을 건넸다.

악의의 사례는 대화의 두 당사자가 서로 마주 보고 있지 않다는 점에서 특별하다. 괜히 중간에 사람을 두고 말을 전했다가는 전달 과정에서 진심이 왜곡될 수도 있다. 그러나 문자는 훨씬 안전하다. 악의는 매우 똑똑한 사람이다. 그는 사신이 말귀를 못 알아들을까 봐, 설령 알아들었어도 제대로 전달하지 못할까 봐, 혹은 제대로 전달할 수 있어도 일부러 허튼소리를 할까 봐, 아예 수정이 불가능하고 청자가 자신의 리듬으로 말을 읽어나가며 화자의 참뜻을 찾을 수 있도록 해주는 편지를 써서 직접 얼굴을 보고 소통하는 것 이상의 효과를 거뒀다.

이처럼 끝내 말로 전하지 못하는 것을 건네고자 할 때에도 말의 기술이 필요하다.

표현에 따라
내용이 결정되기도 한다

《사기》〈춘신군열전〉春申君列傳에서 배운다

우리는 소통하기 전에 그 내용을 미리 살피며 전화로 이야기할지, 글로 정리해 문자나 이메일로 전할지 아니면 직접 만나 대화할지를 먼저 정한다. 이처럼 소통 방식을 구분하는 까닭은 표현 방식에 따라 그 내용이 다르게 받아들여질 수 있기 때문이다.

"오직 글로 전할 수밖에 없는 조언을 드립니다"

창장長江은 대륙의 중앙부를 횡단해 상하이를 거쳐 바다로 흘러가는 중국에서 가장 긴 강이다. 장강이 바다와 접하는 곳에는 충밍다오崇明島라는 섬이 하나 있는데, 그 남쪽이 장강의 가장 마지막 지류이자 상하이의 젖줄인 황푸장黃浦江이다.

'황푸'는 '전국사공자' 중 한 명인 춘신군春申君 황헐黃歇을 기념하는 이름이다. 이런 이유로 황푸장은 춘신군의 이름을 따 '춘선장'春申江이라고도 불린다. 상하이의 별칭이 '선'申인 까닭 또한 바로 여기에서 유래한다.

황헐은 일찍이 여러 나라를 두루 돌아다니며 유명한 스승들에게 사사했기에 견문이 풍부했다. 훗날 황헐은 초나라에서 경양왕頃襄王을 섬겼는데, 왕은 변론에 뛰어난 그를 진秦나라에 사신으로 보냈다.

당시 진의 소왕昭王은 대장군 백기를 보내 한위韓魏 연합군을 격파하고 두 나라가 진에 신복의 예를 갖추도록 압박했다. 내친김에 진은 한과 위의 군사를 앞세워 초까지 진격할 계획을 세우고 있었다.

황헐은 진에 도착하자마자 소왕의 계획을 알아차렸다. 급히 초에 이 소식을 알리려 했으나 전령이 귀국하는 도중에 무참히 죽임을 당했다. 당시 진은 이미 초의 영토를 조금씩 장악해나가고 있었으며, 초를 맞수로도 여기지 않았기에 소왕은 황헐을 피하며 아예 만나지도 않았다.

황헐은 왕을 만날 수 없다면 편지라도 써서 출병을 막아야 한다고 마음을 굳게 먹었다. 황헐은 온 힘을 다해 글을 적어 내려갔다.

"지금 천하의 제후국 중에 진과 초보다 더 강한 나라가 있습니까? 전하께서 초를 치려고 하신다는데 이는 호랑이 두 마리가 서로 싸우는 바와 같습니다. 두 맹수가 싸우면 그 이득은 옆에 있는 들개들이 챙길 것입니다. 들개들에게 이득을 주느니 진과 초라는 호랑이 두 마리가 싸우지 않는 편이 더 낫지 않겠습니까?

옛말에 물극필반物極必反이라고 하여 사물의 발전이 극에 달하면 반드시 쇠락한다고 했습니다. 겨울이 다하면 여름이 돌아오듯 일단 정점까지 쌓이면 무너지는 위기가 오기 마련이라 장기알을 높이 쌓을수록 쉽게 쏟아지는 일과 비슷합니다.

지금 진이 가진 땅은 천하에 두루 퍼져 있습니다. 서쪽과 북쪽의 드넓은 영토가 모두 전하께 귀속되었으니 만 대의 전차를 갖출 정도로 광활한 땅을 가진 경우는 일찍이 없었습니다. 선왕이신 혜문왕과 무왕으로부터 전하에 이르기까지 삼대에 걸쳐 진의 국경을 제와 맞닿게 하려고 애쓰셨고, 지금은 한을 공략해 병사 하나 잃지 않고도 영토를 백리나 확장했습니다. 또 위의 도읍마저 에워싸니 큰바람이 불어 구름을 날리듯 위의 군사들이 뿔뿔이 흩어졌습니다. 이것은 두 선왕께서 이루신 것보다 훨씬 더 큰 공적입니다.

또한 전하께서는 백성들을 쉬게 한 지 2년 만에 다시 군사를 일으켜 위를 정벌함으로써 우리 초와 조趙를 연결하는 길을 끊으셨습니다. 이에 다른 제후들은 감히 구원할 엄두를 내지 못하니 전하의 명성은 이미 만고에 전해지기에 충분합니다.

이제 전하께서 이룬 공적과 위신을 살피시고 인의와 덕을 널리 행하시어 후일의 우환을 경계하신다면 삼왕(하 우왕, 은 탕왕, 주 문왕)과 어깨를 나란히 하고, 오패에 비견될 것입니다. 그러나 병력의 강대함만을 빌려 위를 굴복시킨 기세를 몰아 계속 무력으로 천하를 정벌하려 하신다면 후환이 생기지는 않을까 심히 두렵습니다.

《시경》에는 시작을 잘하는 사람은 많지만 좋은 결과를 맺는 사람은 드물다고 했고,《역경》에는 여우가 강을 건너려면 아무리 조심해도 끝에 가서는 꼬리를 적신다고 했습니다. 모든 일이 처음에는 쉽지만 완벽하게 끝맺음을 하기는 어려운 법입니다.

지요는 조를 정벌하는 이로움만 보느라 유차楡次에서 배신당해 화를 입을 운명은 알지 못했고, 오왕 부차는 제를 정벌하는 이로움만 알았지, 월왕 구천句踐에게 패할 줄은 예상하지 못했습니다. 이 두 나라는 모두 큰 공적을 세웠으나 군주들의 그릇이 작아 눈앞의 이익에만 급급한 나머지 후환을 경시했습니다.

부차는 월나라의 충동질에 넘어가 제나라를 쳤으나 돌아오는 길에 월왕 구천에게 사로잡혔습니다. 또 지요는 한씨와 위씨 두 집안을 믿고 조씨를 공격했으나 승리가 목전인 순간에 한씨와 위씨에게 배신을 당해 죽임을 당했습니다.

신은 전하께서 초를 정벌하는 데에만 신경 쓰느라 초가 멸망하고 나서 한과 위가 강해질 것을 잊으시지는 않았는지 우려하고 있습니다. '원교근공'遠交近攻이라 하여 《시경》에서도 대군은 본진에서 멀리 떠나 싸우지 않는다고 했습니다. 이렇게 보면 초는 멀리 떨어진 우방이요, 한과 위는 가까이 있는 적국이니 진의 상책은 초를 도와주고 한과 위를 치는 것이지 않겠습니까?

적에게는 관용을 베풀어서는 안 되고 시기는 놓치면 안 되는 것입니다. 지금 한과 위가 신복의 예를 갖추고는 있으나 이는 때를 기다리며 출병을 늦추는 속임수에 지나지 않습니다. 진이 한, 위와 삼대가 넘게 덕을 나눈 적 있습니까? 오히려 삼대가 넘는 원한만 있을 뿐입니다.

한과 위의 아버지와 아들, 형제가 모두 진의 손에 죽어 나간 지가 10대째에 이르렀습니다. 그들은 땅을 빼앗기고 나라가 쇠약해졌으며 종묘가 훼손되었습니다. 장수는 배가 갈리고 얼굴이 돌아간 시신으로 버려졌습니다. 황야와 늪 곳곳에 잘려 나간 머리가 널렸었습니다. 백성은 늙은이와 아이 할 것 없이 포로 신세가 되어 팔려나갔습니다. 간신히 살아남은 백성도 농사를 짓고 살 수 없어 고향을 등지고 떠나 혈육들이 사방으로 흩어진 채 떠돌았습니다. 이렇게 피맺힌 원한을 품은 두 들개를 곁에 두시고 나머지 호랑이 한 마리를 치려고 하십니까?

전하께서는 장차 초를 공격하실 때 한과 위의 영토를 빌려 지나가신 다면 출병하는 날부터 군사들이 제대로 돌아올 수 있을지를 근심하셔 야 합니다. 한과 위가 진의 영토가 비어 있는 틈을 놓치지 않고 갑자기 공격해올지 어찌 알겠습니까?

만약 두 나라의 길을 빌리지 않고 곧바로 초로 진격하려면 수수隨 水의 오른쪽 길뿐입니다. 그곳은 모두 물이 세찬 강이거나 높은 산과 숲이며 깊은 골짜기가 있는 험난한 땅이라 농사를 지을 수 없습니다. 설혹 이런 곳을 취하신들 무슨 쓸모가 있겠습니까?

전하께서 초를 공격하는 날에는 한, 조, 위, 제가 반드시 군사를 일으 켜 덤빌 것입니다. 진과 초가 맞붙어 싸우면 이득을 취하려는 제후가 한둘이겠습니까? 위는 진을 공격해 옛날 송宋의 땅을 모두 차지할 것 입니다. 또 제는 남쪽으로 초를 쳐서 사수泗水 일대를 모조리 빼앗으려 고 할 것입니다. 도둑질로 이득을 본 한과 위는 점차 진과 맞설 수 있는 힘을 갖추게 될 것입니다. 이때의 제는 남쪽으로 사수를 경계로 삼고, 동쪽으로 큰 바다를 지고, 북쪽으로는 황하에 의지해 우환이 없을 테 니 천하에 그만큼 강성한 나라가 없을 것입니다. 그때가 되면 진이 천 하를 제패하는 일은 쉽지 않을 것입니다.

전하께서 많은 백성과 강한 병력을 가지고 군사를 일으킨다면 오히 려 위와 제가 점점 더 강해질 뿐입니다. 그 두 나라가 새로운 땅을 얻어 가며 진을 섬긴다면 일 년만 지나도 전하께서 천자가 되는 일을 방해 할 힘이 생길 것입니다.

따라서 진이 초와 화합해 다른 나라들이 경거망동하지 않도록 하는 것보다 더 나은 방법이 없습니다. 전하께서 동산東山의 험난한 지세,

황하로 둘러싸인 유리한 조건을 이용하면 손바닥 뒤집듯 쉽게 한을 제압하실 수 있습니다. 십만의 병력이 신정新鄭에 주둔하면 위가 감히 출격하지 못할 것이고, 그리되면 상채上蔡, 소릉김陵과의 연계가 끊겨 위가 굴복할 날이 머지않을 것입니다.

진이 일단 초와 우호 관계를 맺고 한과 위의 영토를 장악하면 제는 서쪽을 지킬 수 없으니 전하께서는 그 땅을 손 한번 쓰지 않고도 차지하실 수 있습니다. 이렇게 되면 진의 영토는 서해에서 동해까지 꿰뚫게 되어 뭇 제후들을 견제할 수 있습니다. 연과 조는 제, 초의 도움을 얻지 못하며, 제와 초 역시 연, 조에 의지할 수 없게 됩니다. 그런 후에 연과 조를 위협하면서 한편으로는 제와 초를 흔들면 이 네 나라는 알아서 항복해 올 터이니 전하께서 천하를 정하실 수 있습니다."

진 소왕은 이 거침없이 쓴 편지를 읽고 얼마나 흡족했는지 황헐을 자기 휘하에 두고자 했을 정도였다. 이렇게 해서 소왕은 백기의 출정을 취소하고 한과 위의 제안을 거절하는 동시에 초에 후한 선물을 보내 친교를 맺었다.

선택의 여지가 없을 때 표현 방식을 고르는 능력

유려하면서도 다소 공격적이기까지 한 춘신군의 편지에서 배울 수 있는 화술은 '적절한 표현 방식 고르기'다.

어떤 나라에서 선거를 통해 새로운 지도자를 선출하면 다른 나라에서 당선자에게 축전을 보낸다. 만약 돌발 상황이 생기면 양국 정상은 전화로 소통하거나 적절한 시기에 직접 만나 회견하는 방식으로 중요한 문제를 해결한다.

소통에서 이렇게 다양한 방식이 동원되는 까닭은 표현 방식이 달라지면 그 내용 또한 다르게 받아들여질 수 있고, 마찬가지로 표현하는 내용 역시 표현 방식에 따라 바뀔 수 있기 때문이다. 이것이 바로 '적절한 표현 방식 고르기'라는 화술의 핵심이다.

앞에서 악의로부터 배운 '글로 말하기' 화술과 '적절한 표현 방식 고르기'의 차이점은 선택권에 있다. 악의는 글과 대화 가운데 하나의 방식을 선택할 수 있었지만 진 소왕에게 만남을 거부당한 황헐에게는 선택의 여지가 없었다.

편지로 의사를 전할 때 취할 수 있는 가장 큰 장점은 상대방이 천천히, 반복해서 읽을 수 있으므로 좀 더 격식을 갖춰서 그리고 논리적으로 꼼꼼하게 쓸 수 있다는 것이다.

그리고 편지로 대화를 시도할 때 우려되는 점은 내가 전하고자 하는 내용에 대한 해석을 전적으로 상대방에게 맡겨야 하며, 현장에서 상대방의 반응을 살피며 내용을 조정할 수 없으므로 반드시 완벽하게 써야 한다는 것이다.

오직 편지로만 소통을 시도할 수 있는 상황에서 황헐은 편지의 장점을 최대화하고 문자로 표현했을 때의 한계를 가능한 한 피해야 했다. 그리고 황헐은 편지에서 자신이 전하고자 하는 핵심을 향해 단계적으로 이야기를 차곡차곡 발전시켜 나가며 글이라는 대화 수단이 가진 장점만 취하는 데 멋지게 성공했다.

꽃을 알아보기 위해서는
먼저 고개를 숙여야 한다

《사기》〈관안열전〉管晏列傳, 《관자》管子, 《좌전》에서 배운다
권위는 누군가를 낮추는 만큼 높아지는 것이 아니라 스스로에 대한 당당
함에서 우러나오는 것이다. 말 또한 마찬가지다. 내면이 강한 사람은 두
려움이 없기에 기꺼이 스스로를 낮추면서 자신이 전하는 말에 설득력을
보탠다.

"나를 낳은 이는 부모이나 나를 알아준 자는 포숙아다"

'관포지교'管鮑之交로 일컬어지는 관중과 포숙아鮑叔牙의 우정에 대
한 이야기는 지금도 무수한 책들과 대화에서 인용되고 있다. 고사의
주인공 가운데 하나인 포숙아는 춘추시대 제나라의 대부 포경숙鮑敬叔
의 아들로 나고 자라면서 힘든 시절을 보낸 적이 없었다. 기록에 따르
면 그는 삶을 대하는 태도가 워낙 담담하고 여유로워 뭔가를 다투거나
서두르는 법이 없었다.

　관중의 집안도 포숙아에 뒤지지 않았다. 관중의 조상은 주 목왕周 穆王
의 후손이며, 아버지 관장管莊도 제에서 대부를 지냈다. 다만 관중은

청년이 되었을 무렵 집안이 몰락하는 바람에 포숙아처럼 내내 편히 살지는 못했다. 관중은 출세하기까지 오랫동안 생존을 위해 안간힘을 써야 했다.

관중은 친구 포숙아와 함께 장사를 시작했는데, 동업이라고는 하나 가난한 처지여서 창업자금을 많이 보태지는 못했다. 그런데도 수익의 상당수를 가져가자 포숙아의 수하들이 이를 지적하고 나섰다. 포숙아는 관중이 욕심을 부리는 것이 아니라 애초에 자기가 많이 나눠준 것이라며 친구를 변호했다.

관중에게는 담대한 구상이 많았지만 아직 경험이 없는 풋내기라 대부분은 현실성이 떨어지거나 잔꾀에 그쳤다. 이 때문에 포숙아는 골치를 썩였지만, 그래도 개의치 않고 관중을 제대로 된 길로 이끌었다.

관중은 장사가 뜻대로 되지 않자 군에 입대했는데 여기서도 실패를 맛봤다. 그는 다 같이 돌격할 때에는 가장 느리게 달리면서 뒤로 숨었고, 퇴각할 때는 그 반대로 앞장서서 누구보다 빠르게 달음질쳤다. 당연히 병사들은 그를 얕보고 업신여겼다. 이때 포숙아는 사람들에게 관중이 나이 지긋한 어머니를 책임져야 하기에 몸을 사린 것이지 절대 용기가 부족해 그런 것이 아니라고 해명했다.

포숙아는 관중과 깊은 우정을 나누면서 친구의 재주가 예사롭지 않음을 알았다. 길가에 구르는 돌멩이까지 감동했을 정도니 관중의 심정이 어땠을지는 말할 것도 없다. 관중은 "나를 낳은 이는 부모지만 나를 알아준 이는 포숙아다"라고 말했다. 두 사람은 이렇게 생사고락을 함께하는 우정을 쌓았다.

포숙아는 벼슬에 관심이 없었으나 관중의 권유로 관직에 나서게 되었다. 당시 제의 정계는 매우 혼란스러웠다. 희공僖公이 승하하자 남은 세 아들 가운데 태자 제아諸兒가 즉위했으니, 바로 양공襄公이다. 미리 상의가 된 것인지 각자 뜻이 달랐는지는 모르겠으나 관중은 둘째 공자 규糾를, 포숙아는 셋째 공자 소백小白을 각각 보좌했다.

태자 시절부터 난폭했던 양공은 재위 당시 온갖 말썽을 부렸는데 가장 심각한 사건은 자신의 여동생이자 노 환공魯桓公의 부인인 문강文姜과 사통한 일이었다. 심지어 두 사람은 환공을 죽이기까지 했다. 관중과 포숙아는 나라에 혼란스러운 일이 끊이지 않자 각자 보살피는 공자들을 데리고 피난을 떠났다.

이후 무도한 양공이 인심을 크게 잃어 결국 신하들에게 죽임을 당했다. 드디어 남은 두 공자에게 기회가 왔다. 형의 부보를 들은 두 사람은 모두 분초를 다투며 왕위를 향해 달려갔다.

관중이 모시는 공자 규는 당시 강국 중 하나인 노魯나라의 지원을 받으며 돌아왔다. 노의 군주 장공莊公은 군사를 거느리고 공자 규와 함께 행군했다. 한편 관중은 병마를 이끌고 포숙아가 모시는 공자 소백이 제로 돌아오려면 반드시 거쳐야 하는 길목에 미리 가서 기다렸다. 지금은 각자 주군을 모시는 상황이었기에 포숙아와 이야기를 나눌 여유 따위는 없었다.

소백과 만난 관중은 속내를 숨긴 채 좋은 말만 한참 늘어놓더니 갑자기 소백을 향해 활을 당겼다. 화살을 맞은 소백은 피를 토하면서 그 자리에서 고꾸라졌다. 이를 본 관중은 즉시 돌아가 장공과 규에게 이 기쁜 소식을 알렸다. 그들은 이제 경쟁자가 모두 죽었으니 길을 재촉할 필요가 없다며 유람하듯 천천히 제로 향했다.

하지만 일은 관중의 기대처럼 풀리지 않았다. 그가 쏜 화살은 사실 소백의 급소가 아니라 허리띠 고리에 꽂혔다. 소백은 기습에 실패한 관중이 칼을 뽑아 다시 공격할까 봐 순간적으로 꾀를 내 혀를 깨문 다음 죽은 척했던 것이다. 그는 관중이 탄 말이 멀리까지 간 후에야 비로소 천천히 몸을 일으켰다.

포숙아 역시 상황을 파악한 다음 급히 말했다. "어서 출발하셔야 합니다. 관중이 다시 습격할 수도 있기 때문입니다." 이렇게 해서 소백 일행은 걸음을 재촉한 끝에 노 장공과 규보다 여러 날 일찍 제에 도착하는 데 성공했다.

규에게는 노 장공이라는 든든한 후원자가 있고, 왕위 계승 순위 또한 동생보다 높았다. 그래서 예상 밖으로 소백이 먼저 제에 도착하자 제의 신하들 사이에서는 "공자 소백을 국군國君으로 세우고 난 다음 공자 규가 돌아오면 어떻게 대처해야 하느냐?"라는 말이 나왔다.

이에 포숙아가 나서서 말했다. "연거푸 내란을 겪었으니 현명한 자가 국군의 자리에 올라야 나라가 안정될 수 있습니다. 그런데 저희 공자께서 먼저 돌아올 수 있었던 것이야말로 하늘의 뜻이 아니겠습니까? 규 공자는 장공의 호위를 받으며 오고 있습니다. 이런 그를 국군에 앉히면 장공이 반드시 우리를 협박할 것입니다. 나라는 여전히 어지러운데, 그렇게 되면 어떻게 견딜 수 있겠습니까?"

포숙아의 설득에 신하들이 응하면서 소백이 제의 새로운 국군으로 즉위했다. 이 사람이 바로 '춘추오패'의 첫 번째 패왕, 제 환공이다.

"이제 전하께는 저보다 훨씬 뛰어난 관중이 어울립니다"

노 장공과 규 일행은 마음 편히 제로 돌아오다가 뜻밖에도 소백이 이미 즉위했다는 소식을 들었다. 그들은 즉시 노의 군사를 동원해 제를 공격했다. 소백, 즉 환공도 이제 막 즉위해 기세등등할 때라 기꺼이 공격에 응했다. 격렬한 전투 끝에 제군이 노군을 격파했고, 노 장공은 전차도 전부 내버릴 정도로 허겁지겁 달아났다.

장공은 군사를 전부 물렸는데도 제가 코앞까지 쫓아와서는 공자 규를 죽이고 관중을 내놓으라고 요구하자 고심에 빠졌다. 그는 결국 제의 요구를 수용해 규를 처형했고, 이어서 관중을 내주려고 준비하던 중에 책사 한 명이 꾀를 냈다. "관중이라는 자는 인재이오니 그냥 내주시면 안 됩니다. 죽여서 그 시신을 보내시지요."

그러나 포숙아는 이번에도 관중을 지켜줬다. 그는 노의 의도를 이미 간파하고 대책까지 마련해 뒀다. 관중을 넘겨받으러 간 사신은 포숙아가 시킨 대로 말했다. "우리 국군께서는 활로 자신을 쏘아 죽이려 한 자를 이가 갈리도록 증오하시니 반드시 직접 목을 베고자 하신다. 만약 너희들이 관중을 먼저 죽인다면 절대 군사를 물리지 않을 것이다."

이 서슬 퍼런 경고에 장공은 순순히 규의 잘린 머리와 관중을 넘겨줄 수밖에 없었다. 두 나라의 국경에서 관중을 기다리고 있던 포숙아는 옛 친구를 보자마자 결박 지은 것을 풀어주고 함께 제의 도움으로 돌아왔다. 포숙아는 우선 관중을 자기 집에서 머무르게 한 후에 환공을 찾아갔다.

포숙아는 환공을 보자마자 말했다. "관중은 천하의 귀한 인재이온데 우리 제가 그를 얻었으니 어찌 축하드리지 않을 수 있습니까?"

하지만 환공은 이를 바득바득 갈면서 소리쳤다. "하마터면 그자에게 죽을 뻔했다. 살을 뜯어 먹고 가죽을 벗겨 깔고 자도 시원치 않은데 어찌 그를 쓸 수 있겠는가!"

포숙아는 분노에 사로잡힌 환공을 타일렀다. "당시 관중은 규 공자에게 충성했습니다. 신하가 되어 가장 어려운 일이 바로 주군에게 충성하는 것입니다. 관중을 중용하시어 깊은 충심과 뛰어난 재능을 쓰신다면 전하께 겨눴던 활로 천하를 쏠 것인데 어찌 미래를 허리띠에 화살을 맞은 과거에 비하십니까?"

포숙아를 신뢰하는 환공은 결국 고개를 끄덕였다. "일단 그대 말을 믿고 죽이지는 않겠다."

제가 전쟁에서 승리하고 정세 또한 차츰 안정되자 환공은 포숙아를 재상으로 삼고자 했다. 그러나 포숙아는 간곡히 거절하며 이렇게 말했다. "만약 전하께서 나라 하나만 잘 다스리려 하신다면 고혜高傒와 신만 있어도 충분합니다. 그러나 천하의 패자가 되고자 하신다면 관중 외에는 인물이 없습니다."

"왜 그를 꼭 재상으로 두어야 하는가?"

"신은 관중에 비해 다섯 가지가 부족합니다. 관중은 너그럽고 인자해 백성들을 잘 돌볼 수 있으나 신은 그보다 못합니다. 관중은 나라를 다스림에 근본을 잡을 수 있으나 신은 그보다 못합니다. 관중은 주군에게 충직하오나 신은 그보다 못합니다. 관중은 나라의 규범과 예를 정립할 수 있사오나 신은 그보다 못합니다. 관중은 앞에 서서 군을 지휘해 사기를 올릴 수 있으나 신은 그보다 못합니다. 이 다섯 가지를 모두 갖춘 관중이 재상의 자리에 오른다면 반드시 나라를 강성하게 만들수 있습니다."

이 말을 들은 환공은 "그렇다면 먼저 그의 재주를 시험해 봐야겠다"라고 말했다.

그러나 포숙아는 고개를 저으며 대답했다. "관중은 보통사람이 아니니 반드시 엄격하게 예를 갖춰 대해야 합니다. 전하께서 사사로운 원한을 따지지 않으며 현자를 존중하고 선비를 예로 대하신다는 이야기가 널리 퍼지면 더 많은 인재가 찾아와 충성을 다하고 지혜를 아끼지 않을 것입니다."

환공은 즉시 사람을 시켜 길일을 정하고 직접 성문 밖까지 나가 맞이하는 '교영'郊迎의 예를 갖춰 관중과 마차를 같이 타고 도성으로 들어왔다. 두 사람은 사흘 밤낮을 쉬지 않고 이야기를 나눴는데 구구절절 뜻이 맞자 환공은 관중이 포숙아가 말한 대로 대단한 인재임을 인정했다. 관중은 상국 자리에 올라 군주에게 중부仲父(작은아버지)라고 불릴 정도로 존경받았다.

내가 낮아질수록 원하는 것을 얻을 확률이 높아진다

포숙아가 관중을 추천하면서 보여준 화술 '나를 낮춰 남을 높이기'는 그 이름만 봐도 자신을 깎아내림으로써 다른 사람을 더 돋보이게 하는 기법임을 쉽게 알 수 있다. 그러나 이런 의문이 들 수도 있다. 누군가를 높이고 싶다면 그저 그의 장점만 읊어도 충분할 텐데 왜 군이 자신을 낮추기까지 해야 하는가?

누군가를 설득할 때 가장 효과적인 방식은 설득에 성공했을 때의 결과가 자신이 얻을 이익과 무관하다는 것을 증명하는 것이다. 오히려 자신이 더 손해를 볼 수 있음에도 불구하고 기꺼이 설득에 나섰다면 더 말할 것도 없다. 이러한 이치는 타인의 장점을 설득할 때에도 그대로 적용된다.

다만 자신을 낮추는 대신 남을 높이는 화술에는 한 가지 전제가 필요하다. 화자 자신도 어느 정도의 높이에 있어야 한다는 점이다. 그리 대단치도 않은 처지라면 누군가를 자신보다 대단하다고 호들갑스럽게 치켜세워봤자 원하는 만큼의 호응은 받지 못할 것이다.

또한 이 화술은 반드시 진심을 담아 높일 수 있는 사람에게만 적용해야 한다. 듣는 쪽에서는 말하는 이가 정말 칭찬을 통해 누군가를 추천하는 것인지, 아니면 칭찬하는 척 비꼬거나 그저 빈말로 칭찬을 남발하는 것인지 귀신같이 알아차린다.

그래서 자신을 낮춰 누군가를 칭찬하는 것은 결코 쉬운 일이 아니다. 정도가 지나치면 사람들이 말하는 이의 동기를 의심할 것이며, 정도가 미치지 못한다면 말하는 이의 실력을 의심할 것이기 때문이다.

규칙을 존중하고 나서야
규칙으로부터 자유로울 수 있다

《사기》〈사마양저열전〉司馬穰苴列傳에서 배운다

중국인들은 "사람은 살아 있고, 규칙은 죽었다"라는 말을 자주 한다. 이 말은 규칙은 무시해도 되니까 하고 싶은 대로 살라는 뜻이 아니라, 규칙은 반드시 따르되 그 과정에서 유연함을 무시해서는 안 된다는 의미다. 규칙을 없애는 것과 규칙을 거스르는 것은 전혀 다른 개념이다.

"사자를 차마 벌할 수 없으니 대신 마부를 베겠다"

관우는 무성武聖으로 추앙받고 신격화되어 관성제군關聖帝君으로 불린다. 그러나 사실 중국사 최초의 '무성'은 강태공이다. 당 숙종은 강태공을 '무성왕'武成王, 즉 무성武聖이라 추봉하고, 그를 모시고 제사를 지내는 사당도 '무성왕묘'로 바꿔 불렀다.

이 사당 안에는 다음과 같이 무성왕을 보좌하는 열 명의 장수가 있다. 진의 무안군武安君 백기, 한의 회음후淮陰侯 한신, 촉한의 대승상 제갈량, 당의 위국공衛國公 이정李靖, 당의 영국공英國公 이적李勣, 한의 태자소부太子少傅 장량, 오의 대장군 손무, 위의 서하수西河守 오기吳起, 연의 창국군 악의, 그리고 마지막 한 사람, 제의 대사마大司馬 전양저田穰苴다.

전씨 가문의 시조는 전완田完으로 진陣 나라의 군주였던 진려공陳勵公의 아들이다. 전완은 왕족이나 궁궐 암투에 말려들어 급히 제나라로 떠났으며, 전양저는 그의 방계 후손이다. 전완 일가는 대대로 제에서 벼슬을 하며 살았다.

제는 강태공의 영지였으므로 제의 국군은 모두 그의 후손들이다. 경공景公 시대에 들어 진晉과 연이 함께 군사를 일으켜 공격하자 제는 속절없이 당하기만 했다. 이때 상대부 안영이 골머리를 앓고 있는 경공에게 전씨 집안의 서자 전양저를 추천했다.

"양저는 비록 첩의 소생이나 문필에서 재능이 뛰어나 따르는 자가 많습니다. 병법으로도 조예도 깊어 충분히 적을 위협할 수 있으니 한 번 시험해 보시지요."

이에 경공이 전양저를 불러 이야기를 나눠 봤더니 과연 대단한 인재였다. 경공은 즉시 전양저를 대장군으로 임명한 다음 진과 연을 무찌르라고 명령했다.

전양저는 명령을 받들며 이렇게 말했다. "신은 원래 출신이 비천한데 전하께서 등용하시니 갑자기 신분이 여러 대신보다도 높아졌습니다. 장병들은 이런 제게 복종하지 않을 것이며 백성들도 저를 신뢰할리 없습니다. 자격이 부족한 사람은 위신을 세울 수 없는 법입니다. 바라옵건대 그동안 전하의 총애를 받고 모두에게 존경받는 신하를 보내어 군을 감독하게 하시옵소서. 그렇게 하면 신이 명을 수행하는 데 큰 도움이 되겠습니다."

경공은 이를 허락하고 장가莊賈를 감군監軍으로 보내기로 했다.

전양저는 장군이 내린 명령을 기록하는 영부令符를 받아 출정을 준비했다. 경공에게 출정 인사를 올린 전양저가 장가에게 말했다. "내일 정오에 군문에서 만납시다."

이튿날, 전양저는 먼저 군문에 도착해 시간을 재는 해시계와 물시계를 세워 놓고 장가가 오기를 기다렸다. 사실 장가는 이전부터 국군의 총애를 믿고 교만하기로 유명한 사람이었다. 그는 감군으로 나설 때에도 환송하러 온 사람들과 함께 낮까지 술을 마셨다.

전양저는 아무리 기다려도 장가가 오지 않자 해시계를 넘어뜨리고 물시계는 깨뜨려 전부 치웠다. 그리고 혼자 군영으로 들어가 순시하며 병사를 점검한 뒤에 자신이 만든 각종 규정과 군령을 선포했다. 장가는 이날 저녁이 다 되어서야 만취한 상태로 군문에 도착했다.

전양저가 "어찌하여 약속한 시각보다 늦었습니까?"라고 묻자 장가는 "친척과 친구들이 주는 송별주를 몇 잔 마시다 보니 그만 지체했소"라고 대꾸했다.

이 말을 들은 전양저는 정색했다. "군을 다스리는 장수로서 명을 받으면 그날로 가족을, 군법이 선포되면 사사로운 관계를, 북을 치고 돌격할 때는 생사를 잊어야 합니다. 지금 적의 대군이 국경까지 쳐들어왔으니 나라에는 소란이 일어나고, 전선의 장병들은 비바람을 피할 곳이 없으며, 국군께서는 편히 주무시지 못하고 수라를 드셔도 맛을 모르십니다. 나라와 백성의 안위가 모두 귀하에게 달려 있는데 어찌하여 송별주를 마실 수 있습니까?"

이어서 전양저는 군법을 관장하는 군정軍正을 돌아봤다. "군정은 말하라, 군법에 약속된 시간을 어겨 도착한 사람은 어떻게 처벌하라 되어 있는가?"

군정이 답했다. "참형에 처합니다."

장가는 그제야 덜컥 겁이 나 급히 사람을 보내 경공에게 도움을 요청했다. 그러나 멀리 있는 물로는 불을 끌 수 없는 법, 경공에게 일을 알리러 간 사람이 미처 돌아오기도 전에 장가는 군법에 따라 처형되었다. 전양저가 잘려 나간 장가의 머리를 들어 모두에게 보이자 삼군이 모두 놀라고 두려워했다.

한참 뒤에 경공이 보낸 사자가 장가의 사면령을 들고 왔다. 수레 하나가 쏜살같이 군영 안으로 들어오더니 사자가 내려 엄숙한 목소리로 명령을 읽었다. 전양저는 꿈쩍도 하지 않고 차갑게 말했다. "장수가 밖에 나가 있을 때는 군주의 명령도 받지 않소!"

이어서 그는 다시 군정을 향해 크게 소리쳤다. "군영 안에서는 수레를 몰고 함부로 달릴 수 없다. 군정은 말하라, 군법에 따르면 어떻게 해야 하는가?"

군정은 얼어붙은 표정으로 대답했다. "참형에 처합니다."

사자가 놀라서 혼비백산하자 전양저는 주위를 둘러보며 말했다. "아무리 그래도 국군의 사자인데 함부로 목을 벨 수야 없지."

사자는 안도의 한숨을 내쉬었지만 전양저가 이어서 말했다. "대신 사자의 마부를 베어 일벌백계하겠다!"

곧바로 전양저는 마부를 참수한 뒤, 수레의 왼쪽을 부수고 왼쪽에서 수레를 끄는 좌참마左驂馬까지 죽여 모두에게 보였다. 그런 후에 사자에게 처참한 꼴을 당한 수레를 끌고 경공에게 돌아가도록 한 뒤, 직접 군사를 이끌고 출정했다.

전양저는 행군하면서 병사들의 막사를 살피고, 우물을 파고, 땅에 솥을 묻어 밥을 짓고, 다치거나 병든 병사들에게 약을 주는 등 크고 작은 일들의 처리를 도맡았다. 그리고 장수에게 지급되는 보급품을 모두 풀어 병사들에게 나눠 주면서 늘 병사들과 같은 것을 먹었다. 또한 병사들의 건강을 자세히 살펴 병약한 병사들을 따로 쉬게 한 뒤 군대의 편제를 재정비해 전쟁을 준비하자, 그들은 앞다퉈 함께 전장으로 향하기를 원했다.

진晉 나라는 전양저가 호랑이, 늑대에 비견할 정도로 용맹한 군사들을 이끌고 왔다는 소식을 듣고 비밀리에 철군했다. 연나라는 전양저가 죽음을 두려워하지 않는 병사들을 거느렸다는 소문을 듣고 북쪽으로 후퇴할 계획을 세웠으나 황하를 건너는 과정에서 전양저의 군사들에게 맹렬한 추격을 받은 끝에 대패했다. 전양저는 이전에 제가 잃었던 영토를 모두 되찾아 도성으로 돌아왔다.

제의 대군은 무장을 해제하고도 도성의 외곽에 주둔했다. 경공은 신하들을 이끌고 직접 성 밖까지 나와 용사들을 맞이했으며 정해진 예에 따라 군사를 위로한 후에 궁으로 돌아갔다. 경공은 전양저를 만나 크게 칭찬하고 존중하며 대사마로 임명했다. 진陳에서 제로 피난 온 전씨 집안은 이때부터 나날이 더 고귀해지고 강성해졌다.

하지만 좋은 시절은 오래가지 못했다. 전양저의 권세를 시기하고 질투하는 귀족들이 그를 헐뜯기 시작한 것이다. 경공은 그 말에 넘어가 전양저를 좌천시켰고, 울분을 참지 못한 전양저는 화병으로 사망했다.

이후 전씨 집안은 전양저를 중상모략한 귀족들을 증오했다. 전양저의 친족인 전걸田乞도 그중 하나였다. 훗날 전걸의 후손인 전화田和 는 스스로 왕이 되어서 전국시대 '전씨의 제', 즉 전제를 건국했다.

적정선을 찾아 유연하게 대응한다면

전양저가 보여준 화술은 '규칙에서 벗어나기'다. 말을 하는 데 있어서도 엄격한 순서와 규정이 있으며, 이를 잘 따라야 말에 힘이 갖춰진다. 그러나 번역을 할 때 외국어를 충실하게 우리말로 옮기기보다는 적절하게 의역을 해야 할 때가 있듯이, 말에서도 상황에 맞춰 유연하게 '문법'을 조정해야 하는 때가 있다.

이러한 기법을 거스르는 기법은 얼핏 모순처럼 느껴지지만, 이것이 바로 '규칙에서 벗어나기'의 핵심이다. 규칙에서 벗어나기 위해서는 먼저 규칙이 확정되어야 한다. 이러한 전제가 마련되고 난 다음에야 구체적인 상황에 따라 유연하게 대처하며 세부적인 규칙을 조정할 수 있다. 규칙 없이 상황이 닥치는 대로 처리하는 방식은 능동적이고 유연한 것이 아니라 주먹구구식의 대응일 뿐이다.

이처럼 규칙을 조정할 때 중요한 점은 적정선을 찾는 것이다. 누군가는 적정선을 찾지 못할까 봐 처음부터 겁을 먹고 고지식한 태도를 고수한다. 말을 잘못해서 낭패를 보느니 아예 입을 다물겠다는 태도다. 그런가 하면 혹자는 스스로의 재치를 과시하며 적정선을 넉넉하게 잡는다. 이와 같은 경우 주관적인 어림셈이 객관적 규칙을 넘어설 때 큰 실수가 발생하게 된다.

전양저가 현명했던 부분은 법을 집행하기 전에 군정에게 군령이 어떻게 정해져 있는지, 즉 대전제를 먼저 물어본 데 있다. 전양저의 두 번째 법 집행을 떠올려 보자. 그는 엄격한 형벌로 다스림으로써 삼군에 모범을 보인다는 큰 방향은 그대로 두되 대신 죄를 받을 사람을 바꿨으며, 이어서 수레의 왼쪽을 부수고 좌참마까지 처형했다. 합리적인 적정선을 잘 잡은 임기응변이라 하겠다.

전양저는 강태공 이후 병법가의 계보를 잇는 인물로 꼽힌다. 특히 《사마양저병법》司馬穰苴兵法에 나온 그의 사상은 후세에 큰 영향을 미쳤다.

사나운 말에는 맞서지 말고 그 기세에 올라타라

《구오대사》舊五代史〈풍도전〉馮道傳에서 배운다

많은 격투기에는 상대방의 힘을 역이용해 맞받아치는 기술이 있다. 말하기에서도 함께 목청을 높여 다투지 않고, 상대방의 논리와 기세를 나에게 맞게 틀어 대화 상황을 부드럽게 장악하는 기술이 있다. 바로 '차력'借力으로 '타력'打力을 하는 것이다.

12인의 황제를 섬긴 자의 특별한 화술

묵묵히 맡은 바를 해내면서 오랫동안 한 곳에서 일하는 것은 정말이지 쉽지 않다. 천자가 바뀌면 신하도 모두 교체되기 마련인 옛날에는 말할 것도 없다. 만약 삼대에 걸쳐 벼슬을 한 사람이 눈앞에 있다면 절로 고개가 숙여질 것이다.

놀랍게도 중국 역사에 그런 인물이 있다. 그는 다섯 왕조를 거치며 황제 열두 명을 섬겼고, 그들 모두로부터 존경받아 장상將相, 삼공三公, 삼사三師 등 높은 벼슬을 두루 거쳤다. 바로 오대십국 시대의 풍도馮道다.

당시는 수많은 세력들이 뒤엉켜 싸우면서 70여 년 동안 왕조가 다섯 번이나 교체되고 십여 개국이 난립했던 혼란기였다. 당나라 말기에 양왕梁王 주온朱溫이 애제哀帝를 압박해 제위를 찬탈한 다음 후량後梁을 세웠다. 이후 후당後唐, 후진後晉, 후한後漢, 후주後周 등 다섯 왕조가 이어졌다. 이러한 '오대' 시대는 조광윤趙匡胤이 진교병변陳橋兵變을 일으켜 북송北宋을 세우면서 비로소 끝났다. 여기서 '십국'은 같은 시기에 중원 바깥 지역에 세워진 전촉前蜀, 후촉後蜀, 오吳, 남당南唐 등 열 곳 이상의 여러 나라를 합쳐 부르는 표현이다.

풍도는 당 말기 평범한 농부의 집안에서 태어났다. 형편이 넉넉하지는 않았지만 어려서부터 배우기를 좋아해 글을 잘 썼다. 겨울에 눈이 내리면 다 들이쳐 쌓일 정도로 허름한 집에 살았지만 개의치 않았으며, 부모님을 모시며 매일 끼니를 준비하고 시간이 나면 책을 읽으면서 자족했다.

풍도는 스물다섯 살이 될 때까지 유주 절도사 유수광劉守光 밑에서 잔심부름을 하며 지냈다. 같은 해에 주온이 나라를 찬탈해 후량을 세우면서 당이 멸망했다. 세상이 혼란스러워지자 유수광은 야심을 드러내며 자기 아버지까지 감금한 끝에 연왕燕王으로 봉해졌다. 이후 그는 자립해 대연국大燕國을 세우고 황제를 자칭했다.

유수광은 용상이 채 따뜻해지기도 전에 전쟁을 일으킬 준비를 했다. 이에 풍도는 함부로 전쟁을 벌이지 말 것을 간언했다가 옥에 갇혀 하마터면 목숨을 잃을 뻔했다. 이렇게 풍도는 첫 직장에서 '옳은 말이라도 가려서 할 것'이라는 중요한 교훈을 얻었다.

유수광은 당시 진왕晉王이자 훗날 후당을 건국한 장종莊宗 이존욱李

存勖에게 패하고 죽임을 당했다. 풍도는 다행히 친구의 도움으로 감옥에서 탈출해 진왕에게 의탁했다. 진왕은 풍도의 글재주를 알아보고 장서기掌書記로 임명했는데, 당시 장서기란 말단 관리에 가까운 종8품 문서 담당관이었다.

한편 이존욱에게는 곽숭도郭崇韜라는 청렴한 신하가 있었다. 곽숭도는 진왕 밑에서 하는 일도 없이 밥만 축내는 신하가 너무 많다는 상서를 올렸다. 그러자 진왕은 크게 화를 내며 풍도를 불러 즉각 포고문을 작성하게 했다. 풍도는 곽숭도가 이전의 자신처럼 좋은 뜻으로 말했으나 일이 꼬인 상황에 놓였음을 단박에 알아차렸다. 실제로 진왕의 문하에는 제대로 일하지 않는 사람이 적지 않았지만, 그렇다고 이렇게 대놓고 직언하는 것은 고난을 자초하는 일이었다. 이를 잘 알고 있는 풍도는 붓을 든 채 주저하며 차마 쓰지 못했다.

진왕이 거듭 재촉하자 풍도가 마침내 천천히 입을 열었다.

"전하께서는 이제 하남을 평정하고 천하를 다스리신 지 얼마 되지 않습니다. 또 곽숭도의 청은 그리 큰 허물이 아니라 무시하시면 그만이온데 이 일로 주위를 소란스럽게 할 필요가 있겠습니까? 혹여 적국에라도 알려지면 군주와 신하가 화목하지 못하다는 소리를 들을 수도 있으니 신망을 넓히는 방법이 아니옵니다."

이때 곽숭도도 진왕이 화를 냈다는 소식을 듣고는 적절한 시기를 살피다가 풍도가 중재하는 때를 놓치지 않고 궁에 들어가 죄를 빌었다.

일이 이렇게 잘 마무리되면서 세 사람 모두가 이득을 보았다. 진왕은 풍도가 담력과 식견이 있으며 무엇보다 동료를 위해 진언할 줄 아는 인재임을 알게 되었다. 곽숭도는 풍도 덕분에 화를 모면했고, 풍도는 이 일을 계기로 곽숭도라는 친구를 얻었다.

몇 년 후, 이존욱은 후당을 세우고 정식으로 황제 자리에 오르면서 풍도를 한림학사翰林學士에 임명했다. 그리고 다시 얼마 지나지 않아 풍도를 중서사인中書舍人을 거쳐 호부시랑戶部侍郎에 오르게 했는데, 호부시랑은 오늘날 행정안전부 장관에 해당하는 높은 직위다.

"부처도 아닌 오직 폐하만이 세상을 구할 수 있습니다"

그로부터 불과 4년 뒤인 926년, 이사원李嗣源이 이존욱을 죽이고 스스로 황제가 되었다. 풍도가 세 번째 섬기게 된 명종明宗 이사원은 적법한 절차에 따라 황위에 오르지는 않았으나 풍도만큼은 매우 아꼈다. 이듬해에 이사원은 풍도를 중서시랑과 동중서문하평장사同中書門下平章事에 임명해 재상의 지위로까지 올렸다.

929년 어느 날, 이사원이 풍도와 한담을 나누면서 최근 몇 년 동안 풍년이 들었고 사방이 평안하다며 우쭐대듯 말했다. 보통사람 같으면 때는 지금이다 싶어서 폐하께서 영명하신 덕이라느니 천자의 덕으로 천하가 상서롭다느니 아첨을 늘어놨을 것이다.

그러나 풍도는 한껏 기분이 좋은 명종에게 이렇게 말했다. "신이 선제 밑에서 장서기를 할 때 중산中山으로 출사를 떠난 일이 있었습니다. 신은 좁고 험한 산골짜기를 지날 때마다 말이 넘어질까 걱정되어 고삐를 늦추지 않았습니다. 그러다 평평하고 탁 트인 땅이 나오면 고삐를 놓아 말이 원하는 대로 달리도록 내버려 두었습니다. 그랬더니 산골짜기에서는 넘어지지 않았는데, 정작 평지를 지나면서 말에서 떨어져 하마터면 크게 다칠 뻔했습니다. 폐하, 신이 말씀드린 일은 사소하나 그 이치와 도리는 같습니다."

명종은 풍도의 말을 듣고는 연신 고개를 끄덕이며 물었다. "올해가 풍년인 만큼 백성의 먹을거리 또한 충분한가?"

"곡식이 비싸면 농부가 굶주리고, 곡식이 싸면 농부가 힘들어집니다. 흉년이 들면 곡식이 비싸지니 농부가 먹기를 꺼려 굶주릴 것입니다. 그러하니 풍년이든 흉년이든 백성은 늘 힘이 듭니다. 폐하, 이런 시가 있습니다. '2월에는 이제 나올 비단을 미리 팔고, 5월이면 새 곡식으로 빚을 내네. 눈앞의 종기야 고쳐지겠지만 심장의 살을 도려내는 것이라.' 비록 말이 저속하지만 피폐한 농가의 삶을 애달파하는 마음이 담겨 있습니다."

이 말을 들은 명종은 크게 감동해 풍도가 인용한 섭이중聶夷中의 〈상전가〉傷田家를 필사하라 명령하고, 이를 자주 보며 반성하곤 했다.

명종은 괜찮은 지도자였으나 시국이 혼란스럽고 변화가 잦아 재위한 지 몇 년 지나지 않아 세상을 떠났다. 이후 후당은 4년도 채 안 되는 시간에 다시 두 명의 황제를 거쳤다. 이어서 천평군天平軍 절도사였던 석경당石敬瑭이 거란을 끌어들여 후당을 멸망시키고 후진을 건립했다. 그가 바로 자신보다 열 살이나 어린 거란의 군주 야율덕광耶律德光을 아버지라고 부른 '아들 황제'다. 풍도는 후진에서도 여전히 중용되어 벼슬이 재상에까지 이르렀다.

다시 10년 후인 947년, 거란족이 세운 나라인 요遼의 태종太宗 야율덕광이 후진을 멸망시키고 중원으로 들어왔다. 이렇게 해서 풍도는 여덟 번째 황제를 섬기게 되었다. 이때 야율덕광은 이미 개봉을 점령했으며, 나아가 중원 전체를 토벌해 한족을 말살하고자 했으니 한바탕 피바람이 불기 직전이었다.

이에 풍도는 적극적으로 나서서 태종을 알현했다. 태종은 거만한 태도로 거리낌 없이 물었다. "천하의 백성을 어떻게 구할 수 있겠는가?" 백성을 구하는 방법을 묻는 것이 아니라 거꾸로 '백성들의 목숨이 모두 내 손안에 있으니 모든 일이 내 뜻대로 될 것이다'라는 의미가 내포된 말이었다.

풍도는 이렇게 답했다. "설령 지금 부처가 온다 해도 방법이 없습니다. 오직 폐하만이 천하의 백성을 구할 수 있습니다."

태종은 풍도의 대답에 만족하며 중원을 초토화시키려는 계획을 접었다. 중국 역사상 이민족이 남하하면 백성은 늘 무참하게 도륙당하는 신세를 면치 못했다. 그러나 이때만큼은 풍도의 한마디 덕분에 수많은 백성이 목숨을 지킬 수 있었다.

이후에도 풍도는 후한과 후주 두 왕조에서 네 황제를 더 섬기다가 954년에 세상을 떠났다. 평생 다섯 왕조를 거치며 열두 명의 황제를 섬겼으니 '육위제황환'六位帝皇丸(당唐 중종中宗을 가리키는 말로, 본인을 비롯해 아버지, 어머니, 형, 아들, 조카까지 한 집안의 여섯 명이 모두 황제였음을 의미한다)이 아니라 그 두 배인 '십이위제황환'이라고 불러야 하겠다.

기세를 빌려 새로운 힘을 실어넣어라

열두 명의 황제를 섬긴 풍도가 자주 사용했던 화술이 바로 '상대의 말 역이용하기'다. 태극권과 같은 무술에서 쉽게 볼 수 있는 '차력타력'이라는 기술을 말하기에 적용한 것이라고 할 수 있는데, 이 화술을 제대로 사용하기 위해서는 다음 두 가지에 유의해야 한다.

첫째, 차력타력을 흐름에 순응하는 기술 정도로만 이해하는 경우가 많지만, 사실은 밀어내는 어떤 힘을 빌려 그 위에 밀어내는 또 다른 힘을 만들어내는 것이다.

둘째, 차력타력은 힘을 빌리는 데 그치지 않고 힘의 방향을 바꾸는 기술이다. 다시 말해 힘을 쓸 때의 방향이 빌린 힘의 방향과 일치하지 않을 수도 있다.

풍도는 자신이 말을 타고 출사했던 이야기에 올라타 태평성세일수록 더 열심히 나라를 다스려야 한다고 간언했고, 짧은 시구를 빌려 농민들의 고된 삶을 이야기했으며, 부처의 권위를 침략자의 위신에 보탬으로써 중원의 무수한 생명을 살펴 달라고 호소했다.

풍도가 여러 왕조를 거치며 성공을 거듭한 까닭은 단지 화술이 좋아서가 아니라 그 말솜씨 뒤에 깊은 지혜가 있었기 때문이다. 풍도는 자신이 쓴 시 〈우작〉偶作의 마지막 구절인 "마음속에 온갖 악이 없게끔 해야 하니, 맹수 무리 속에서도 몸을 세울 수 있으리"를 평생 새기며 살았다. 그는 오랫동안 높은 지위를 유지했지만, 세상을 떠날 때까지 검소함을 지켰다. 왕조가 자주 바뀌는 불안한 정국에서도 흔들리지 않고 묵묵히 일했으며 품위를 지키고자 항상 스스로를 단속했다.

풍도는 송 왕조가 들어선 이후부터는 지조가 없다는 이유로 혹독한 비판을 받았다. 예를 들어 구양수는 풍도를 두고 "염치를 모른다"고 비난했고 심지어 사마광은 '파렴치한 사람'이라고까지 평가했다. 이외에도 많은 사람이 풍도를 여포에 빗대 아비가 셋인 종놈, 즉 '삼성가노'三姓家奴로 취급했다.

그가 군자였는지 아니면 처세의 달인이었는지에 대해서는 평가가 엇갈릴 수 있지만, 내내 나라의 기둥이었던 것만은 분명하다. 송 시기 문인인 소식蘇軾은 풍도가 자신의 비범한 능력으로 백성의 목숨을 지켜냈다면서 '보살'이라고 불렀고, 왕안석은 '부처의 자리에 오른 사람'이라고 평가하기도 했다.

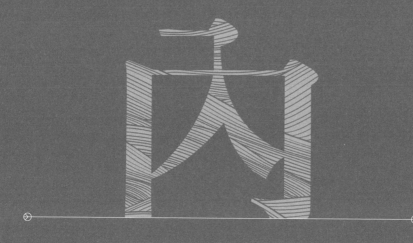

제6장

대화는 서로의 마음을
헤아리는 데에서 시작한다

솔직하게 말하는 데에도 기술이 필요하다

《사기》〈자객열전〉刺客列傳 에서 배운다

직설적으로 말하는 것과 진솔하게 말하는 것은 다르다. 진심을 담은 말은
그에 응하든 응하지 않든 상대방으로 하여금 진지하게 반응할 것을 강제
한다. 진솔한 말에는 정성과 진심이 담겨 있기 때문이다. 그래서 진솔한
말이 오가기 위해서는 화자와 청자 모두에게 많은 준비가 필요하다.

"대의를 이루기 위해 당신의 목이 필요합니다"

한유韓愈가 〈송동소남서〉送董邵南序에서 읊은 '연조 지방에는 예로
부터 비분강개하며 슬피 노래하는 선비가 많았다'는 구절은 자객 형
가荊軻를 가리킨다. 중국사에서 가장 유명한 협객을 꼽으라면 '형가자
진'荊軻刺秦, 즉 진秦의 왕을 암살하려 했던 사연으로 역사에 이름을 남
긴 형가를 들 수 있다.

대의를 위해 기꺼이 죽음을 택한 이 협객에게는 무공뿐만 아니라 알
려지지 않은 재주가 또 있었다. 그 스스로도 '바람은 쓸쓸히 불고 역수
는 차구나, 장사가 한 번 떠나면 돌아오지 못하리'로 시작하는 〈역수

가〉易水歌를 남겼을 만큼 글과 말에도 뛰어났다. 사실 형가는 명성만큼 자객으로서의 능력 자체는 그리 뛰어난 편이 아니었다. 오히려 기록을 살펴보면 무공보다는 재치와 말솜씨가 두드러진 사람이었다.

또한 형가는 여느 자객처럼 매섭고 철저하다기보다는 자유분방한 성정을 가지고 있었다. 한번은 형가가 어떤 사람과의 약속을 그다지 중요하게 생각하지 않고 몸에 묻은 먼지를 툭툭 털고는 그대로 자리를 뜬 적이 있었다. 상대방이 이를 꾸짖었으나 형가는 조금도 마음에 담아두지 않았다고 한다. 그가 교류한 사람 중에는 개백정이나 기예를 팔아서 먹고사는 예인들도 있었고, 그들과 종일 술 마시며 어울리는 나날로 세월을 보내기도 했다.

한편으로 그가 영정嬴政(진시황이 황제에 즉위하기 전 이름)을 암살하기 위해 함양궁咸陽宮을 찾았을 때를 보면 새로운 면모를 찾을 수 있다. 같이 간 진무양秦舞陽이 두려움에 벌벌 떠는 바람에 주목을 끌었으나 형가는 별일 아니라는 듯이 "북방의 야만인들이 천자를 본 적이 없어 떠는 것이니 전하께서는 개의치 마십시오"라고 둘러대며 발 빠르게 상황을 수습했다. 조금만 살펴보면 벼슬을 하지 않았을 뿐 형가가 마냥 방탕하게만 살았던 건달은 아니었음을 쉽게 알 수 있다.

또한 그에 대해 다음과 같이 묘사한 기록도 있다. "그 사람됨이 무겁고 책을 깊이 좋아했다. 여러 제후국을 주유하며 어질고 뛰어난 사람, 덕망이 높은 사람들과 어울렸다." 종합하자면 형가는 책을 두루 읽었고, 배짱이 있으며 사교성도 좋아 여러 곳을 다니며 신분을 가리지 않고 교류하면서 이야기를 끊임없이 만들어내던 인물이었다.

형가는 연나라에서도 태자 단丹이 신뢰하는 노신 전광田光의 추천을 받을 정도로 인맥이 두터웠다. 형가는 진왕 영정을 죽이러 가기 전에 태자 단에게 두 가지를 요구했다. 하나는 진이 탐내는 땅인 독항督亢의 지도로, 땅을 바치러 왔다는 핑계를 대서 진왕에게 접근하기 위해서였다. 다른 하나는 진에서 연으로 망명한 장군 번우기樊于期의 머리였다.

지도야 준비가 어렵지 않으나 문제는 번우기의 머리였다. 멀쩡히 살아 있는 사람의 머리를 가져갈 수도 없는 노릇이고, 그렇다고 나라의 이익을 위한답시고 나라에 몸을 의탁한 사람을 죽이라고 허락할 수도 없었다.

번우기는 원래 진의 대장군으로 줄곧 진왕 영정의 동생에게 충성했다. 그는 여불위呂不韋가 선왕에게 자기 첩을 바쳐 나라를 훔쳤다고 여겼고, 따라서 그 첩의 소생인 영정 또한 선왕의 혈육일 리 없다고 확신했다. 영정 역시 자신을 싫어하는 번우기에게 앙심을 품고 있었지만, 그동안 세운 공이 워낙 컸기에 딱히 손을 쓰지는 않았다.

몇 년 후, 번우기는 조의 명장 이목에게 대패해 진에 큰 피해를 안겼다. 묵은 빚과 새 빚은 같이 해결되는 법이다. 번우기는 자신이 돌아가면 죽음을 피할 수 없음을 알고 연으로 망명했고, 태자 단이 그를 받아들였다. 이를 안 영정은 번우기가 진에 남겨둔 부모를 비롯해 그 씨족을 모두 죽이고 현상금으로 번우기의 목에 금 천 근에 만 호의 봉지를 내걸었다.

따라서 번우기의 머리는 진나라 왕실의 문을 열 수 있는 열쇠였다. 적어도 그의 머리를 들고 가는 정도의 성의를 보여야 영정이 화친을 청하는 연의 진심을 믿을 것이다. 하지만 태자 단은 인의를 중요하게 생각하는 사람이기에 형가의 두 번째 요구를 거절했다. "번우기 장군은 궁핍한 신세로 나를 찾아와 의지했는데, 내 이기심으로 그를 해칠 수는 없소."

그러자 형가는 보통사람이라면 짐작도 못 하고, 짐작하더라도 감히 실행할 수 없는 일을 시도했다. 그는 태자 단을 설득하는 것이 불가능함을 알고 그 자리에서 아무 말도 하지 않았다. 대신 형가는 그 길로 번우기의 집으로 가서 짧게 몇 마디를 건넸고, 번우기는 그 자리에서 스스로 목숨을 끊었다.

두 사람이 만난 자리에서 형가는 곧장 본론으로 들어갔다. "진왕은 장군의 부모와 씨족을 모두 살해했습니다. 지금 장군의 머리에는 금 천 근과 만 호의 봉지가 현상금으로 걸려 있지요. 이제 어찌하실 생각입니까?"

번우기는 하늘을 올려다보며 통곡했다. "그동안 뼈에 사무칠 정도로 고통스러웠는데 대체 어떻게 해야 복수할 수 있을지 모르겠소."

"제가 오늘 방법을 하나 가져왔습니다. 연의 우환을 해결하고, 장군의 복수도 도울 수 있는데 한번 들어보시겠습니까?"

어서 말해 보라는 번우기의 재촉에 형가가 입을 열었다.

"장군의 머리를 가져가 진왕에게 바치려고 합니다. 그러면 진왕은 분명히 저를 기쁘게 맞이할 것입니다. 그때 제가 왼손으로 그의 소매를 잡고 오른손으로는 비수를 들어 그의 가슴을 찌르면 장군의 원수를 갚고 연의 굴욕을 씻을 수 있습니다. 장군의 의견은 어떠십니까?"

이 말을 들은 번우기는 며칠을 밤낮으로 고민했어도 해결할 수 없었던 일에 드디어 희망이 보인다고 생각했다. 그리고 두말하지 않고 보검을 뽑아 스스로 목을 베었다.

　태자 단이 반대하는 상황에서 형가는 세 번의 말로 번우기가 제 손으로 머리를 바치도록 했다. 이 선뜻 믿기 힘든 일은 형가가 번우기의 사연과 성격을 잘 알고 있었기에 가능했다. 번우기는 진왕 영정에게 뼈에 새길 정도로 깊은 원한을 품고 있었고 언제나 복수를 열망했다. 또 연에 의탁한 뒤로는 태자 단의 보호 아래 벼슬까지 했으니 목숨도 구하고 대접까지 받는 은혜를 입은 셈이었다. 번우기는 분명히 은혜를 아는 사람이고, 그의 성격상 이를 반드시 갚고자 했다. 이런 이유로 형가는 번우기를 만나자마자 바로 본론으로 들어가서 먼저 복수할 방법이 있는지를 물은 다음 자신의 계획을 솔직하게 털어 놓았다.

　번우기는 자신의 죽음이 형가가 세운 계획의 핵심이자 복수와 보은을 함께 갚을 수 있는 길이라는 것을 깨달았다. '나 하나만 죽으면 염원을 실현할 수 있는 동시에 태자 단의 은혜에 보답할 수 있다!' 이런 점에서 번우기의 자결은 전혀 의외의 일이라고 할 수 없다.

진심으로 다가갈 때 상대도 응답한다

　번우기를 설득할 때 형가가 사용한 화술은 '속말 털어놓기'다. 속내를 밝히는 정도는 누구나 할 수 있는 것이기에 특별한 기술이 아니라고 생각할 수도 있다. 그러나 대부분의 사람은 솔직하게 털어놓는 것을 매우 버거워한다. 속말을 털어놓기 위해서는 반드시 다음과 같은 요령이 필요하기 때문이다.

첫째, 조금도 감추는 것이 없이 진정성을 담아 말해야 한다. 형가는 번우기에게 단도직입적으로 '나는 당신의 머리가 필요하다, 당신의 복수를 이루기 위해서도 당신의 머리가 필요하다'고 말했다.

둘째, 적당한 때를 살펴야 한다. 형가는 번우기가 진왕에 대한 원한이 뼈에 사무쳤음에도 복수할 방법을 찾지 못해 무력감을 느낄 때를 놓치지 않고 해결책을 제시했다.

셋째, 충분한 신뢰가 필요하다. 형가와 번우기는 모두 먼 타국에서 왔고, 연에서 태자 단의 신임을 받았으며 서로를 잘 알고 있었다. 번우기는 형가가 진왕을 암살하러 가면 성공 여부와 상관없이 죽을 것이라는 사실을 잘 알고 있었다. 두 사람 모두 의를 위해 목숨을 버리는 심정이었으니 다른 말은 더 할 필요도 없었다. 죽음을 향해 가는 두 사람은 이미 마음이 통했다.

형가는 번우기와 마주하고서는 진왕을 암살할 계획을 구체적으로 설명했다. 왼손으로 붙잡고 오른손으로 찔러 죽이겠다면서 생생하게 암살하는 모습을 묘사했다. 형가가 동작 하나하나를 어떻게 보여줬을지 충분히 상상할 수 있는데 이를 전문 용어로 '재현'이라고 한다. 이때 번우기는 영정이 형가 앞에서 쓰러져 죽는 모습을, 자신의 복수가 실현되는 순간을 목격했다. 형가의 짧고 정교한 말이 번우기가 결단을 내릴 수 있도록 이끈 것이다.

차마 밝히지 못한
당신의 지옥을 들여다본다

《사기》〈경포열전〉黥布列傳에서 배운다

우리는 전하고자 하는 의미를 차마 먼저 꺼내지 못해 말과 말 사이에 묻어 놓으면서도, 한편으로는 상대방이 그것을 알아채주기를 바란다. 이러한 태도를 마냥 수동적이라거나 이중적이라고 비판할 수만은 없다. 누구에게나 쉽게 이해받지 못할 자신만의 지옥이 있기 때문이다. 그래서 어떤 대화는 깊이 숨겨 놓은 서로의 심연을 이해하는 과정이기도 하다.

"저들은 사방이 적인데 무엇을 주저하십니까"

기원전 206년, 초 패왕 항우가 천하를 나눠 제후를 봉하며 영포를 구강왕九江王으로 봉하고 여강군廬江郡과 구강군九江郡을 다스리도록 명했다.

영포는 진 말기 반란군 출신으로 경포黥布로도 불리는데, 장년에 이르러 국법을 어겼다는 이유로 얼굴에 문신을 새기는 경형을 당했기 때문이다. 영포는 항량項梁에게 의탁했다가 그가 죽은 뒤에는 그의 조카인 항우 밑으로 들어가 구강왕으로 봉해졌다.

기원전 206년 4월, 항우는 초 회왕을 의제義帝로 옹립하고 수도를 장사長沙로 옮기고서 비밀리에 영포에게 의제를 암살하라고 명령했다. 그해 8월, 영포는 장수를 보내 의제를 습격하고 침현郴縣까지 쫓아가 죽였다.

기원전 205년 초한전쟁이 한창일 때, 항우는 배반한 제나라를 공격하고자 영포에게 소집령을 내렸다. 그런데 뜻밖에도 영포는 중병에 걸렸다는 이유로 겨우 몇 천의 군사만 보냈다. 나중에 팽성에서 초군이 한군에 대패했을 때에도 영포는 병을 핑계로 나서지 않았다. 항우는 몇 번이나 사람을 보내 꾸짖으면서 당장 오라고 불렀지만 그럴수록 영포는 더욱 두려워하며 감히 항우를 만나러 갈 엄두를 내지 못했다.

기원전 204년, 한군이 팽성에서 다시 초군과 맞붙어 격전을 벌였다. 이번에는 유방이 대패하고 우현虞縣으로 후퇴했다. 속이 상한 유방이 신하들을 모아놓고 말했다. "너희 같은 자들은 나와 함께 천하의 대업을 이룩할 자격이 없다!"

이에 알자謁者(왕 가까이에서 시중을 드는 사람) 수하隨何가 "전하께서 내리신 말뜻을 모르겠나이다"라고 답하자 유방은 이렇게 말했다. "누군가 회남으로 가서 구강왕 영포가 항우를 배반하도록 설득해 몇 달만이라도 초군을 붙잡아 놓는다면 내가 천하를 취하기가 얼마나 쉽겠는가."

이 말을 듣자마자 수하는 유방에게 자신을 회남으로 보낼 것을 청했고, 유방은 크게 기뻐하며 수행원을 스무 명 정도 붙여 즉시 출발하게 했다. 하지만 수하 일행은 구강국의 수도인 육현六縣에 도착하고도 왕의 수라를 주관하는 태재太宰를 겨우 만났을 뿐, 사흘이 지나도록 영포를 보지 못했다.

조급해진 수하가 태재를 재촉했다. "그대의 대왕께서 나를 거부함은 우리 전하께서 약소하다고 여기기 때문일 것이오. 하지만 내가 가져온 계획을 접하신다면 바로 원하던 것을 들었다고 하시리라 믿소. 만약 듣고도 마음에 들지 않는다면 스무 명이 넘는 우리 일행을 광장에서 모조리 죽여 항우에게 충성심을 보일 수 있는데 어찌 하지 않으시는 게요?"

영포는 태재로부터 이 말을 전해 듣고 마침내 수하를 만나겠다고 전했다. 영포를 만난 수하는 넌지시 말을 건넸다. "저희 한왕께서 편지를 전하께 바치라 분부하셨습니다. 신이 보건대 전하께서는 어찌하여 항우와 그리 가까이 지내시는지 참으로 의아합니다."

영포가 "과인은 초왕을 신하의 신분으로 섬기고 있네"라고 이르자, 수하는 이렇게 답했다.

"다 같은 제후임에도 전하께서 스스로를 신하라고 여기시는 까닭은 항우의 기세가 강해 나라의 흥망성쇠를 맡길 만하다고 여기셨기 때문이겠지요. 그렇다면 항우가 제를 정벌할 때 응당 대군을 이끌고 선봉에 섰어야 옳을 터인데 어찌하여 4,000명만 보내셨습니까?

또 이전에 우리 한의 군사가 팽성에서 초군과 밤낮으로 싸울 때에도 전하께서는 반드시 출병해 저희를 공격하셨어야 했습니다. 그런데 이곳 회남에서 강을 건너간 사람이 단 한 명도 없으니 이야말로 강 건너 불구경이 아니겠습니까. 전하께서 말로는 초의 신하라 하셨으나 사실은 오직 자신의 실력만 믿으시는 것이 아닐는지요?

신이 짐작하건대 전하께서 지금까지 항우에게 등을 돌리지 않는 까닭은 초는 강성하나 한은 그렇지 못하다고 여기시기 때문일 것입니다.

그러나 초는 강성할지언정 의롭지 않습니다. 항우가 전하께 회왕을 죽이도록 시킨 일만 보아도 그렇습니다. 항우는 몇 차례 승전고를 울리더니 나라가 강성하다고 자부하지만 실은 그렇지도 않습니다. 반면에 한왕께서는 곡식을 사천四川 분지에 꾸준히 보급하면서 요새를 굳게 지키고 있습니다. 아무리 항우라도 우리를 쉽게 무너뜨리지는 못할 것입니다. 초의 군사가 한의 땅으로 천 리 가까이 들어가야 하는데 이 정도면 중간에 물리기도 쉽지 않습니다.

설령 항우가 한을 멸망시킨다고 해도 다른 제후들이 초가 더 크도록 내버려 두겠습니까? 항우는 필시 천하의 제후들이 서로 연합하도록 만들 것이니 따지고 보면 한왕께서 항우보다 훨씬 강한 형국입니다. 그럼에도 전하께서는 아무 문제도 없는 한과 화의를 맺지 않고 위급한 처지에 놓인 항우에게 목숨을 맡기시려 하고 있습니다.

전하의 군사로 초군을 섬멸하기는 버거울지 몰라도 몇 달 동안 견제하기에는 충분합니다. 전하께서 군사를 일으켜 항우에게 등을 돌리면 틀림없이 저희 한왕께서 천하를 취할 것입니다. 전하, 보검을 들고 한왕께 귀순하시옵소서. 때가 되면 한왕께서는 반드시 땅을 나눠 제후로 봉하고 이 회남을 여전히 맡길 것입니다. 이것이 한왕께서 제게 전하라 명하신 계책이옵니다."

영포는 수하의 말을 듣고는 즉각 "그대의 뜻에 따르겠소!"라고 말했다. 그는 초를 버리고 한에 귀속되겠다고 은밀히 약속했으며 이 비밀을 다른 사람에게 누설하지 않았다.

한편 항우가 보낸 사신도 역관에 도착해 "군사를 일으켜 한을 공격하라!"라는 항우의 말을 전달하려고 애쓰고 있었다. 수하는 적당한 시기를 기다리다가 역관으로 들어가서는 사신의 상석에 앉아 크게 소리 쳤다. "구강왕은 이미 한왕에게 의탁했는데 초왕은 어찌하여 그에게 출병하라 하는가?"

이 말을 들은 사신이 자리에서 벌떡 일어나 나가려 하자 수하가 영 포에게 물었다. "또 무엇을 주저하십니까? 어서 사신을 참해야 하지 않 겠습니까? 이제는 초를 배반하고 한과 힘을 합쳐 싸우실 수밖에 없습 니다."

영포는 수하의 의견에 따르지 않을 수 없어 즉각 초의 사신을 죽이 고 출병해 초를 공격했다.

말하지 않아도 가려운 곳을 찾아 긁어 준다면

수하가 영포를 설득하는 과정에서 보여준 화술이 바로 '상대가 원하 는 것을 알아채기'다. 이 화술은 마치 의사가 깊은 환부를 도려내듯 대 화에서 상대방이 진정으로 걱정하는 문제를 찾아내고 그에 대한 해결 책을 제시해주는 방식이다.

이 화술에서 화자가 해결하는 문제는 상대방이 직접 입으로 말하지 않은, 심지어 그가 의도적으로 숨긴 고충이다. 다시 말해 상대방은 결 코 화자에게 먼저 자신의 고충을 털어놓고 조언을 구하지 않는다. 따 라서 화자는 오직 자신의 통찰력과 추리만으로 상대방의 고충을 발견 하고 해결해야 한다.

영포는 자신이 항우를 신하로서 섬기고 있다고 말했지만, 수하는 이 말이 진심이 아님을 알아차렸다. 영포가 진심을 숨기는 이유는 충분히 이해할 만하다. 그는 아직 기반이 완전하게 다져지지 않은 불안정한 상황에 놓여 있었고, 이를 들키면 상황은 더욱 흔들릴 수 있기에 외부인들 앞에서 안정감을 보이려고 애를 쓰고 있었다.

수하는 이런 영포의 속내를 꿰뚫어 보았을 뿐만 아니라 그의 처지를 바꿀 수 있는 해결 방안까지 내놓았다. 나아가 항우가 보낸 사신 앞에서는 아예 '이미 엎질러진 물'이라는 식으로 영포를 압박해 '순순히 따르도록' 만들었다.

배신당한 항우는 군사를 일으켜 영포와 결전을 치렀고, 전쟁에서 패한 영포는 남은 군사를 이끌고 유방을 찾았다. 마침 발을 씻고 있던 유방은 영포를 처소로 불렀는데 영포는 발을 씻으며 자신을 맞는 유방을 보고는 모욕감을 느껴 스스로 목숨을 끊으려고 했다. 그러나 유방이 마련해 준 처소로 돌아와 보니 장막, 식기, 음식, 시종들이 모두 유방만큼 호화롭게 준비되어 있어 반색했다.

기원전 203년, 유방은 영포를 회남왕으로 봉했다. 이듬해 영포는 유방의 요청에 응해 해하垓下 전투에서 한군과 함께 항우를 격파했다. 항우는 오강烏江에서 스스로 목숨을 끊었다.

상대가 개인지 늑대인지 모르겠다면 먼저 늑대가 되어라

《사기》〈염파인상여열전 廉頗藺相如列傳 에서 배운다

서로의 속내를 뻔히 알면서도 시원하게 털어놓지 못해 이야기가 겉돌게
되는 경험을 한번쯤 겪었을 것이다. 먼저 속내를 밝히는 쪽이 불리해지는
상황에서 어떻게든 대화의 핵심으로 다가가는 것은 결코 쉽지 않은 일이
다. 그러나 창호지를 뚫듯 부드럽게 그러나 확실하게 대화를 꿰뚫는 방법
이 없는 것은 아니다.

"약자가 강자를 거역하는 경우는 없으니 약속을 지키십시오"

기원전 283년, 조 혜문왕趙 惠文王은 앉지도 서지도 못할 정도로 고
민에 빠졌다. 진 소양왕秦 昭襄王이 사신을 보내 "성 열다섯 개를 내어
주고 화씨벽和氏璧과 바꾸려 하니 허락하기 바란다"라고 전했기 때문
이다.

혜문왕은 사실 화씨벽을 대수롭지 않게 여기고 있었는데 저쪽에서
먼저 성을 열다섯 개나 가져와 바꾸겠다고 하니 그제야 큰 보물이라는
생각이 들었다. 보아하니 화씨벽의 진짜 가치는 성 열다섯 개보다 훨
씬 높을 것 같았다.

혜문왕에게는 세 가지 고민이 있었다. 우선 화씨벽을 줄지 말지부터 결정해야 했다. 또한 거래에 응하든 응하지 않든 진을 찾아 자신의 결정을 알릴 인재도 찾아야 했다. 나아가 이전에도 진이 약속을 지키지 않았다는 문제를 해결해야 했다. 주자니 보물만 뺏길 것 같아 걱정이고, 안 주자니 체면을 구겼다는 구실로 진이 쳐들어올까 봐 두려웠다.

그때 누군가가 식견이 탁월한 인물이 있다며 인상여藺相如를 추천했다. 혜문왕은 즉각 그를 불러 방법을 의견을 물었다. 이야기를 들은 인상여는 단호하게 답했다. "진은 강하고 조는 약하니 응하지 않으면 안 됩니다."

혜문왕이 다시 물었다. "만약 화씨벽을 보냈는데 진이 보물만 취하고 성을 내주지 않으면 어떻게 해야 하는가?"

인상여는 이렇게 답했다. "진이 성 열다섯 개와 맞바꾸겠다고 한 것으로 보아 화씨벽의 가치는 그보다 훨씬 높을 것입니다. 만약 제안에 응하지 않으면 잘못은 우리 조에게 돌아갑니다. 하지만 전하께서 화씨벽을 보냈는데 진이 성을 내주지 않는다면 잘못은 약속을 지키지 않은 진에게 넘어갑니다. 차라리 진이 속임수를 쓰든 말든 우리는 일단 제안에 응하고 나중에 진이 그 잘못을 떠안게 하는 편이 낫습니다."

혜문왕은 이 말에 일리가 있다고 여기며 말했다. "그러면 자네가 진에 다녀오게. 만약 진이 약속을 지키지 않는다면 어떻게 할 생각인가?"

인상여는 대답했다. "진이 성을 넘겨주면 화씨벽을 진에 두고 오고, 그렇지 않으면 신이 반드시 화씨벽을 가지고 돌아오겠습니다."

인상여가 진의 수도인 함양에 도착하자 의기양양해진 소양왕이 별궁에서 그를 맞이했다. 인상여가 화씨벽을 바치자 소양왕은 손에 들고 이리저리 살펴보며 매우 기뻐했다. 그리고는 좌우의 처첩과 신하들에게 넘겨 모두가 돌려보면서 구경하게 했다. 신하들은 모두 질세라 축하의 말을 건넸다.

그동안 인상여는 조당에 선 채로 한참을 기다렸으나 소양왕은 약속했던 성에 관한 이야기는 입도 뻥긋하지 않았다. 사실 인상여도 소양왕이 애초부터 성을 내어줄 생각이 없었음을 잘 알고 있었다. 인상여는 소양왕에 다가가 "이 구슬은 이를 데 없이 귀한 보물이나 사실 아주 작은 흠집이 하나 있습니다. 잘 보이지 않으니 신이 전하께 보이겠나이다"라고 말했다.

소양왕은 이 말을 곧이듣고 시종에게 명해 화씨벽을 인상여에게 건넸다. 인상여는 화씨벽을 받자마자 몇 걸음 뒤로 물러나더니 큰 기둥에 기댄 채 눈을 부릅뜨고 말했다. "전하께서 먼저 사신을 보내어 성 열다섯 개와 화씨벽을 바꾸고 싶다고 하셨습니다. 이에 우리 조에서는 성의를 보여 신에게 화씨벽을 들려 보냈는데 전하께는 약속을 지킬 성의가 전혀 없는 것 같습니다. 지금 화씨벽은 제 손안에 있습니다. 만약 강제로 빼앗으려고 하신다면 차라리 제 머리와 화씨벽을 이 기둥에 내던져 함께 박살내겠습니다!"

그렇게 말하면서 인상여는 화씨벽을 들고 당장이라도 기둥에 던지려는 시늉을 했다. 소양왕은 인상여가 정말로 화씨벽을 깨뜨릴까 봐 두려워 다급히 사과하며 진정시켰다. "오해하지 말게, 과인이 언제 안 준다고 했는가?"

소양왕은 지도를 꺼내 인상여에게 화씨벽과 맞바꿀 성 열다섯 개를 짚어가며 보여줬다. 인상여는 절대 속아 넘어가지 않으리라 다짐하면서 말했다. "저희 국군께서는 화씨벽을 진으로 보내기 전에 닷새 동안 재계하시고 조당에서 성대한 의식을 거행하셨습니다. 마찬가지로 전하께서도 닷새 동안 재계한 뒤 화씨벽을 받는 의식을 치르셔야 비로소 바칠 수 있겠습니다."

인상여의 의도는 일종의 시간 끌기였다. 소양왕 또한 그것을 모르는 바 아니었지만 '네가 어디로 도망갈 수 있겠느냐'고 여겨 승낙했다. 숙소로 돌아온 그는 수행한 시종을 은밀히 불러서 화씨벽을 건넨 다음 장사꾼으로 변장해 몰래 귀국하라고 지시했다.

닷새가 지난 후 소양왕은 인상여가 화씨벽을 내놓지 못하자 크게 화를 냈다. 하지만 인상여는 꿈쩍도 하지 않고 담담하게 말했다. "전하께서는 고정하시고 신이 아뢰는 말씀을 들어 주십시오. 진은 강성하고 조는 약소함을 천하의 제후들이 다 알고 있습니다. 오직 강성한 나라만이 약소한 나라를 괴롭힐 뿐, 약소한 나라가 강성한 나라를 괴롭히는 법은 없습니다. 전하께서 진심으로 화씨벽을 원하신다면 먼저 열다섯 성을 조에 넘겨주십시오. 그런 후에 사신을 신과 함께 조에 보내 화씨벽을 가져오게 하시면 됩니다. 성을 열다섯 개나 얻고 나면 조는 화씨벽을 내줄 수밖에 없을 것입니다."

화씨벽을 안고 진왕 앞에 섰을 때부터 이미 죽음을 각오했기에 보일 수 있는 기개였다. 소양왕은 인상여의 말을 듣고 얼굴을 더 붉힐 수 없어 다만 이렇게 말했다. "한낱 옥 조각 하나일 뿐인데 이런 일로 두 나라의 화의를 해칠 수는 없지."

결국 소양왕은 인상여를 곱게 조로 돌려보냈다.

창호지를 뚫듯 부드럽지만 확실하게

인상여와 화씨벽 이야기에는 아주 익숙한 화술이 하나 숨어 있다. 바로 반투명한 창호지를 살살 뚫듯 상대가 감췄으면서도 동시에 여지를 남긴 진실에 다가가는 '가능성 확인하기'다. 이 화술은 대화 당사자들이 서로 무엇을 원하고 또 무엇을 말하려는지 알면서도 암묵적으로만 표현하며 시원스럽게 밝히지 않는 방식으로 전개된다. 한쪽은 진실을 은폐해서 창호지가 뚫리지 않도록 해야 하고, 다른 한쪽은 진실을 공개해서 상대방이 반박할 명분을 찾지 못하도록 해야 한다. 그래서 대화는 어느 한쪽에서 진실을 남김없이 드러내야 비로소 진전되거나 마무리된다.

이 화술의 중점은 '완전히 뚫어야 한다'와 '뚫리는 대상은 창호지여야 한다'는 두 가지에 있다. 완전히 뚫기 위해서는 말솜씨가 있어야 한다. 뚫다 마는 것은 아예 뚫지 않는 것만 못하다. 어쩌면 자신은 완전히 뚫었다고 생각하지만, 사실은 전혀 그렇지 않을 수도 있다.

또한 그렇게 완전히 뚫기 위해서는 뚫리는 대상이 창호지여야 한다. 시멘트벽을 뚫으려고 해봤자 손가락만 부러질 뿐이다. 창호지는 문제가 꽉 막혀 전혀 알 수 없는 상태가 아니라 해결의 여지를 남긴 반투명한 상태를 의미한다.

진나라와 조나라는 사실 서로의 생각을 정확히 알고 있었다. 문제는 먼저 태도를 바꾸는 쪽이 손해를 보게 되므로 함부로 움직일 수 없다는 데 있었다. 만약 조가 먼저 태도를 바꿔 화씨벽을 못 주겠다고 했다면 진은 이 일을 구실로 조를 공격할 것이다. 또 만약 진이 먼저 태도를 바꿔 화씨벽만 받고 성 열다섯 개는 못 주겠다고 하면 신의가 없다고 손가락질을 받게 될 것이다.

인상여의 성공은 먼저 창호지를 뚫은 데서 비롯되었다. 이는 소양왕이 가장 원치 않았던 결과로 어떻게든 창호지가 뚫리는 일을 피하려 하다 보니 할 말이 없게 되었다. "오직 강성한 나라만이 약소한 나라를 괴롭힐 뿐, 약소한 나라가 강성한 나라를 괴롭히는 법은 없습니다. 조가 성을 열다섯 개나 얻고 나면 화씨벽을 내주지 않을 수 없을 것입니다." 진 소양왕은 인상여의 이 말을 듣고 반박할 힘을 잃었다.

격렬하게 부정해서
간절한 바람을 이룬다

《사기》〈전단열전〉田單列傳 에서 배운다

살다 보면 마음에도 없는 말을 할 때가 있다. 물론 이는 잘못된 행동이 아니다. 사람에게는 누구나 깨지기 쉬운 내면이 있고, 그 위에 얼마나 많은 균열이 있는지는 오직 자신만이 알기 때문이다. 화술에는 그렇게 속에 없는 말을 끄집어내는 방법도 있고, 반대로 마음에도 없는 말을 통해 대화를 자신이 원하는 방향으로 이끄는 방법도 있다.

"악의 장군이 우리의 적으로 남는다면 안심입니다"

제나라의 객경으로 명성이 자자한 소진이 자객에게 습격당해 큰 부상을 입었다. 그는 죽기 직전에 제 민왕齊 湣王에게 자신의 시신에 '연나라의 첩자'라는 반역죄를 씌워 수도 임치의 광장에서 사지를 찢어 죽이는 거열형에 처해 달라고 부탁했다. 그러면 자객이 보상을 받으려고 스스로 나설 테니 그를 잡아서 배후를 알아내 보복해 달라는 계책이었다.

민왕은 이를 받아들였고, 소진의 계책대로 자객이 쉽게 붙잡혔다. 소진 암살 사건의 주모자들이 하나씩 밝혀지자 민왕은 그들을 모두 잡아들인 다음 처형했다. 그러나 얼마 지나지 않아 소진이 진짜 연의 간첩이었다는 증거들이 속속 드러났다. 민왕은 큰 충격에 빠졌다. 믿고 아꼈던 신하가 알고 보니 간자였으며, 여러 해 동안 속인 것도 모자라 마지막까지 자신을 농락했기 때문이다.

이렇게 나라의 안은 소진 암살 사건의 후폭풍으로 혼란스러웠고, 밖에서는 여전히 연의 대장군 악의가 등 뒤까지 바짝 쫓아왔으니 멸망이 머지않은 처지였다. 악의는 대군을 이끌고 임치까지 쳐들어와 왕궁 안에 있는 온갖 금은보화를 노획했다. 연 소양왕은 직접 전선까지 나와 군사를 위로하고 악의를 창국군으로 봉했다.

수도 임치가 뚫리고 연나라 군이 닥치기 직전, 제나라 사람들은 필사적으로 탈출을 시도했다. 민왕도 예외는 아니어서 부랴부랴 위衛 나라로 피신했다. 위의 군주는 매우 어질고 의로운 성정을 지니고 있어 기꺼이 왕궁의 문을 열었을 뿐만 아니라 민왕이 전혀 불편함을 느끼지 않도록 의식주는 물론이고 이동 수단까지 여러 편의를 제공했다.

하지만 민왕은 위에 의탁한 처지임에도 오만방자하게 굴다가 미움을 사서 쫓겨났다. 그만한 실패와 좌절을 겪고도 전혀 각성하지 못한 민왕은 같은 이유로 추鄒와 노魯에서도 쫓겨났다. 그는 남은 신하들을 데리고 거성으로 도망가 정착했다.

한편 연군이 임치를 공략할 무렵 임치의 시장 관리자였던 전단은 가족들을 데리고 안평성安平城으로 피신했다. 그러나 곧 그곳에까지 연의 대군이 쳐들어오면서 다시 안평성 사람들과 함께 피난길에 올라야 했다. 전단은 집안사람들에게 수레바퀴 축의 튀어나온 끝을 잘라 버리고 쇳덩이를 덧대어 씌우게 한 다음 피난을 떠났다.

당시 피난민들은 급하게 탈출하다 보니 수레의 바퀴 축이 속도를 견디지 못하고 부서지는 경우가 잦았다. 이런 수레에 탔던 사람들은 그대로 연군에게 붙잡혀 포로로 끌려갔다. 그러나 전단의 집안사람들은 바퀴를 미리 개조한 덕에 모두 무사히 탈출할 수 있었다.

드넓었던 제의 영토 대부분은 악의가 이끄는 연군에 함락되고 이제 남은 땅이라고는 거성과 즉묵성뿐이었다. 즉묵성으로 도망친 전단은 그곳의 군민과 함께 성을 지켰다. 민왕과 전단, 제 왕실의 두 전씨가 제나라의 마지막 두 성을 지키게 된 셈이었다.

사실 전단은 제 왕실의 먼 친척으로 민왕과 같은 전씨다. 제를 건국한 사람은 강자아姜子牙, 즉 강태공인데 제의 왕이 전씨인 까닭은 강공康公 시기에 대부 전화가 왕을 쫓아내고 즉위했기 때문이다. 기원전 386년 전화는 주 안왕周 安王으로부터 제후로 봉해졌으며 국호는 '제'를 그대로 이어받아 새로운 제나라를 열었다. 역사에서는 이 나라를 '전제'라고 하고, 전화를 전제의 태공太公이라고 부른다.

거성에 머무르던 민왕은 춘추오패 중 하나였던 제 환공 또한 거성으로 피난한 적이 있었으므로 이곳이 제 왕실에 행운을 가져다주는 장소라고 굳게 믿고 있었다. 그러나 이렇게 중요한 때에 민왕은 다시 어리석기 짝이 없는 결정을 내렸다. 바로 얼마 전에 제를 치는 데 가담했던 초나라에 지원군을 요청한 것이다.

초 경양왕은 장수 요치淖齒를 보내 민왕을 돕는 척하다가 죽여 버린 다음 이전에 제가 점령했던 땅을 탈취했다. 그렇게 민왕이 허무하게 사망한 다음 그의 아들인 전법장田法章이 새로운 제의 군주로 옹립되었으니, 그가 곧 양왕襄王이다.

민왕은 자신이 오래전 제 환공처럼 거성을 반격의 기점으로 삼아 재기할 수 있으리라 믿었지만, 강씨인 환공이 전씨의 후손을 굽어 살필 리가 없었다. 그래도 거성이 민왕을 보듬지는 않았으나 제의 국운까지 내팽개치지는 않았는지 연의 대군이 맹렬하게 공격했지만 거성의 군민이 끈질기게 버티는 바람에 끝내 함락시키지는 못했다.

반대로 말해 상대를 의도대로 조종하는 기술

연의 창끝은 즉묵성으로도 향했다. 즉묵성을 지키던 장군이 전투에 패하고 죽자 성 안의 군민들은 전단을 새로운 지도자로 추대했다. 왕실과 같은 전씨인데다 안평성에서 전단이 수레바퀴를 보수해 집안사람들의 목숨을 살렸으니 병법도 잘 알 것이라는 단순한 이유에서였다.

얼마 후 소양왕이 죽고 그의 아들 혜왕이 연의 군주로 즉위했다. 전단은 이 기회를 놓치지 않고 나라를 되찾을 계획을 시작했다. 전단은 가장 먼저 헛소문을 퍼뜨렸다. "악의가 공격하자 제는 제대로 저항하지도 못했고 그 큰 땅에서 겨우 거성과 즉묵성만 간신히 남았다. 이 두 곳이 난공불락이어서가 아니라 악의가 기회를 엿보다 스스로 왕이 되려 하기 때문이다. 거성과 즉묵성의 백성들은 연의 상장군이 악의라면 안전하겠지만, 만약 장수가 바뀐다면 죽음을 면치 못하고 나라가 멸망할 것을 알고 있다."

이제 막 왕위에 오른 혜왕은 이 헛소문을 믿고 악의를 의심했다. 그는 장군 기겁을 보내 상장군 자리에 앉히고 악의에게 돌아오라고 명령했지만, 악의는 연으로 돌아가면 죽을 것을 알고 조나라로 도망갔다. 기겁이 상장군에 부임하자 그동안 전장에서 악의를 따르던 장수들이 불복하면서 연군의 사기가 크게 흐트러졌다. 훗날 장평대전에서 진秦나라가 '마복군馬服君의 아들 조괄이 가장 두렵다'라는 헛소문을 퍼트린 일도 이때 전단의 계략을 참고한 것일 가능성이 크다.

이어서 전단은 즉묵성 안의 백성에게 밥을 먹을 때마다 반드시 마당에 음식을 차려놓고 제사를 지내라고 명령했다. 모두 어리둥절했지만, 그래도 시키는 대로 따랐다. 그 결과 부근의 새들이 젯밥에 끌려 즉묵성 상공을 맴도는 일이 많아졌고 이를 본 연의 장수들은 괴이하다고 여겼다. 이때 전단은 두 번째 헛소문을 퍼뜨렸다. 조만간 신이 강림해 제가 연을 물리칠 방법을 일러줄 것이며, 전단이 자신의 앞에 모습을 드러낸 신을 스승으로 극진히 모실 것이라는 내용이었다.

며칠 지나지 않아 겁이 없는 한 병사가 전단 옆에 슬쩍 서더니 "저도 장군 앞에 나타났으니 스승이 될 수 있습니까?"라고 말하고는 냉큼 달아났다. 전단은 즉각 사람을 시켜 그 병사를 잡아오게 한 다음 상석에 앉히고 스승을 대하듯 받들어 모셨다. 병사는 크게 당황하며 "저는 정말이지 아무 능력도 없습니다. 제발 용서해주십시오"라고 빌었다.

전단은 낮은 목소리로 일렀다. "아무 말도 하지 말고 그저 내가 시키는 대로 해라!" 이후 전단이 내린 모든 명령에는 '신령스러운 스승의 뜻에 따라'라는 말이 붙었다. 소문을 들은 연군에서는 점점 의심이 커졌고, 즉묵성 군민은 정신이 번쩍 들어 전단의 명령을 받들었다.

전단은 계속해서 헛소문을 퍼트렸다. "즉묵성의 군민은 일찍부터 훗날을 기약하지 않는 파부침주破釜沈舟의 각오로 버티고 있으니 아무리

맹공을 퍼부어도 소용없다. 그들의 사기를 꺾어 놓으려면 제에서 잡은 포로들의 코를 베어야 한다. 그렇게 하면 분명히 즉묵성을 지키는 군사들의 의지를 무너뜨릴 수 있다."

연군은 이 소문을 믿고 그대로 따랐으며, 즉묵성의 수비군은 코가 잘린 포로를 보고 두려움에 떨었다. 그들은 연에 투항할 생각을 아예 접었고, 죽을지언정 절대 생포당하지는 않겠다고 다짐했다.

전단의 계략은 아직 끝나지 않았다. 새로운 헛소문은 '즉묵을 지키는 군민들의 조상 묘가 전부 성 밖에 있으니 훼손해 버리면 고통스러울 것'이라는 내용이었다. 연군은 또 이 소문을 믿고 성 밖에 있는 무덤을 모조리 파서 시신을 불태웠다. 즉묵의 수비군은 그 광경을 보고 격분해 전단에게 당장 나가 싸울 것을 청했다.

군사들의 사기가 달라진 것을 확인한 전단은 이제야 자신의 군대가 언제든 싸울 수 있는 준비가 갖춰졌다고 여겼다. 이에 직접 군민을 지휘해 요새를 건설하면서 그들과 일상을 함께했다. 또 집안사람들을 전부 군대에 보내 복무하게 했으며 자기 집의 식량을 모두 내놓아 병사들을 위로했다. 중무장한 병사들은 미리 요충지에 매복시키고, 일부러 노약자들만 성루에 서게 해서 굶주림과 추위에 시달린 모습을 적에게 보였다. 그런 후에 전단은 연나라의 군영으로 사람을 보내 성문을 열고 투항하겠다는 뜻을 전했다.

이 소식을 들은 연의 장수들은 그간의 심리전 효과가 탁월했다고 자화자찬했고, 병사들은 이제 집으로 돌아갈 수 있다면서 크게 기뻐했다. 연군 모두가 즉묵성 안에 사람이 크게 줄었으며, 제대로 먹지 못한 민간인들만 남았다고 생각했다.

프란츠 카프카는 "허구일수록 디테일은 더 사실적이어야 한다"라고 했다. 전단은 즉묵성 안에 있는 금은보화를 긁어모은 다음 부유한 상인들에게 그것을 기겁에게 선물하면서 이렇게 말하라고 시켰다. "즉묵성은 곧 투항할 것입니다. 장군께서 성으로 들어오시면 제발 제 식솔과 처첩들이 편안히 살게 해주십시오. 이 보물들은 제 작은 성의이니 부디 사양치 마십시오."

기겁은 상인들의 거짓 구걸을 듣고서 득의양양하게 요청에 승낙했다. 이렇게 연의 대군은 위에서부터 아래에 이르기까지 긴장이 풀리면서 기강 또한 해이해졌다.

그날 밤, 전단은 미리 모아 둔 황소 천여 마리에 진홍색 망토를 씌웠다. 망토 위에는 용 그림을 그리고 소뿔에는 날카로운 칼날을 맸다. 병사들은 기름을 흠뻑 적신 갈대를 소꼬리에 묶은 후 불을 붙이고선 성문을 활짝 열었다. 놀란 소들은 성문 밖으로 뛰쳐나가 연 군영까지 달려갔고, 전단이 미리 뽑아 둔 건장한 병사 오천 명이 그 뒤를 쫓아갔다.

연의 군사들은 아닌 밤중에 뜬금없는 소떼, 그것도 번뜩이는 칼날을 매단 채 불이 붙어 미쳐 날뛰는 울긋불긋한 소들이 군영 안으로 돌진하는 모습과 맞닥뜨렸다. 잠에서 덜 깬 병사들과 성난 소들이 엉키면서 군영 안에는 아비규환이 펼쳐졌다.

하지만 이것으로 끝이 아니었다. 건장한 병사 오천 명이 뒤따라 들어오더니 미친 듯이 칼을 휘두른 것이다. 동시에 즉묵성에서는 백성들이 힘껏 북을 치고 쇠그릇을 두들겨 천지가 진동할 것 같은 소음을 냈다. 연군의 사기는 급속도로 무너졌다. 병사들은 사방으로 뿔뿔이 흩어졌으며 상장군 기겁은 혼란 속에서 죽임을 당했다. 이것이 바로 불붙은 소떼를 돌격시켜 기습하는 전술인 '화우진'火牛陣의 유래다.

승전 소식이 전해지자 피난을 떠났던 백성들이 돌아오고 패잔병들
또한 즉묵성으로 모여들기 시작했다. 전단의 군대는 나날이 크고 강해
졌다. 전단은 이들을 이끌고 출병해 빼앗겼던 영토를 속속 되찾았고,
연군은 황하 이북까지 퇴각했다.

이후 전단은 거성으로 가서 양왕을 임치로 모셔왔고, 양왕은 전단을
안평군安平君으로 봉했다.

감추는 것일수록 간절하게 원하는 것

국가적인 위기 앞에서 전단이 구사한 화술은 '바라는 것을 숨기기'
다. 전단은 이 화술을 세 번이나 연이어 성공적으로 구사했다. 처음에
는 적의 상장군이 바뀔까 봐 걱정이고, 두 번째는 코를 베일까 봐 무서
우며, 세 번째는 조상 묘를 파헤칠까 봐 두렵다는 소문을 퍼뜨렸다. 하
지만 실제로는 이런 일들을 전혀 걱정하거나 두려워하지 않았을 뿐더
러 오히려 상대방이 그렇게 해주기를 바랐다. 그 결과, 적은 세 번 모두
덫에 걸려들었다.

물론 속과 다른 말을 꺼내는 화술이 적대하는 상대방을 기만하기 위
해서만 쓰이는 것은 아니다. 예를 들어 어버이의 사랑을 묘사한 이야
기들에서 우리는 이 화술의 전형적인 사례를 쉽게 찾을 수 있다. 가난
한 부모가 맛있는 음식을 아꼈다가 아이에게만 먹일 때, 아이는 부모
에게 왜 같이 먹지 않느냐고 묻는다. 그러면 부모는 이렇게 답한다. "우

리는 별로 좋아하지 않으니까 네가 다 먹어."

또는 아이들의 흔한 투정에서도 이 화술의 흔적을 찾을 수 있다. 이를테면 좋아하는 아이를 두고 "난 쟤 별로더라"라고 속마음과 다른 말을 하는 것이다. 사실 격렬하게 부정하는 것이야말로 실제로는 간절하게 원하는 것인 경우가 많다.

유창한 말은 입이 아니라
귀에서 나온다

《사기》〈오태백세가〉吳太伯世家, 《오월춘추》吳越春秋 에서 배운다
소통의 목적은 서로의 의사를 오해 없이 주고받는 데 있다. 화려한 언변
이나 치밀한 논리, 상대방의 심리를 쥐고 흔드는 여러 화술들은 이러한
목적에 봉사하는 수단일 뿐이다. 따라서 원활하게 소통하기 위해 가장 먼
저 갖춰야 할 덕목은 상대방을 유혹하는 말재주가 아니라 상대방의 말에
기꺼이 귀를 기울이는 자세다. 가장 뛰어난 화자는 곧 가장 뛰어난 청자
이기도 하다.

상대에게 몸을 기울여서 마음을 듣는다

합려闔閭는 일찍이 오왕 료吳王 僚를 대신해 남쪽을 정벌하고 북쪽
을 토벌하며 혁혁한 전공을 세웠다. 훗날 그는 모반을 계획하고 자객
에게 검을 내려 오왕의 암살을 지시한다. 자객은 연회에서 물고기 뱃
속에 숨겨둔 검으로 암살에 성공하고, 오왕을 제거한 합려는 스스로
왕위에 오른다. 잘 알려진 '어장검'魚腸劍의 유래다.

즉위한 방식은 불명예스러웠으나 합려는 재주와 학식을 모두 갖춘
명군이었다. 합려는 초楚 나라의 옛 신하인 오자서를 중용해 나라를 부
강하게 만들었다. 또한 오자서는 뛰어난 장수를 추천했는데, 그가 바

로 병법가 손무다. 손무는 합려를 만나 자신이 집필한 《손자병법》을 바쳤다. 이처럼 오의 국력이 금세 강해지면서 가장 먼저 쓴맛을 본 나라는 초였다. 초는 오에 도성을 모두 함락당하고 소왕昭王까지 도망가는 치욕을 겪었다.

한편 기원전 496년, 월왕 구천이 즉위했다. 오랫동안 월나라를 벼르고 있었던 합려가 이 기회를 놓칠 리 없었다. 그는 주저하지 않고 월을 공격했다. 양국 군대는 오와 월의 경계인 취리檇李에서 충돌했다. 두 차례의 공격이 모두 실패하자 월왕 구천은 기발한 수를 생각해낸다. 그는 군법을 어긴 죄인들을 삼열로 줄 세워 오의 진영 앞으로 보낸 후, 일제히 스스로의 목을 찌르게 했다. 듣도 보도 못한 광경을 목격한 오군은 순간 멍해졌다. 월군은 오군이 이 기이한 일에 정신이 팔려 있는 기회를 놓치지 않고 즉각 공격을 개시해 적을 대파했다.

혼란한 와중에 중상을 입은 합려는 죽음이 임박하자 부차를 불러 말했다. "구천이 네 아비를 죽인 것을 절대 잊어서는 안 된다. 반드시 복수하거라!"

합려가 큰 한을 품고 세상을 떠난 후, 부차가 오의 새로운 왕으로 즉위했다. 사실 합려가 처음에 세운 세자는 부차가 아니었으며, 첫 번째 왕세자는 오와 초의 계속된 전쟁에서 병사했다.

합려의 둘째아들인 부차는 밤낮으로 오자서에게 말했다. "아버님께서 새로운 세자를 세우실 텐데 내가 아니면 누가 설 수 있겠는가? 이 일은 전적으로 자네에게 달려 있네."

오자서는 자신 있게 대답했다. "세자를 세우는 일은 아직 정해지지 않았습니다. 제가 궁으로 들어가면 임금께서 결정하실 것입니다."

얼마 지나지 않아 합려가 오자서를 불러 새로운 세자를 세우는 일을 상의했다. 이때 오자서는 "전하께서 새로운 후계자를 세우려 하신다면 둘째아들인 부차만 한 자가 없습니다"라고 말했다.

합려는 못마땅한 듯이 반박했다. "그놈은 어리석고 잔인하다. 오를 지키지 못할까 두렵구나."

이에 오자서는 단호하게 말했다. "부차는 신용을 중시하고 백성을 아낍니다. 또 절개를 목숨처럼 지키고 예의를 받드는 일도 믿음직스럽습니다. 무엇보다 아버지가 죽으면 아들이 그 대통을 이어받는 것은 전제典制에 분명히 규정되어 있습니다."

합려는 "네 말대로 하자"라고 말할 수밖에 없었다.

합려는 한을 품고 세상을 떠났지만 그 위엄과 명성이 여전했으니 갓 즉위한 부차는 군심을 안정시키는 데 주력할 수밖에 없었다. 그중에는 다소 작위적으로 보이는 일도 있다. 부차는 사람을 시켜 하루 세 끼 식사 전에 옆에 서서 큰소리로 묻게 했다. "전하께서는 구천이 아버님을 죽여 피바다로 만든 일을 잊으셨습니까?" 그때마다 부차는 역시 큰소리로 "어찌 감히 잊을 수 있겠는가!"라고 대답한 후에 밥을 먹었다.

옛말에 '새로 부임한 관리는 세 개의 횃불과 같다'라고 했다. 부임하고 나서 처음에는 열정적으로 일하지만 횃불이 꺼지듯 시간이 지날수록 의욕을 잃어간다는 뜻이다. 그러나 부차는 즉위한 후에 일부터 벌이기보다 안정적으로 나라를 지키는 데 주력했다. 오는 부차의 통치 아래 나날이 번성했다. 기록에 따르면 이때 월왕 구천은 충신 범려范蠡가 만류하는데도 기어코 오를 공격했다고 한다. 사실 오를 공격하지 않는다면 가만히 앉아 죽음을 기다리는 형국과 같으니 구천으로서도 어쩔 수 없는 선택이었을 것이다.

"당신을 위해 기꺼이 청소하고 바삐 뛰어다니겠습니다"

기원전 494년, 오와 월 두 나라가 부초夫椒에서 온 힘을 다해 치열하게 싸웠다. 양측이 국력을 걸고 정면승부를 벌인 결과, 월이 대패하면서 물러났다. 오군은 여세를 몰아 회계會稽까지 치고 올라갔고, 이에 구천이 패잔병 오천 명을 이끌고 회계산會稽山으로 물러나자 겹겹이 산을 에워쌌다.

절체절명의 위기가 닥치자 범려는 이제 오에 화의를 요청할 수밖에 없다며 나라를 바쳐 투항해 오왕을 섬겨야 한다고 간했다. 구천은 범려의 말대로 문종文種을 보내 오에 화의를 청했다.

부차는 원래 월의 화의 제안에 응하려고 했으나 오자서가 반대하자 그 말을 따랐다. 보고를 들은 구천은 처첩을 죽이고 보물을 모두 불태운 후 죽음을 무릅쓰고 싸우고자 했지만 문종이 만류했다. 그는 오의 태재 백비伯嚭가 오자서와 사이가 좋지 않은 것을 알고 있었기에 미녀들과 보물을 가지고 은밀히 백비를 만났다. 뇌물을 받고 흡족해진 백비는 문종을 데리고 부차를 만나러 갔다.

백비가 부차를 설득했다. "월이 이미 신복의 예를 갖추고 우리의 신하가 되겠다고 하니 이는 오의 크나큰 경사입니다."

그러자 오자서가 재차 강하게 반대했다. "지금 월을 완전히 멸하지 않으면 반드시 후회할 일이 생길 것입니다. 구천은 현명한 군주이고,

범려와 문종은 좋은 신하입니다. 그들이 월로 돌아가면 반드시 반란을 일으킬 것입니다."

하지만 부차는 오자서의 말을 듣지 않고 월과 화의를 맺은 다음 군사를 퇴각시켰다.

한 집단을 이끄는 위치에 있는 사람이라면 대사를 결정할 때 누구나 납득할 수 있을 만한 상식을 따라야 한다. 아버지를 위해 복수하겠다고 그렇게 벼르고선 정작 기회가 오니까 구천을 곱게 돌려보낸 것은 쉽게 이해할 수 없는 결정이었다. 후대에서는 억지로라도 부차의 결정을 이해하고자 그를 오만하고 어리석으며 여색을 탐하는 사람으로 기록했다. 또 오군이 퇴군한 이유를 두고서는 구천이 자세를 낮춰 부차를 방심하게 만들었으며, 부차 또한 서시의 미색에 빠졌기 때문이라고 설명한다.

그러나 부차의 오판에 대해서는 좀 더 합리적인 관점에서 들여다 볼 필요가 있다. 우선 백비가 탐욕스러웠음을 부정할 수는 없으나 부차에게 올린 진언은 뇌물을 받은 것과는 무관하게 오자서와의 경쟁에서 비롯된 것일 가능성이 더 크다.

부차의 결정 또한 마찬가지다. 오자서에게는 그를 왕으로 만든 공로가 있지만, 권세가 특정 신하에게 몰리는 것을 좋아하는 군주는 없다. 부차에게 있어 백비는 오자서를 견제하고 균형을 맞추는 중요한 역할이었을 것이다. 그러니 이번 일에서는 백비를 지지하면서 동시에 오자서를 견제하고자 한 것이다.

무엇보다 부차는 구천이 오천 명의 정예병을 거느리고 오와 목숨을 건 전쟁을 치를 준비를 마쳤다는 정보를 이미 알고 있었다. 사실 이 전쟁은 구천의 공격에 응했을 뿐, 부차가 먼저 시도한 것이 아니었다. 그가 가진 목표는 월을 무너뜨리는 정도가 아니라 당대 최강대국인 제를 치는 데 있었다. 그러므로 월을 신하로 남겨두는 것은 최소한의 손실만 감수할 수 있는 합리적인 선택지였다. 부차는 구천에게 중신들을 데리고 오로 건너와 자신을 섬기도록 함으로써 자연스럽게 월을 합병하고자 했다. 다만 그것이 구천에게는 죽음보다 훨씬 더 잔인한 일이었을 뿐이다.

구천은 오에 와서 좁은 석굴에 꼬박 석 달 동안이나 연금된 후에야 왕궁에 들어가 부차를 만날 수 있게 될 줄은 몰랐을 것이다. 구천을 따라 자신 앞에 엎드린 범려에게 부차가 말했다.

"지조 있는 여자는 몰락한 집안과 혼인하지 않고, 어진 사람은 망한 나라에서 벼슬하지 않는다고 들었다. 월왕은 포학무도해 이미 나라가 무너졌고, 종묘사직까지 모두 파괴되었으니 그가 죽어 세상과 연이 끊어지면 천하가 비웃을 것이다. 너와 너의 상전이 모두 종이 되어 오에 의탁하다니 비굴하지 않은가? 과인이 너의 처벌을 면해주고자 하는데 생각을 바꿔 잘못을 뉘우치고 오로 귀순할 수 있겠느냐?"

부차의 제안을 듣고 범려가 대답했다.

"망국의 신하는 감히 정치를 이야기하지 않고, 전쟁에서 패한 장수는 감히 용맹함을 자랑하지 못한다고 들었습니다. 신이 월에 있을 때 불충하고 성심을 다하지 못해 월왕이 전하를 따르지 않고 맞서 싸웠으니, 지금 이렇게 벌을 받고 군신이 모두 투항하게 되었습니다. 다행히 전하의 큰 은혜를 입어 우리 군신이 무사할 수 있었습니다. 신은 전하께서 궁에 오실 때마다 청소를 하게 해주시고, 나가실 때마다 부리시어 바삐 뛰어다니게 해주시기를 바라옵나이다."

구천은 엎드린 채로 눈물을 흘리며 이제 곧 범려마저 잃겠다고 생각했다. 그러나 부차는 자신의 신하가 될 수 없다는 범려의 뜻을 알아듣고는 "네가 뜻을 굽히지 않는다면 다시 석굴에 가두겠다"라고만 말했다. 이에 범려는 "명을 받들겠나이다"라고 답한 다음 구천과 함께 다시 석굴로 돌아갔다.

잘 듣는 것이 잘 말하는 것보다 중요하다

이번에 배울 화술은 '경청으로 마음 읽기'다. 우리는 대화에서 먼저 듣지 않으면 말하기의 힘이 크게 줄어들게 된다는 사실을 종종 잊는다. '경청'은 일반적인 듣기가 아니다. 경청傾聽에서 '경'傾은 '마음을 기울이다'라는 의미로 자세를 의미한다. 이 자세가 '듣다'라는 뜻을 가진 '청'聽과 결합한 경청은 '귀'보다는 '기울여서 듣는 태도'에 더 초점을 맞춘 말이다.

다시 말해 경청의 핵심은 단순히 상대방의 말을 주의 깊게 듣는 집중력이 아니라 듣는 태도, 보다 구체적으로는 안으로부터 밖으로 향하는 태도에 있다. 대화를 할 때 누군가의 마음을 받아들이기 위해서는 먼저 상대방의 마음을 향해 쏠려 있는 자세를 취할 수 있어야 한다. 나아가 상대방에게 내 마음이 받아들여지기를 원한다면 먼저 경청이라는 자세를 보여줄 수 있어야 한다.

오왕 부차가 범려에게 건넨 제안은 월을 버리고 자신에게로 오겠느

나는 것이었다. 만약 범려가 이에 응했다면 정사를 돕고 계략을 짜는 책략가로 중용되었을 것이다. 그런데 범려는 부차를 위해 기꺼이 청소하고 여기저기 뛰어다니며 잡일을 하겠다고 답했으니 에둘러서 거절의 뜻을 전한 것이다.

이때 구천은 범려가 오왕에게 넘어간 줄 알고 눈물을 흘렸지만, 정작 부차는 범려의 뜻을 알아듣고 자기가 무슨 짓을 해도 범려의 충성을 얻을 수 없음을 알아차렸다. 적어도 경청에 관해서는 부차가 구천보다 몇 수 위였다.

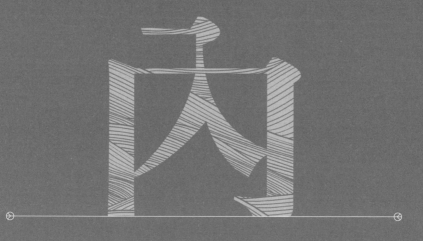

【 제7장 】

하고 싶은 말이 아니라
해야 할 말을 하라

말을 하려거든 상대방을 똑바로 바라보라

《사기》〈장의열전〉에서 배운다

'사람에게는 사람의 말을 하고, 귀신에게는 귀신의 말을 하라'라는 말이 있다. 대상에 따라 교묘하게 말을 바꿔가며 상황을 모면하라는 의미로 오해받지만, 여기에는 가장 기본적인 화술의 원칙이 담겨 있다. 바로 말을 할 때에는 상대를 똑바로 보고 상황에 맞는 표현을 찾으라는 것이다. 이 간단한 원칙이 지켜지지 않아 우리는 서로를 끌어들이려는 대화에서 서로를 밀어내곤 한다.

"마마께서 전하의 총애를 잃게 생겼습니다"

전국시대 최강국인 진秦나라를 대하는 데 있어 소진은 나머지 여섯 나라에게 서로 연합해 진에 맞서야 한다고 설득함으로써 종적 동맹(합종合從)을 맺었다. 한편 장의는 진을 섬길 것을 주장하며 진이 나머지 여섯 나라와 개별적으로 횡적 동맹(연횡連衡)을 맺도록 하는 데 성공했다. 역사를 좋아하는 사람이라면 한번쯤 들어봤을 합종연횡이다.

두 종횡가는 전국시대의 '전국칠웅'戰國七雄, 즉 제齊, 초楚, 진秦, 연燕, 위魏, 한韓, 조趙 등 일곱 나라를 오가며 혼신의 힘을 다해 화술과 계략을 펼치면서 오늘날까지 전해지는 수많은 이야기를 남겼다.

그러나 강가를 다니면 신발이 젖는 법이다. 이 두 사람이 아무리 외교의 달인, 화술의 귀재라 해도 불운을 피할 수는 없었다. 특히 우연히 마주친 원수가 다짜고짜 해하려고 하는 상황에서는 아무리 뛰어난 재주가 있더라도 대처하기가 쉽지 않다. 장의 또한 그런 재난과 같은 사고를 겪었다.

기원전 313년, 진은 제와 초의 동맹이 두려워 제의 정벌을 주저하고 있었다. 이에 장의가 나서서 초 회왕에게 제와 국교를 끊으라고 부추기며 그 보답으로 땅을 떼어 주고 진의 공주를 제에 시집보내겠다고 제안했다. 회왕은 매우 기뻐하며 제안을 받아들였고, 장의에게 초의 상인相印, 즉 재상의 인장과 많은 재물까지 내렸다. 하지만 진으로 돌아간 장의는 태도를 완전히 바꿔 이전에 했던 약속들을 모두 파기했다. 크게 노한 회왕은 군사를 일으켜 진을 공격했다.

당시 회왕은 물론 그 누구도 진이 제와 동맹을 맺고 초에 맞설지는 몰랐을 것이다. 단양丹陽과 남전藍田에서 벌어진 두 번의 큰 전투에서 초군은 8만 명이 죽고 70명이 넘는 장수가 포로로 붙잡힐 정도로 참패했다. 결국 초는 진에 영토를 내어주고 화의를 청해야 했다. 회왕은 장의의 뼈를 씹고 살을 뜯어먹으며 피를 마시고 싶을 정도로 깊고 깊은 원한을 품었다.

옛말에 포위할 때에도 도망칠 구석은 열어주고 벼랑 끝까지는 핍박하지 말라고 했다. 당시 진은 초의 영토인 검중黔中 일대에 눈독을 들이면서 회왕에게 다른 땅과 교환하자고 제안했다. 이에 회왕은 "나는 땅을 바꿀 생각이 없다. 그러나 장의를 얻을 수만 있다면 그 땅을 기꺼이 내어주겠다"라고 말했다.

땅을 내어주는 한이 있어도 반드시 장의의 목을 취하겠다는 의미였다. 진 혜문왕은 이러한 악에 받친 요구를 차마 장의에게 전하지 못했다. 그러나 결국 상황을 알게 된 장의가 이리저리 따져보았다. 진은 여전히 강하고 초는 국력이 많이 약해져 있었다. 장의는 자신이 진의 사신으로 간다고 해도 초왕이 감히 무슨 짓을 하지 못할 것이라고 판단한 다음 초에 출사하겠다며 나섰다.

그 결정은 오판이었다. 아무리 화술의 달인이라고 하더라도 상대방에게 들리지 않는다면 소용없는 법이다. 2년을 꼬박 복수할 날만 기다려온 회왕은 장의가 초에 도착하자마자 즉시 처형하려고 했다.

옛말에 영웅에게는 세 사람의 조력자가 있고 울타리에는 세 개의 말뚝이 있다고 했다. 이때 장의의 절친한 친구인 초의 대부 근상靳尙이 장의를 구하고자 나섰다. 근상은 초 회왕을 찾아가 단도직입적으로 말했다. "전하께서 장의를 처형하면 진왕이 노할 것이고 다른 제후들은 우리가 진의 노여움을 산 것을 보고 호시탐탐 기회를 노릴 것입니다. 따라서 초의 위상은 갈수록 떨어질 것입니다."

그러나 근상의 직언은 '소귀에 경 읽기'에 불과했다. 불구대천의 원수를 죽여야겠다는 원한에 사로잡힌 회왕에게는 아무 말도 귀에 들어오지 않았다. 그러나 근상은 포기하지 않고 회왕이 가장 총애하는 비, 정수鄭袖를 찾았다.

근상이 정수에게 말했다. "이제 곧 전하의 총애를 잃게 되실 것을 아십니까?"

정수는 갑작스러운 근상의 말에 당황하며 "무슨 말씀이십니까?"라고 되물었다.

근상은 정색하며 답했다. "장의는 진왕에게 가장 큰 공을 세운 충신인데 지금 전하께서 붙잡아 두고 계십니다. 듣기에 진왕에게는 아름다운 딸이 있다고 합니다. 진왕은 장의를 구하기 위해 공주에게 어여쁘고 기예가 뛰어난 궁녀 여럿을 붙여 초로 시집보낼 것입니다. 여기에 수많은 보물과 상용上庸 의 여섯 개 현까지 딸려 온다면 전하의 깊은 원한도 가라앉겠지요."

정수의 얼굴이 새파랗게 질린 것을 확인한 근상은 멈추지 않고 말을 이었다. "전하께서는 땅을 중시하고 아름다운 사람을 좋아하니 반드시 진의 공주를 총애할 것입니다. 또 진의 공주는 친정을 등에 업고 사방으로 수를 써서 어떻게든 왕후가 되려 하겠지요. 그러다가 전하께서 마마를 잊으시지는 않을까 걱정이 앞섭니다."

정수는 멍하니 듣다가 울상을 지으면서 근상에게 애원했다. "그러면 제가 어떻게 해야 좋겠습니까? 대부께서 저를 도울 좋은 방도가 있습니까?"

"전하께 장의를 풀어주라고 말씀해 보시지요. 장의가 살아서 돌아가면 굳이 진의 공주가 올 필요가 없을 것입니다. 진왕도 마마께 고마워하겠지요. 이 일이 잘 해결되면 마마께서는 진과도 친분을 쌓게 됩니다. 더욱이 장의는 언제가 될지는 모르나 분명히 마마께 도움이 될 것입니다. 마마의 아드님께서 분명히 세자가 될 텐데 이는 절대 작은 이익이 아니지요."

근상의 말은 구구절절 정수의 마음을 파고들었다. 후궁에게 왕의 환심을 사는 일을 빼면 남는 것은 궁중 암투뿐이다. 궁중 암투란 자기 힘을 은밀히 기르는 한편 경쟁자를 완벽하게 제치는 방향으로 진행된다.

정수의 처지에서 근상의 제안을 배제하기보다는 가능성을 염두에 두고 대처하는 것이 보다 합리적인 선택이었다. 장의를 구해내기만 하면 강력한 적수의 출현을 저지할 수 있고, 진의 충신과도 인연을 만들 수 있었다. 정수가 아니라 누구라도 자신과 아이의 앞날을 위해서라면 근상의 제안을 따랐을 것이다.

'무엇'을 말할지 고민하기 전에 '누구에게' 말할지 고민하라

자석의 같은 극끼리는 서로 밀어내고, 다른 극끼리는 서로 끌어당긴다. 소통도 이와 마찬가지다. 누구에게, 언제, 어떤 내용을 어떤 뉘앙스로 전달해야 할지를 고민하지 않고 혼잣말하듯 말을 건다면 대화는 서로를 끌어들이는 기회가 아니라 서로를 밀어내는 위기가 되어버린다.

근상은 초 회왕과 그가 총애하는 비 정수에게 자극磁極을 바로잡듯 '대화의 대상을 바꾸기' 화술을 구사했다. 먼저 그는 진왕을 자극하면 양국의 관계를 해칠 수도 있다는 이유를 들어 장의를 풀어주자고 권유했다. 복수심에 사로잡힌 회왕에게 이런 말이 먹힐 리가 만무했다. 근상은 회왕을 설득하는 자극이 제대로 맞춰지지 않아 자칫 역풍을 맞을 수 있음을 알아채고서는 슬기롭게도 방향을 틀었다. 그가 다시 자극을 맞춘 대상은 정수였다.

근상은 장의를 풀어주면 진이 보낸 공주에게 초왕의 총애를 빼앗길 수 있는 위기를 미리 차단할 수 있다고 정수를 설득했다. 여기까지 읽고 이 화술에 대해 모두 파악했다고 생각하겠지만 '대화의 대상을 바꾸기'의 핵심은 따로 있다. 만약 근상이 자극을 제대로 바로잡지 않았다면 그는 그대로 끝장났을 것이다.

만약 근상이 끝까지 초 회왕을 설득하는 자극을 맞추고자 했다면, 즉 진에서 장의에 대한 교환 조건으로 큰 선물을 준비할 것이라고 설득했다면 회왕은 흡족해했을 수도 있지만, 선물을 받아놓고서도 장의는 풀어주지 않았을 수도 있다. 반대로 정수에게 자극을 맞춘답시고 복잡한 정세를 들먹이며 설득하려 했어도 원하는 결과는 얻지 못했을 것이다. 정수의 관심사는 왕의 총애와 자식의 미래였기 때문이다.

근상의 말에 설득된 정수는 초왕을 설득하고 또 설득했다. 우선 초왕을 치켜세우며 말을 꺼냈다. "신하로서 각자 주군을 위해 일한 것을 나무랄 수는 없지 않겠습니까. 아직 땅을 주기도 전에 진이 장의를 보냈으니 이는 진왕이 전하를 가장 중하게 여긴다는 뜻입니다."

이어서 가련하게 흐느끼며 말했다. "전하께서 그에 보답하지 않고 도리어 장의를 죽이려 하시면 진왕이 크게 노해 저희를 치려고 할 것입니다. 바라옵건대 저희 모자가 강남으로 가는 것을 허락해주십시오. 진의 칼에 베여 물고기밥이 되고 싶지는 않습니다."

회왕은 정수의 울음에 마음이 누그러져서 장의를 용서했다. 근상이 도움의 손을 내민 덕에 유명한 종횡가이자 외교가로서 장의의 이야기는 끊어지지 않고 계속될 수 있었다.

말할 자격이 부족하다면
자격을 갖춘 사람을 빌려라

《사기》〈유협열전〉游俠列傳 에서 배운다

살다 보면 자기 목소리를 내기가 쉽지 않은 상황과 종종 맞닥뜨린다. 또는 발언권 자체는 있지만 누구도 진지하게 들어주지 않기에 설득이 요원한 경우도 있다. 이러한 상황에 적용할 수 있는 가장 효과적인 화술이 있다. 바로 상대방을 설득할 수 있을 만한 사람을 찾아 그의 입을 빌려 말하는 것이다.

"폐하께서 공의 말씀이라면 귀담아 듣지 않겠습니까?"

《묵자》墨子 에는 이런 말이 나온다. "의로운 사람은 이루고 싶은 일을 위해 자신의 이익을 해치는 일을 마다하지 않으며, 타인의 위급함을 구하기 위해 자신이 혐오하는 일이라도 물러서지 않는다." 여기서 '의로운 사람'이란 곧 '임협지사'任俠之士를 가리킨다.

계포季布 는 불의를 보고 참지 않고 신의를 목숨처럼 지키는 '의로운 사람'으로 초에서는 꽤 유명한 인사였다. 당시 '황금 백 근을 얻는 것은 계포의 약속 하나를 얻는 것만 못하다'라는 말이 있었는데, 약속을 중히 여긴다는 의미의 사자성어 '일낙천금'一諾千金 의 유래이기도 하다.

계포는 초 패왕 항우 밑에서 여러 전투에 참전하며 유방을 옴짝달싹하지 못하도록 괴롭혔다. 유방은 항우를 물리치고 한나라를 세운 후에도 줄곧 마음에 걸렸던지 계포의 목에 천금의 현상금을 걸고 계포를 숨겨주는 사람은 삼족을 멸하겠다고 으름장을 놓았다.

이때 계포는 복양濮陽의 주周씨 집안에 숨어 있었다. 상황이 급박해지자 이 집안의 웃어른이 계포에게 말했다. "천자가 장군의 목에 현상금을 걸었으니 상황이 여간 위급한 것이 아니오. 곧 수색하는 병사가 여기로 올 것인데 장군이 내 계책을 따르지 않는다면 나는 자결할 수밖에 없소."

계포가 제안을 받아들이자 주씨 집안사람들은 그의 머리카락을 깎고 노비들처럼 쇠고리를 목에 채운 다음 거친 천으로 된 옷을 입혔다. 그런 후에 계포를 다른 노비들 사이에 섞어 노魯 나라의 유협인 주가朱家에게 팔았다.

주가는 노비들 속에 숨은 계포를 한눈에 알아보았다. 하지만 의를 중요하게 생각하는 주가는 전혀 내색하지 않고 일단 이번에 새로 사들인 노비들을 자기 농장으로 보내 일하게 했다. 이후 주가는 계포를 가리키며 아들에게 당부했다. "밭에서 농사짓는 일은 이 노비가 하라는 대로 하고 그와 똑같은 음식을 먹거라." 주가는 멍한 표정을 짓는 아들을 남겨둔 채 수레를 타고 여음후汝陰侯를 찾아갔다.

여음후 하후영夏候嬰은 한 고조 유방과 같은 패현沛縣 사람으로 일찍이 유방을 따랐으며 한신을 소하蕭何에게 추천했던 인물이다. '월하추한신'月下追韓信, 달빛을 밟고 한신을 쫓아간다는 말이 바로 그로부터 시작되었다고 할 수 있다.

하후영은 항우를 공격하며 파촉으로 진출했고, 삼진三秦을 평정하는 등 무수한 공을 세웠으며, 전쟁 중에 목숨을 걸고 유방의 아들과 딸, 즉 혜제惠帝와 노원공주魯元公主를 구해내기도 했다. 그 공을 인정받아 하후영은 한이 건국된 후에 여음후로 봉해졌고, 하후씨는 명문가로 발돋움하게 되었다. 《삼국연의》로 잘 알려진 하후돈, 하후연 등이 모두 그의 자손이다.

하후영은 유명한 협객인 주가가 방문하자 손님으로 깍듯이 대접하면서 며칠 동안 함께 술을 마시며 이야기를 나눴다. 그렇게 계속된 술자리에서 주가가 기회를 보아 물었다. "폐하께서 계포를 잡으라 방까지 내리시며 이렇게 조급해하시니 무슨 까닭입니까?"

그러자 하후영은 "계포는 항우의 밑에서 폐하를 여러 차례 공격해 폐하의 목숨을 거의 빼앗을 뻔했었습니다. 폐하께서 분명히 계포에게 원한이 크실 것입니다"라고 대답했다.

주가가 이어서 물었다. "계포는 대체 어떤 사람입니까?"

하후영은 잠시 생각하더니 "분명히 재주가 있는 사람입니다"라고 말했다.

하후영의 대답을 들은 주가는 그제야 안심하며 이야기를 꺼냈다.

"신하라면 주군의 명에 따라야 합니다. 계포가 항우의 수하로서 항우가 시키는 대로 유방을 추격해 죽이려 한 일은 그의 본분이었습니다. 설마 항우를 위해 일한 모든 사람이 죽임을 당해야 하겠습니까? 천하를 평정하기가 무섭게 개인적인 원한으로 계포를 쫓으신다면 폐하께서 도량이 좁음을 만천하에 보여주는 것이 아니겠습니까? 계포가 정말 재주 있는 자인데 한에서 그를 허락하지 않으면 북쪽 흉노에게 도망가거나 남쪽 남월로 갈 것입니다. 이런 식으로 남을 미워하고 적을 돕는 행위는 오자서가 초왕의 시신에 채찍질한 것과 같습니다."

하후영은 주가의 말을 들으며 그가 의로운 협객으로 이름날 만하다고 생각하면서 동시에 계포의 은신처가 어디인지도 눈치를 챘다. 하후영은 내색하지 않고 주가의 제안을 받아들였다.

주가가 저 유명한 오자서의 고사를 언급한 데에서 그가 얼마나 고심했는지를 짐작할 수 있다. 하후영 역시 이해관계를 잘 알고 있었기에 기회를 봐서 유방에게 계포를 용서해줄 것을 건의했다. 유방은 이를 받아들여 계포를 사면하고 그를 낭중郎中으로 임명했다.

뛰어난 사람의 말을 빌려 나의 뜻을 전하라

주가의 이야기는 이 책에서 유일하게 다른 사람에게 말을 전하게 해서 설득에 성공한 사례다. 이 화술의 명칭은 '대변인 구하기'다. 오늘날 대변인이라는 개념은 낯설지 않다. 예를 들어 텔레비전이나 인터넷에서 흔하게 접할 수 있는 광고는 유명인이 소비자를 대변하고 판매자를 대신해 특정 상품의 효과를 확인하고 또 추천하는 방식으로 이뤄진다. 광고에서 유명인을 섭외해 대신 말하게 하는 이유는 첫째, 그들의 영향력을 통해 상품의 인지도를 높이고 둘째, 그들의 친숙한 이미지를 통해 홍보의 설득력을 높이기 위해서다.

마찬가지로 화술에서도 상대방에게 쉽게 다가가 대신 설득할 수 있을 만한 '대변인'은 적어도 한 분야에서 어느 정도 사회적 인지도와 권위를 가진 사람들이어야 한다.

주가는 자신이 황제를 뵙기를 원한다고 해서 성사될 수 있을지도 모르고, 설령 알현에 성공한다고 해도 그저 협객에 불과한 자신의 말이 통하지 않을 것이라는 사실을 잘 알고 있었다. 어쩌면 운이 나빠 나라의 죄인을 숨겼다는 죄명으로 삼족이 멸족당할지도 모를 일이었다. 이러면 득보다 실이 많으니 계포를 구하지 못할 뿐만 아니라 자신의 목숨까지 내놓게 되는 꼴만 된다.

그러나 하후영이 말한다면 유방이 받아들이는 무게가 다를 수밖에 없다. 그는 한의 개국 공신이자 유방의 죽마고우로 고생을 함께하며 혁혁한 공을 세운 사람이기 때문이다. 이처럼 이 화술의 핵심은 상대방에게 자신의 의견을 대신 말해줄 수 있을 만한 자격을 지닌 사람을 찾는 데 있다.

【그대로 따라 하기】

막무가내인 말은
그 논리 그대로 돌려준다

《사기》〈골계열전〉滑稽列傳에서 배운다

어느 상황에서나 효과적으로 쓰이는 설득법이 있다. 바로 상대방의 말을
그대로 따라 하는 것이다. 이런 화술이 가진 가장 큰 장점은 상대방이 자
신을 따라 한 말을 부정할 수 없다는 데 있다. 다만 여기에는 한 가지 준
비가 필요하다. 단순히 그 내용을 흉내 내는 데 그치는 것이 아니라 말에
담긴 의도를 정확하게 파악하고 있어야 한다는 것이다.

"이번에는 그대가 하백을 뵈러 강에 들어가라"

서문표西門豹는 위魏나라 안읍安邑 출신으로 위 문후가 재위하던 시
기 업성鄴城으로 파견되어 현지 집정관으로 일했다. 그는 고향에서 정
치가이자 수리水利 전문가로 이름난 사람이었다고 전해진다.

업성에 도착하자마자 내정 정비에 나선 서문표는 관리들에게 정보
를 얻지 않고, 대신 직접 민간의 장로들을 찾았다. 이들에게 고충을 물
으니 이구동성으로 이렇게 대답했다. "하백에게 신부를 바치는 일로
고통을 받고 있습니다."

하백은 무속신앙에서 이야기하는 '강의 신'이다. 이상하게 여긴 서

문표가 까닭을 묻자 백성들이 더 자세히 말해줬다. "업성의 삼로三老와 정연廷掾이 해마다 하백에게 신부를 바치는 일을 빌미로 재물을 수탈하고 수백만 전을 거둬 갑니다. 그중 수십만 전을 의식에 쓰고 나머지는 모두 무당과 나눠 가집니다. 황도 길일이 되면 무당이 마을을 다니면서 처지가 어려운 집안에서 아름다운 처자를 찾아 그중 한 명을 하백의 신부로 점찍지요. 그들은 예물을 주고 그 처자를 데려와 목욕을 시키고 새 옷을 만들어 입힌 다음 부정한 일들을 멀리하게 합니다. 또 강가에 집을 짓고 안에는 노랗고 붉은 장막을 쳐서 처자가 혼자 살게 하면서 술과 고기를 가져다줍니다.

십여 일이 지나면 그들은 혼인을 위해 준비한 이부자리와 방석 위에 처자를 올려놓고 강물에 띄우는데 길게는 십 리 넘게 떠다니다가 가라앉고 맙니다. 집안에 예쁜 아이가 있는 집은 무당이 자기 딸을 고를까봐 두려워 일찌감치 이곳을 떠났습니다. 그 바람에 업성에 인가가 갈수록 줄고 백성은 점점 더 가난해졌습니다. 전해오기를 만약 강의 신이 신부를 얻지 못하면 크게 노해 이곳이 물에 잠긴다고 하더군요."

서문표는 이야기를 모두 듣고서는 "다음에 강의 신이 신부를 얻을 때 삼로와 무당, 백성들이 모두 오면 알려 주시오. 나도 그 처자를 잘 보내줘야겠구려"라고 일렀다. 당시 '삼로'는 지방에서 백성의 교화를 담당한 향관이며, '정연'은 현령의 하급 관리였다.

마침내 강의 신이 신부를 맞이하는 날, 서문표는 약속한 대로 강가로 나왔다. 업성의 삼로, 정연, 무당, 권세 있는 사람들과 부자들이 모두 현장에 왔고, 그 외에도 시끌벅적하게 구경하러 온 사람들도 족히 이천에서 삼천 명은 되었다. 일흔 살이 넘은 무당은 뒤에 열 명도 넘는 제자들을 거느렸는데 모두 비단으로 만든 화려한 옷을 입고 있었다.

서문표가 큰소리로 말했다. "신부를 데려와라. 강의 신에게 신부로 바칠 정도로 아름다운지 내가 직접 보아야겠다." 이 말을 들은 사람들은 속으로 또 못된 것들과 어울리며 나쁜 짓을 일삼는 관리가 왔다고 생각했다.

사람들의 부축을 받으며 신부가 도착하자 서문표가 다시 큰소리로 말했다. "이 처자는 전혀 아름답지 않으니 하백의 신부가 되기에 적합하지 않구나. 무당 할멈은 들어가서 하백에게 우리가 더 아름다운 처자를 찾을 테니 화내지 말고 며칠만 더 기다려 달라고 전하라."

그런 다음 서문표는 심부름꾼들에게 손짓했다. 그들은 그 뜻을 바로 알아차리고 무당을 붙잡아 휘몰아치는 강물에 던져 버렸다. 서문표는 잠시 기다리더니 못 참겠다는 듯이 말했다. "무당 할멈이 어찌 이토록 오래 있는가? 제자들이 가서 빨리 돌아오라고 채근하라."

심부름꾼들은 또 금세 말귀를 알아듣고 제자 한 명을 붙잡아 강에다 던졌다. 지켜보던 모두가 크게 놀랐지만 감히 서문표의 명을 거역하지는 못했다. 이렇게 연이어 세 번이나 무당의 제자가 한 명씩 강에 던져졌다.

서문표는 답답해하며 다시 말했다. "아마 자초지종을 말하기가 어려운가 보다. 안 되겠다. 수고스럽지만 이번에는 업성의 삼로가 직접 다녀와야겠구나."

말이 끝나자마자 심부름꾼들이 삼로를 강물에 던져 버렸다. 서문표는 비녀를 머리에 꽂고 몸을 굽혀 강에 절하고는 한참을 서 있었다. 정연을 비롯한 다른 관리들은 모두 식은땀을 줄줄 흘리며 꼼짝도 하지 못했다.

　서문표는 다시 참지 못하고 중얼거렸다. "무당이 가도 돌아오지 않고, 제자가 가도 돌아오지 않고, 삼로가 가도 돌아오지 않으니 이번에는 정연을 보내야겠구나."

　말이 채 끝나기도 전에 정연과 관리들이 모두 무릎을 꿇고 머리를 조아리며 용서를 빌었는데 머리를 땅에 찧어 피가 철철 흘렀고 얼굴은 잿빛으로 질려 있었다. 가만히 보던 서문표가 입을 열었다. "모두 일어나라. 보아하니 강의 신께서 우리가 보낸 이들과 느긋하게 이야기를 나누려는 모양인데 아무래도 시간이 길어지겠구나. 일단 모두들 집으로 돌아가자."

　그 날 이후 업성에서 하백에게 신부를 바치는 일은 사라졌다.

상대의 방식으로 그를 다스리다

　셰익스피어의 희극《베니스의 상인》은 '그 사람의 방식으로 그 사람을 다스리는 방법'에 대한 전형적인 이야기다. 샤일록은 안토니오에게 돈을 빌려주면서 이자를 받지 않는 대신 기한 내로 갚지 못하는 경우 심장에 가까운 살 1파운드를 받겠다는 증서를 받는다. 이후 안토니오가 갚기로 한 기한을 어기는 바람에 재판이 벌어지게 되는데, 샤일록은 계약대로 살을 취해야겠다고 억지를 부린다.

　법정에서 재판관인 포샤는 계약 그대로 샤일록이 안토니오의 살 1파운드를 가져가되 그 과정에서 계약에 명시되어 있지 않은 피를 한 방울이라도 흘려서는 안 된다고 주장한다. 피를 보지 않고 살을 베어내는 방법은 없기에 안토니오는 구사일생했고, 샤일록은 베니스 시민의 생명을 위협했다는 죄목으로 재산 절반을 몰수당하고 나머지 절반은 안토니오에게 보상금으로 주라는 선고를 받는다.

서문표가 비리를 저지른 죄인들을 연이어 강물에 내던지는 과정에서 보여준 화술이 바로 상대방이 사용했던 방식 그대로 상대방에게 되돌려주는 '그대로 따라 하기'다. 서문표가 무당, 무당의 제자들, 삼로를 하나씩 강물에 집어 던지면서 한 말은 모두 그들의 방식을 충실하게 흉내 낸 것이었다.

무당과 관리가 결탁해 미신을 앞세운 요사스러운 말로 백성을 해치고 사리사욕을 채워 왔지만, 이미 뿌리 내려진 규칙을 거스르기란 쉬운 일이 아니다. 미신에 깊이 빠진 백성의 반발을 살 수도 있고, 박힌 돌이라고 할 수 있는 무당 무리가 굴러온 돌이나 다름없는 자신에게 역공을 가할 구실이 될 수도 있기 때문이다. 따라서 서문표는 상대방의 주장에 맞춰 하백의 진노를 달래자는 명분을 내세우며 무당과 관리들을 차례대로 강에 빠뜨렸다.

'그대로 따라 하기'의 장점은 상대방이 도저히 반박할 수 없도록 만든다는 데 있다. 상대방의 주장과 명분을 상대방에게 그대로 적용시키는 것이므로 그것을 뒤집으려면 자신의 실패를 인정해야 하는 자가당착에 빠지게 되기 때문이다.

【 대신 말해주기 】

당신의 입속에 맴도는 말을
나의 입으로 옮긴다

《사기》〈소상국세가〉蕭相國世家, 〈고조본기〉古祖本紀,
《자치통감》에서 배운다

사람과 사람이 대화한다는 것은 끝내 삼키고 삭힌 말을 주고받는 과정이
기도 하다. 그래서 우리는 하고 싶은 말을 상대방의 입을 빌려 말하기도
하고, 반대로 상대방의 속을 헤아리며 대신 말해주기도 한다.

입을 다문 황제의 입이 되어준 승상

소하는 한신, 장량과 함께 '한초삼걸'로 꼽히지만, 존재감은 다른 두
사람에 비해 상대적으로 희미한 편이다. 중국인들 또한 '성공도 소하
덕분이요, 실패도 소하 탓이다'라는 속담 말고는 그가 달리 무슨 대단
한 공적을 세웠는지 선뜻 떠올리지 못한다.

그러나 소하는 한 고조 유방이 가장 신임하고 가장 아꼈던 개국 공
신으로서, 매우 독특하면서 신기한 화술을 구사하는 사람이었다. 한초
삼걸 가운데 유일하게 높은 벼슬과 많은 녹봉을 누리며 편안한 말년을
보낸 데에는 이러한 그의 말솜씨가 한몫했다고 해도 과언이 아니다.

소하는 유방과 동향으로 패현의 관리 출신이다. 《사기》에는 "소상

국蕭相國의 소하는 패현 풍읍豐邑 사람으로, 문무해文無害하여 패현의 주리主吏를 지냈다"라고 나와 있다. '문무해'는 '공문을 잘 쓴다'와 '공무에 능하다'라는 두 가지로 해석되는데, 어느 쪽이든 행정 업무에 재주가 있다는 뜻이다. 또한 당시 '주리'는 현을 다스리는 현령장縣令長에 버금가는 관직이었다.

소하가 벼슬을 시작할 무렵, 진시황은 군주가 전국을 직할 통치하는 군현제를 강력하게 추진했다. 군현 행정체계에서는 현의 최고 행정관인 현령장을 조정에서 직접 임명했으며, 기본적으로 외부인 가운데에서 그 인물을 찾았다. 이에 따라 패현의 씨족 출신이 패현의 현령장이 될 수는 없었지만, 그 밑에서 일을 돕는 관리들은 거의 모두 패현 출신이었다. 그러므로 현령장 바로 아래 직위였던 소하는 패현에서 행정 능력이 가장 뛰어난 인물이라고 봐도 무방할 것이다.

옛말에 '물가에 있는 누대에 가장 먼저 달빛이 비친다'라고 했다. 소하는 패현에서 출세하며 유방, 조참, 번쾌, 하후영, 주발 같은 호걸들을 만났는데 이들은 훗날 모두 유방 진영의 핵심 구성원이 되었다. 당시 소하는 그들 중 관직이 가장 높았으나 타고난 혜안으로 그때까지만 해도 보잘것없던 유방의 진가를 알아보고 은밀히 뒤를 봐줬으며, 곤란한 상황에 놓인 유방의 아내를 풀어주기도 했다.

그는 일찍부터 상대방을 배려하고 도울 줄 알았으며 사람의 마음을 세심하게 살펴 알아차리는 능력이 뛰어났다. 이러한 그의 장점은 그가 구사했던 화술에도 큰 영향을 끼쳤다.

진승과 오광이 반란을 일으키자 소하는 유방이 별다른 유혈사태 없이 패현을 장악하도록 도왔다. 소하는 자신의 정치적 역량을 발휘해 유방을 지도자로 추대했고, 현의 장로들을 소집해 향후의 계획을 논의했다. 이에 모두가 유방을 현령으로 받들었고 진나라에 반기를 들었다. 유방은 내심 좋았으면서도 현령 자리를 몇 차례나 사양했다.

"천하에 큰 난리가 나고 제후들이 함께 일어났으니 현령은 반드시 가장 유능하고 명망 있는 사람이 맡아야 합니다. 저는 재주와 품성이 모두 부족해 일을 그르칠 수 있습니다. 만약 어르신들의 뜻마저 그르친다면 몸이 백 개라도 갚을 수 없는 죄를 짓는 것이오니 더 뛰어난 자를 가려 큰일을 도모하시는 편이 좋겠습니다."

장로들은 유방이 겸손하게 말하는 것을 보고 역시 가장 적임자라면서 끝까지 추대했다. 유방은 이와 같은 '일보후퇴' 기술을 기가 막히게 구사하며 재차 사양했는데 소하가 아무리 간곡하게 권해도 소용없었다. 장로들은 할 수 없이 현에서 가장 명망 있는 사람 아홉 명을 뽑고 여기에 유방을 더해 열 명의 후보를 세웠다. 이어 열 명의 이름을 종이에 적어 하늘과 땅에 고한 후에 한 명을 뽑기로 했는데 누가 뽑히든 무조건 현령이 되고 사양할 수 없도록 정했다.

이때 소하가 상황을 보다 계책을 떠올린 다음 모두에게 "하늘에 묻는 것이니 가장 공평한 방법입니다. 이 정도의 수고로움은 당연하지요"라고 말했다. 모든 준비가 끝나자 소하가 다시 돌아서서 말했다. "유방이 지역의 신을 모시는 마음이 강하니 제비를 뽑는 일을 그에게 맡겨 신중을 기하고자 합니다." 그러자 모인 사람 모두가 동의했다.

유방은 하늘에 예를 갖춘 후 제비를 하나 뽑았는데 펼쳐 보니 마침 자신의 이름이 적혀 있었다. 놀란 그는 소하를 바라보며 다시 사양하려 했다. 이를 본 소하가 얼른 앞으로 나가 그릇에 남은 제비를 전부 입에 넣고 잘근잘근 씹더니 큰소리로 "하늘의 뜻이 이러한데 무슨 말을 더 하겠습니까?"라고 했다. 사람들이 모두 이 말을 듣고 우레와 같이 환호성을 지르니 유방은 승낙하지 않을 수 없었다.

그들은 현청 앞마당에서 의식을 거행하며 거사를 맹세하고 초나라의 옛 제도에 따라 유방을 '패공'이라고 불렀다. 나중에 유방은 현령을 뽑을 때 소하가 종이에 쓴 이름이 모두 '유방'이었음을 알게 되었다. 사실 유방 또한 속마음과는 다르게 적당히 사양하는 모양새를 취한 것인데, 이 경우 상황을 제대로 통제하지 못하면 일을 그르칠 수도 있었다. 유방의 속내를 정확히 간파한 소하는 능수능란하게 문제를 해결했다.

"그렇게 말하니 짐이 그대를 탓할 수 없잖은가"

소하는 유방이 천하를 쟁탈하는 과정에서 혁혁한 전공을 세우지는 못했으나 유방이 안심하고 싸울 수 있도록 무리 없이 내정을 다스렸고 후방을 든든하게 지켰다. 그는 진을 무너뜨리는 크고 작은 전투에서 유방의 충동적인 행동을 저지했고, 진나라의 율령, 기록물, 서적 등의 문헌을 보호했다. 또 특유의 혜안으로 뛰어난 인재인 한신을 영입했으며 관중에 남아 병사들을 징집하고 식량을 제때 보급함으로써 유방의 패전을 여러 차례 막았다.

유방은 황제 자리에 오른 뒤에 '한초삼걸'인 장량, 소하, 한신을 각각 평가했는데 소하에 대한 평가는 이러했다. "나라를 안정시키고 백성을 돌보며 전방에 식량을 공급하고 보급로가 끊어지지 않게 하는 일이라면 나는 소하만 못하다."

유방은 소하의 내정 능력을 인정하고 그를 국가의 보물로 여겼다. 그래서 천하를 평정한 다음 공에 따라 분봉할 때 소하를 개국 공신 가운데 으뜸이요, 여러 재상 중에 최고라고 치켜세우면서 식읍을 만 호나 내렸다.

보상과 분봉이 마무리되자 이번에는 수도를 정하는 문제가 시급해졌다. 여러 생각을 들은 유방은 관중을 수도로 정하고 승상 소하에게 황궁을 짓도록 명했다. 이후 미앙궁未央宮이 완성되자 소하는 유방이 직접 시찰할 것을 권했다. 이때 소하는 어가를 맞이하고 직접 유방을 안내했다.

유방은 황궁을 둘러보더니 너무 웅장하고 호화롭다면서 소하를 나무랐다. "짐이 봉기한 까닭은 백성을 구하기 위해서였다. 지금 천하를 평정했으나 백성은 여전히 가난하고 재물은 바닥났다. 그런데 어찌 황궁을 이리도 호사스럽게 지었는가?"

속에 없는 소리는 유방이 자주 쓰는 수였는지 소하는 당황하지도 않고 말했다. "폐하께서 이제 막 천하를 평정하시어 더 많은 사람과 물자를 거두어서 이렇게 황궁을 지을 수 있었습니다. 황제는 사해를 집으로 삼아야 황궁의 위용을 떨칠 수 있고, 훗날 후손들이 궁을 다시 짓지 않게 됩니다."

소하의 대답이 그럴듯했는지 유방은 금세 화가 풀려 반색했다. "그렇게 말하면 자네를 탓할 수 없잖은가."

소하는 유방이 자신을 위로하는 말을 듣고는 이렇게 말했다. "미천한 신이 저지른 일을 폐하께서 너그럽게 용서하셨지만, 앞날이 머니

또 어느 때에 잘못을 저지를지 알 수 없습니다. 청컨대 폐하께서 많이 가르쳐 주시옵소서."

유방은 매우 흡족한지 미소를 지으며 말했다. "공이 일하는 데 있어 선견지명이 남다르다는 것을 잘 알고 있다. 이곳을 공격할 때 혼란한 틈을 타 모두들 궁전에 들어가 귀한 것을 취했다. 오직 공만이 서책과 장부를 챙기고 맡은 일을 했었지."

소하 역시 웃으며 답했다. "신은 잘하는 일이 없어 평생을 말단 리吏로 살았습니다. 이에 이전 왕조의 서적을 보물로 여겨 평소에 거울로 삼았는데 오늘 폐하의 말씀으로 모두 드러났습니다. 천성적으로 총명하시어 사사건건 주의를 기울이시니 신은 폐하의 만 분의 일도 미치지 못합니다."

유방은 크게 기뻐하며 미앙궁 주변을 가리키면서 말했다. "이곳에 성벽을 더 쌓아서 도읍으로 삼고 '장안'이라고 부르겠다!"

서한西漢은 장안을 수도로 삼아 200여 년 동안 계속되었다. 소하가 바로 이 도시의 설계자였다.

상대가 하고 싶은 말을 대신 해줄 때 기회가 찾아 온다

소하가 유방에게 사용했던 화술은 '대신 말해주기'다. 이 화술이 '대변인 구하기'와 다른 점은 입을 빌리는 것이 아니라 빌려주는 것이며, 그 대상 또한 제삼자가 아니라 '당신', 바로 앞에 있는 상대방이라는 것이다. 즉 상대방이 직접 말할 수 없어서 내가 대신 그가 하고 싶은 말을 할 때 사용하는 화술이다.

유방과 소하가 나눈 대화를 복기하자면, 유방은 웅장하고 화려하게 지어진 황궁을 보며 내심 기뻤을 것이다. 다만 황제라는 위치 때문에 솔직하게 기분을 표현할 수 없었을 뿐이다. 유방은 백성을 위하는 모습을 보여야 했으므로 속마음과 달리 소하를 나무랐다. 소하는 그런 유방의 처지를 잘 알고 있었다.

그는 순식간에 백성에게 부담을 지우면서까지 황궁을 화려하게 지을 수밖에 없었던 두 가지 이유, 즉 '천하가 이제 막 안정되었다'는 것과 '나중에 두 번 짓는 일이 없도록 한번 지을 때 넉넉하게 마련해야 한다'는 명분을 찾아냈다. 사실 이 두 가지가 딱히 타당하게 들리지 않을 수도 있지만, 유방은 소하의 말에 맞장구를 쳤다. 두 사람은 서로를 너무 잘 알고 있었기에 즐거운 대화를 나눌 수 있었다.

또 소하는 사람의 마음, 특히 제왕의 마음을 헤아리고 넘겨짚는 데 탁월했다. 유방을 패공으로 모시는 과정에서 제비뽑기할 종이 열 장에 전부 '유방'이라고 쓴 일도 어떤 의미에서는 '대신 말해주기' 화술을 쓴 것이라고 할 수 있다.

이후 소하는 유방 곁에서 한신, 영포 등 공을 많이 세운 신하들을 숙청하는 일을 신중히 도왔고, 교묘하게 자신의 청렴결백함을 드러내며 자세를 낮췄다. 덕분에 그는 다른 공신들과는 다르게 끝이 평탄했다.

어른이라면 책임을 지고 말할 줄 알아야 한다

《사기》〈원앙조조열전〉袁盎鼂錯列傳에서 배운다

사회에 진입하는 순간 우리 몸에는 뭔가가 하나 덧붙여지는데 이를 '역할'이라고 한다. 관계망 속에서 부여받은 이러한 역할들은 우리 어깨 위에 그에 걸맞은 책임을 한 가지씩 올려놓는다. 나아가 우리가 말할 때에도 주어진 책임과 위치에 맞는 말을 하도록 종용한다.

충신이기에 충신에 걸맞는 말을 한다

중국에서 점술은 오랜 역사를 가지고 있는데 한 왕조에서는 '관상'을 특히 신봉했다. 이 시기에 관상가 허부許負는 관상을 보고 미래를 점쳐서 '명자정후'鳴雌亭侯로 봉해지기까지 했다. 여러 사료에도 관상에 근거한 말이 꽤 많이 등장한다.

예컨대 대장군 위청衛靑이 말을 기르는 기노騎奴의 신분일 때 다른 죄수들은 그가 지금은 비록 비천하나 장차 출세할 관상이라고 했고, 영포는 젊은 시절에 점쟁이로부터 경형을 받으면 후에 왕이 될 만한 관상이라는 말을 들었다. 심지어 한 고조 유방은 관상술로 '예언'을 하기도 했다.

고대 중국에서는 형제 중 첫째를 백伯, 둘째를 중仲, 셋째를 숙叔, 막내를 계季라 불렀으므로 막내였던 유방은 어릴 적에 '유계'劉季라는 이름으로 불렸다. 유방의 장인 여태공呂太公은 관상의 달인으로 당시 날건달에 불과했던 '유씨네 집 막내아들'의 가능성을 간파하고 딸 여치呂雉를 시집보냈다.

장인의 영향을 받은 것인지는 알 수 없으나 유방 역시 관상술을 동원해 타인을 가늠하곤 했다. 유비劉濞는 삼촌인 유방을 따라 회남왕 영포의 반란을 진압했다. 유방은 유비의 공을 높게 사 오왕吳王으로 봉하고 동남쪽 3군 53개 현을 다스리게 했다.

그로부터 얼마 지나지 않아 유방은 유비를 마주할 일이 있었는데, 그의 얼굴을 찬찬히 들여다보다가 화들짝 놀라더니 "네놈이 반란의 상이구나!"라고 소리쳤다. 그러나 이미 왕으로 봉해놓고 다시 명을 거둘 수 없었던 유방은 유비의 등을 두드리며 경고했다. "오십 년 뒤에 동남쪽에서 반란이 일어날 것인데 설마 네가 벌이는 짓은 아니겠지? 우리는 한집안 식구인데 그런 일은 벌이지 말거라."

그러나 유방이 죽고 그의 아내인 여태후呂太后가 권력을 장악하자 유비는 훗날을 대비하기 시작했다. 유비는 자신의 영지에 구리 광산을 두고 있고 바다와도 인접했다는 이점을 살려 천하의 망명객들을 불러 모아 동전을 찍어내고 소금을 만들었다. 그 덕분에 오의 국고가 어느 때보다 넘쳐났다.

그러던 중 한 문제가 즉위한 이후 사고가 벌어졌다. 한번은 유비의 아들 유현劉賢이 상경해 태자 유계劉啓와 술을 마시고 바둑을 뒀다.

유비의 아들은 전형적인 '아비의 이름에 먹칠하는 자식'으로 바둑을 두다가 태자와 언쟁하는 등 불손한 태도를 보였다. 태자, 즉 미래의 경제景帝도 보통내기가 아니라 바둑판을 들어 유현의 머리통을 내리쳤다. 유현은 그 자리에서 비명횡사했다.

제후의 아들이 죽었지만 가해자가 태자이다 보니 유현의 시신을 급히 돌려보내는 것 말고는 다른 방도가 없었다. 아들의 시신을 확인한 유비는 괴로움과 분노에 휩싸여 절규했다. "고조께서는 천하가 우리 유씨의 것이니 죽은 곳에서 묻히리라 했다!" 그는 곧 다시 사람을 시켜 유현의 시신을 장안으로 보내 장례를 치렀다.

이때부터 황실에 깊은 원한을 품은 유비는 매번 아프다는 핑계로 상경하지 않았다. 하지만 온 천하가 유비가 아들 일로 한이 맺혀서 상경하지 않음을 알고 있었다. 내내 괘씸하게 여기며 벼르던 조정은 유비가 사신을 보내자 잡아들여 심문했다. 이 일로 원한이 두려움으로 바뀐 유비는 자신을 지키기 위해 더욱 적극적으로 반란을 준비했다.

이후에 유비가 다시 보낸 사신들도 모두 구금되었는데 그들은 황제의 심문에 이렇게 대답했다. "오왕에게 병이 없는 것은 맞습니다. 그러나 사신을 보내는 족족 이렇게 잡아들이니 어찌 감히 올 수 있겠습니까? 물이 맑은 곳에 물고기가 없는 까닭은 속이 너무 잘 보여 사람에게 낚이거나 새들에게 잡아먹히기 때문입니다. 조정의 심문이 이토록 엄중하오니 오왕은 숨으려고만 할 것입니다. 그러니 폐하, 더는 추궁하지 마시고 슬쩍 문을 열어주시면 어떻겠나이까?"

문제는 사신의 말에 동의하고 유비가 이미 고령이니 앞으로도 도성에 올 필요가 없다고 공표했다. 이렇게 해서 황제를 업신여긴 죄를 더 이상 묻지 않자 반란을 도모하던 유비의 마음도 조금은 느슨해졌다.

그러나 조정에서 유비의 야심을 눈치 챈 사람이 없지는 않았다. 유비의 아들 유현을 때려죽인 태자의 곁에는 태자가령太子家令을 맡고 있던 조조晁錯가 있었다. 태자가령이란 태자가 머무는 동궁의 집사로 태자의 식사뿐 아니라 곳간까지 전반적으로 관리하는 직책이다.

조조는 문제에게 장차 제위를 계승할 태자에게 하루라도 빨리 나라를 잘 다스리는 방법에 대해 가르쳐야 한다는 상서를 올려 태자의 교육과 일상을 책임지는 직책으로 발탁되었다. 태자 유계 또한 조조를 무척 신뢰했다.

조조가 보기에 유비를 이대로 방치했다가는 장차 골칫거리가 될 것이 분명했다. 조조는 이에 대해 태자에게 여러 차례 진언했으나 당시 태자는 권력을 가지고 있지 못해 손을 쓸 수가 없었다. 이에 조조는 문제에게 거듭 상서를 올렸다. 그러나 성정이 너그러웠던 문제는 같은 집안인 유비를 차마 벌하지 못했고, 유비는 점점 더 오만해졌다.

기원전 157년 문제가 붕어하고 유계가 즉위했다. 새로운 황제로부터 두터운 신임을 받아온 조조는 즉시 내사內史에 임명되고 얼마 안 있어 다시 어사대부 자리에 올랐다. 그는 경제와 독대할 수 있는 몇 안 되는 신하였다.

조조가 경제에게 간했다. "고조께서 천하를 통일할 때 형제가 적고 아들이 아직 어리다 보니 같은 성을 가진 사람들에게 영지를 많이 나눠줄 수밖에 없었습니다. 고조께서는 조씨 성을 가진 여자로부터 아들 유비劉肥를 두었는데 그는 제왕齊王에 봉해져 70여 현을 받았습니다. 고조의 이복동생인 유교劉交는 초왕楚王으로 봉해져 40여 현을 다스럽니다. 고조 둘째형의 아들인 유비劉濞는 오왕으로 봉해진 후 50여 현을 받았습니다. 지금 말씀드린 셋만 해도 거의 천하의 절반을 나눠 가졌습니다.

유비는 아들이 죽었다고 상경하지도 않는데 이는 옛 법령대로 하자면 목을 잘라야 마땅한 죄입니다. 선제께서는 상경하지 않아도 된다고 특별히 허락하셨지만, 유비에게 조금이라도 감사한 마음이 있을는지요? 다른 나라에서 죄지은 자들을 꼬드겨 데려와서는 사사로이 돈을 찍어내고 소금을 만드는 짓은 언제라도 목이 잘릴 수 있는 죄입니다. 폐하께서는 정녕 유비가 아들을 죽인 원수에게 신복의 예를 다하리라 생각하십니까?

만약 법령에 따라 영지를 회수하겠다고 하면 유비는 분명히 반란을 일으킬 것입니다. 그렇다고 처벌하지 않으면 지금은 아니어도 훗날 반드시 반란을 일으킬 것입니다. 다만 지금 벌을 내리면 성급하게 반란을 일으키게 되니 피해가 상대적으로 적을 것입니다. 그렇지 않고 훗날 반란을 일으키면 만반의 준비를 했을 테니 매우 해로울 것입니다."

"어사대부로서 황제를 위해 말할 수밖에 없습니다"

기원전 154년, 조조는 본격적으로 삭번을 추진했다. 먼저 초왕 유교에게 태후의 상중에 몰래 음탕한 짓을 했다는 죄를 물어 처형하려 했지만 경제는 초왕을 사면하고 대신 동해군東海郡을 회수했다. 이어 조조는 오왕 유비에게 구리 광산이 있는 예장군豫章郡과 회계군會稽郡

264

을, 조왕 유수劉遂에게 하간군河間郡을 각각 회수했다. 또 교서왕 유 앙膠西王 劉仰에게서는 관직을 파는 부정한 행위를 했다 해서 여섯 개 현을 회수했다.

조정에서 어떻게든 방법을 찾아 제후국들의 영지를 삭탈하자 유비 는 이야말로 토사구팽이라며 분통을 터뜨렸다. 유비는 영지를 빼앗긴 다른 제후들에게 연락해 함께 반란을 일으킬 계획을 세웠다. 유비의 사신이 가장 먼저 교서왕 유앙을 찾아가 서신이 아니라 말로 은밀히 뜻을 전했다.

"황제는 간신에게 속아서 법령을 바꿔 제후들의 영지를 삭탈했습니 다. 지금 조정의 행태는 도를 넘었으니 우리 유씨들이 힘을 합쳐 고조 께서 이룩한 강산을 보호해야 합니다. 듣기에 전하께서는 관직을 판 일로 영지를 몰수당했다고 하던데 마찬가지로 우리 오왕께서도 군 두 곳을 빼앗겼습니다. 이외에도 어쩔 수 없이 영지를 내놓아야 했던 제 후들이 적지 않습니다. 적이 같으면 연합할 수 있고, 취미가 같으면 교 제할 수 있으며, 감정이 같으면 서로 이뤄질 수 있고, 염원이 같으면 함 께 추구할 수 있으며, 이익이 같으면 운명을 함께할 수 있습니다. 오왕 과 전하께서 바로 그런 분들이니 하늘의 도리에 따라 함께 해로운 무 리를 없애버리는 것이 어떻겠습니까?"

이 말을 들은 유앙은 깜짝 놀랐다. "지금 반역을 이야기하는 게요? 비록 폐하께서 나를 벌했지만 따지고 보면 내가 먼저 죄를 지은 것인 데 어찌 반란을 꾀할 수 있겠소."

그러자 사신이 급히 말했다. "조조라는 자가 황제를 현혹하니 많은 사람이 그를 증오합니다. 지금 메뚜기 떼로 백성이 살기 힘들 때를 틈타 출병하신다면 오왕이 전하를 따라 천하를 차지할 것입니다. 우리가 보는 곳은 반드시 굴복할 것이며, 우리가 가리키는 곳은 반드시 함락될 것입니다. 대왕께서 함께해 주신다면 오왕과 초왕이 함곡관을 정복해 형양滎陽의 곡창지대까지 지켜낼 수 있습니다. 앞으로는 두 군주가 천하를 나눠 다스리게 되오니 이 어찌 '향기롭지' 않겠습니까?"

결국 유앙은 사신의 제안에 동의했다. 이후 유비가 직접 유앙의 궁을 방문해 맹약을 맺으면서 반란을 위한 연합이 완성되었다. 제후들이 금세라도 들고 일어날 듯한 불안한 정세에서 조정도 평안하지만은 않았다. 다른 대신들은 조조가 추진하는 삭번을 감히 반대하지 못했는데 유독 두영竇嬰이 거침없이 반대하고 나섰다. 조조와 두영의 관계는 빠르게 악화되었다.

또 조조는 원앙袁盎이 제후로부터 뇌물을 받은 일을 밝혀 처형하려 했으나 경제가 사면을 내려 원앙을 평민으로 강등하는 선에서 처벌이 마무리되었다. 이 일로 조조와 원앙은 서로 물과 불처럼 적대했다. 이 외에도 조조는 주아부周亞夫, 역상酈商, 난포欒布 등의 대신들과도 전부 사이가 틀어졌다. 엄밀히 말하면 조조 주변에 아군이라고는 그의 주군인 경제뿐이었다.

조조의 아버지는 이를 알고 고향 영천에서 달려와 아들에게 조언했다. "폐하께서 즉위한 지 얼마 되지 않았는데 너는 큰 권력을 얻고도 부족한 것이냐? 제후들의 영지를 삭탈해 황족들 사이를 이간질하면 폐하께서 혈육을 멀리하시게 될 것이다. 굳이 사람들이 네게 등을 돌리게 만드는 까닭이 무엇이냐?"

조조는 "이렇게 하지 않으면 천자의 위엄이 실추되고 강산이 안녕

하지 못할 것입니다"라고 대답했다.

조조의 아버지는 침울한 표정으로 말했다. "유씨의 천하는 평화로워지겠으나 대신 우리 조씨의 가문이 위험해지겠구나. 나는 장차 가족에게 재앙의 불씨가 튀는 것을 보고 싶지 않으니 너와 연을 끊겠다!" 얼마 후, 조조의 아버지는 독을 먹고 스스로 목숨을 끊었다.

불안한 정세 속에서 일곱 제후국이 한꺼번에 반란을 일으켰다. 이른바 '7국의 난'이다. 제후들은 '조조를 주살하고, 간신을 징벌하라'라고 쓰인 깃발을 내걸고 황제를 압박했다. 오왕 유비는 전국 동원령을 내려 20만 대군을 이끌고 조정에 맞섰으며 나머지 제후들도 이에 호응했다.

제후들이 반란을 일으켰다는 소식이 전해지자 경제는 오에서 국상을 지냈었던 원앙을 급히 불렀다. 신분이 강등되어 쫓겨났던 원앙은 그렇게 조정으로 돌아왔고, 마침 경제와 군량미와 보급에 대해 논의하던 조조와 마주쳤다.

경제가 난국을 타개할 대책을 묻자 원앙은 먼저 좌우를 모두 물리쳐 달라고 요청했다. 이에 경제는 조조만 남기고 모두 나가게 했는데 원앙이 다시 노골적으로 요청했다. "신하들도 모두 물러가라 해주십시오." 이에 경제가 나가 있으라고 명령하자 조조는 매우 화가 났지만 다른 방도가 없었다.

원앙은 그제야 말을 시작했다. "모든 화는 조조가 제후들을 무단으로 처벌하고 영지를 몰수한 일에서 비롯되었습니다. 지금 반란을 잠재울 수 있는 가장 쉬운 방법은 조조를 죽여 제후들을 위로하고 빼앗았던 영지를 돌려주는 것입니다."

경제는 한참이나 침묵하다가 간신히 입을 열었다. "짐이 천자로서 한 사람을 아끼느라 천하를 버릴 수는 없다. 하지만 정녕 그 방법밖에 없겠는가?"

원앙은 "어리석은 신의 머릿속에는 이보다 나은 계책이 없으니 부디 살펴주시옵소서"라고 대답했다.

경제는 결국 원앙의 제안을 받아들였다. 십여 일 후, 경제가 적당한 구실을 들어 조조를 불렀다. 조조가 탄 가마가 장안의 동쪽 시장을 지날 무렵, 호위하는 자들이 경제의 칙령을 읽고는 그 자리에서 조조를 베었다.

조조가 죽은 뒤 원앙은 사신 자격으로 유비를 만나러 갔다. 사신 일행이 도착했을 때 오와 초의 연합군은 이미 양국梁國의 성을 공격하기 시작한 터였다. 원앙이 만나기를 요청하자 유비는 웃음을 터트렸다. "조조도 죽었으니 계속 경제의 신하 노릇을 해달라고 말하러 왔겠지. 하지만 나는 이제 곧 황제가 될 사람인데 아직도 그에게 무릎을 꿇어야 하는가?"

유비는 원앙과의 만남을 거부하고 오히려 사람을 보내 그를 억류했다. 원앙은 어둠을 틈타 가까스로 탈출했다.

경제는 결정적인 순간에 '차車를 버려 장將을 지키는' 방식을 택했고, 황제의 장기판 위에서 조조는 버리는 패로 전락했다. 사실 경제는 조조가 군사를 이끌고 반란군과 싸우는 주아부 등과도 사이가 틀어진 사실을 모두 알고 있었다. 만약 그들마저 전선에서 반란을 일으킨다면 국정을 되돌릴 방법이 없으니, 원앙의 제안이 아니었더라도 조조는 죽어야 했다.

주어진 책임을 온전히 다하는 것

길거리에서 죽임을 당한 조조가 우리에게 남긴 화술은 '자리에 맞게 말하기'다. 아마 '자리에 맞게 말하는 것이야 너무나 당연한데 무슨 화술씩이나 된다며 강조까지 하는가?'라는 의문을 품을 것이다. 하지만 실제로 자리에 맞게 말하는 것은 생각만큼 쉬운 일이 아니다. 이 화술을 실행시키기 위해서는 세 가지를 유념해야 하기 때문이다.

첫째, 자신의 자리에 맞게 꺼낼 수밖에 없는 말에는 큰 부담과 위험이 따를 수 있다. 따라서 우선 말을 꺼내야 할지, 말아야 할지부터 깊이 생각해 봐야 한다.

둘째, 자신의 자리에 맞게 말하기로 결심했다면 어떤 방식으로 말해야 하고, 그 결과를 어떻게 받아들일 것인지에 대해 고민해야 한다.

셋째, 자리에 맞는 말을 하느라 위험을 감수하면서도 동시에 자신을 보호하는 방식까지 찾기란 보통 어려운 일이 아니다. 만약 이 두 가지를 모두 해낼 수 없다면 반드시 전체의 이익을 개인의 이익보다 우선시해야 한다.

조조는 황제가 태자일 때부터 세 번이나 황제의 친족인 오왕과 초왕을 직접 겨냥했다. 그때 조조가 장차 자신이 맞닥뜨리게 될 위험에 대해 몰랐을 리가 없다. 어쩌면 최악의 결과까지 이미 각오했을 수도 있지만, 그는 어사대부로서 해야 할 말을 완수했다.

어떻게 해야 대화를
장악할 수 있을까?

복잡한 이야기는 수학 공식처럼 정리하라

《사기》〈평원군우경열전〉平原君虞卿列傳 에서 배운다

대중 앞에서 행하는 연설부터 가벼운 일상의 대화에 이르기까지 모든 말에는 논리적 사고가 요구된다. 소통은 감성의 영역이라고 하지만, 그 또한 전달하고자 하는 바를 명확하게 정리한 다음에야 통할 수 있다. 그래서 뛰어난 논리가 뛰어난 언변으로 이어지지는 않지만, 뛰어난 말은 반드시 뛰어난 논리적 사고를 바탕으로 한다.

서랍을 정돈하듯 차곡차곡 정리된 말

"산을 그리되 그 높이를 그리기 어렵고, 나무를 그리되 그 끝을 그리기 어렵다. 호랑이를 그리되 뼈를 그리기 어렵고, 사람을 그리되 그 마음을 그리기는 어렵다." 옛날 점쟁이들은 점을 보러 온 사람에게 이런 말로 이야기를 시작하곤 했다. 우경虞卿 은 용한 점에 빗댈 정도로 남다른 선견지명을 가지고 있었으며, 장평대전의 결과 또한 미래를 다녀온 듯 정확하게 예측했다.

우경의 원래 이름은 우신虞信 으로 효성왕孝成王 시절 조趙 나라에서 상경을 지내 우경이라고도 불린다. 나중에 우경의 후손들이 그의 직함을 성씨로 삼으면서 '경씨'의 시조가 되었다고 한다.

장평대전 초기에 효성왕은 강국인 진秦나라와 싸워봤자 무의미하다고 여기고 화의를 청하고자 했다. 그러나 우경은 보물을 들고 진에 가서 조아리느니 차라리 그 보물들을 가지고 위魏나라와 초나라에 가는 편이 낫다고 주장했다. 이 두 나라가 조의 사신을 쫓아내지만 않는다면 진은 반드시 조가 위, 초와 연합해 맞서는 상황을 두려워할 것이기 때문이다. 우경은 진과 제대로 협상하기 위해서는 먼저 상대방에게 자신들이 만만치 않다는 것을 증명해야 한다고 여겼다.

그러나 효성왕은 두 나라에게 큰 선물을 보내기가 어려웠는지 이를 허락하지 않고 우경 대신 평양군 조표趙豹에게 진과의 협상을 맡겼다. 조표는 다시 신하 정주鄭朱를 사신으로 삼아 진에 화의를 청했다. 다행히 진은 정주를 내쫓지 않았다. 이에 효성왕은 신이 나서 우경에게 말했다. "보아라. 위와 초에 선물을 보낼 필요도 없이 진이 우리의 뜻을 알고 사신을 받아들이지 않았느냐!"

그러나 우경은 "이번 강화는 이미 끝났습니다. 조는 진에 틀림없이 패할 것입니다"라며 탄식했다.

이제 진은 조의 사신이 화의를 청하러 왔다고 사방에 떠벌릴 테고, 주변 제후들은 조가 이미 진에 굴복했다고 여겨 지원군을 보내지 않을 것이기 때문이다. 실제로 진은 조의 화의를 거절했고, 조는 장평에서 진에 참패했다. 장평대전에서 조는 45만 명을 잃었고, 진 역시 30만 명이 전사하는 혹독한 대가를 치른 것으로 추정된다.

기원전 259년, 장평대전에서 승리한 진이 조의 도읍 한단을 포위하자 성 안의 군민이 한마음으로 힘을 합쳐 진에 저항했다. 그렇게 버티고 버티다가 물자가 떨어지자 조는 위, 초에 지원군을 요청했다. 기원전 257년 12월, 조, 위, 초 세 나라가 연합하자 진은 포위를 풀고 한단에서 물러났다. 적들이 겹겹이 에워싼 상황에서 수도 방어에 성공한 효성왕은 승자의 자세로 조학趙郝 을 진에 사신으로 보냈다. 그러나 조학이 받아온 진의 강화 조건은 '여섯 개 성을 할양하라'였다.

나라를 팔라는 것과 다를 바 없는 조건을 들은 우경이 효성왕에게 말했다. "진은 한단에서 처참하게 패해 물러났습니다. 그들이 이렇게 많은 대가를 치르고도 빼앗지 못했던 땅을 전하께서 거저 주신다면 진은 내년에 다시 우리를 공격할 것입니다. 그때는 우리가 스스로를 구할 수 없을 것입니다."

진에서 돌아온 조학이 우경의 말에 반박했다. "우경은 진이 어떤 상황인지 전혀 알지 못합니다. 진이 더 내놓을 패가 있을지 없을지는 누가 알겠습니까? 이번에 여섯 성을 달라는데 주지 않으면 또 우리를 공격할 것이고, 그때에는 이 정도에 그치지 않을 것입니다."

효성왕은 급히 "성 여섯 개를 주면 진이 다시는 공격하지 않으리라 장담할 수 있느냐?"라고 물었다. 이에 조학은 이런저런 이유를 댔지만, 확실한 답을 내놓지는 못했다.

우경은 조학의 말을 듣자마자 이렇게 말했다. "땅을 떼어 주면서까지 화친을 구해도 앞으로의 안녕을 보장받을 수 없다면 여섯 성을 할양하는 의미가 있겠습니까? 장차 진이 또 우리를 공격하면 그때마다 땅을 줘야 한단 말입니까? 이는 멸망을 자초하는 선택일 뿐입니다."

효성왕은 여전히 결정을 내리지 못했다. 이때 조 무령왕 때의 신하였다가 지금은 진의 신하가 된 누완樓緩이 한단에 왔다. 효성왕은 자신

을 배신하고 떠났던 자를 무방비로 맞이하면서 조가 진의 강화 조건을
받아들여야 할지에 대해 상의하기까지 했다.

누완의 대답은 이러했다.

"옛날에 공보문백公甫文伯이라는 사람이 병으로 죽자 첩 두 명이 그
를 따라 자결했습니다. 그러나 그의 어머니는 아들이 죽었는데도 눈물
한 방울 흘리지 않는데 공자가 노나라에서 쫓겨날 때 공보문백이 따
르지 않았기 때문이었습니다. 그의 어머니는 아들의 첩들이 따라 죽은
일은 자기 아들이 그들을 지극히 사랑했기 때문일 뿐이라 했습니다.
이 말이 고인의 어머니에게서 나왔으니 사람들은 그녀가 참으로 의롭
다고 생각했습니다. 하오나 만약 이 말이 공보문백의 아내에게서 나왔
다면 질투로 받아들여졌을 것입니다.

제가 지금 진의 신하로서 땅을 넘기지 말라고 아뢰면 조가 불행할
것이요, 땅을 어서 넘기라 아뢰면 전하께서 제가 진을 대변하는 줄로
아실 것입니다. 다만 개인적으로는 땅을 할양하는 편이 낫다고 생각합
니다. 진과 조, 두 나라가 싸우면 다른 제후들이 기뻐할 것입니다. 만약
진이 조를 에워싸면 각국의 제후가 보낸 사신들이 모두 진의 도읍으로
달려와 축하를 전하고 조를 공격해서 진에 충성심을 보일 것입니다.
그러나 땅을 진에게 내어주면 천하는 진과 조가 화목하다고 여겨 감히
조를 나눠 가질 엄두도 내지 못할 것입니다. 겨우 여섯 성을 잃는 것으
로 진과 친교를 맺고 다른 제후들을 놀라게 할 수 있는 셈입니다."

누완의 말을 들은 우경은 더는 가만히 앉아 있지 못하고 효성왕에게
말했다.

"정말이지 허튼소리입니다! 누완은 폐하를 흔들기 위해 온 것입니

다. 위, 초 두 나라와 연합해 한단의 포위를 끊어낸 조가 진에게 고개를 숙인다면 이는 조의 연약함을 만천하에 보이는 것입니다.

만약 정말로 여섯 성을 잃어야 한다면 차라리 제나라에게 주십시오. 제와 진은 철천지원수이니 이 여섯 성으로 제와 연합해서 진을 공격할 수 있습니다. 제는 기꺼이 받아들여 진에게 복수하고 원한을 풀 것이며, 우리도 장평의 치욕을 함께 씻을 수 있습니다. 우리가 잃은 여섯 성도 진의 영토에서 빼앗아 올 수 있습니다. 일단 제와 조가 연합해 진을 공격한다는 소식이 전해지면 진이 곧 선물을 가지고 와서 우리에게 화의를 청할 것입니다. 그때 만약 우리가 받아들이면 한韓과 위는 진이 굴복한 것을 보게 될 테니 어찌 우리와 친교를 맺지 않을 수 있겠습니까? 이야말로 여섯 성을 들여 제, 한, 위와 함께하게 됨으로써 진이 스스로 잘못을 인정하도록 만드는 올바른 방식입니다."

우경의 의견을 들은 효성왕은 더 주저하지 않고 즉시 우경을 제에 사신으로 보내 함께 진을 무너뜨릴 계획을 논의하게 했다. 실제로 우경이 제를 방문한 일이 채 끝나기도 전에 화의를 청하기 위해 진의 사신이 한단에 도착했고, 누완은 즉시 진으로 도망쳤다. 효성왕은 이렇게 큰 공을 세운 우경에게 영지를 상으로 내렸다.

똑 부러지게 핵심을 전달하는 비법

우경의 말에서 두드러지는 화술은 '논리적 라인 밝히기'다. 이 화술에 대해 쉽게 설명하자면 사안에 대한 생각을 명료하게 정리해 딱 부러지게 말하는 것이라고 할 수 있다. '논리적 라인 밝히기'를 실행하기 위해서는 두 가지 준비를 갖춰야 한다. 먼저 논리적 사고와 엄밀한 추론 방식을 통해 말하고자 하는 바를 깔끔하게 정리할 수 있어야 하며, 그렇게 정리된 화자의 의도를 듣는 사람이 정확하게 이해할 수 있도록 쉽게 풀어서 전달할 수 있어야 한다.

우경은 다음과 같은 '논리적 라인 밝히기' 과정을 통해 복잡한 주변 정세와 조나라의 결정이 가져올 흐름을 명쾌하게 정리했다.

첫째, 여섯 성을 진에 넘겨 얻은 평안은 오래가지 않는다.

둘째, 여섯 성을 진에 넘기면 주변 제후들이 조를 업신여길 것이다.

셋째, 여섯 성을 진에 넘기면 조는 잃어버린 땅을 되돌릴 수 없다.

넷째, 여섯 성을 제에게 주면 조는 진으로부터 땅을 빼앗을 수 있다.

다섯째, 여섯 성을 제에게 주면 주변 제후들이 우러러볼 것이다.

여섯째, 여섯 성을 제에게 주면 진을 제압하고 내내 평안할 수 있다.

일곱째, 진에 땅을 내어주라는 권유는 조를 흔들기 위한 수작이다.

그럼으로써 갈팡질팡하던 자신의 군주가 올바른 결단을 내릴 수 있도록 이끄는 데 성공했다.

말의 방향을 미리 설계한 사람이 대화를 주도한다

《사기》〈조세가趙世家〉에서 배운다

물에 길이 나듯 말에도 길이 든다. 자유분방하게 전개되는 것처럼 보이는 대화도 사실은 누군가의 의도대로 통제되어 흘러가는 경우가 많다. 화술에 능한 사람은 자기 목소리를 강하게 내지 않고 말의 방향을 장악하는 것만으로도 대화에서 원하는 바를 얻는다. 그래서 대화를 나눌 때에도 오가는 말이 어디쯤 놓여 있는지를 확인할 수 있는 나침반이 필요하다.

"어서 사람을 보내 미인을 더 데려오라 하셔야지요"

진晉나라가 진秦나라에 패한 뒤인 기원전 621년, 진 양공晉 襄公이 병으로 죽고 이듬해 진 영공晉 靈公이 아버지의 뒤를 이어 즉위했다. 영공은 어떻게든 놀 궁리만 하는 전형적인 혼군이었고, 당시 진의 상국이던 조돈趙盾은 어떻게든 영공을 바른길로 인도하려고 했던 전형적인 충신이었다.

군주를 섬기는 일은 호랑이 돌보기와 똑같다고 했지만 조돈은 늘 정색하고 영공을 꾸짖곤 했다. 그런데 하필 이때 영공 곁에는 항상 웃는 얼굴인 도안가屠岸賈가 있었다. 도안가는 조돈과 정반대로 언제나 영공이 듣기 좋아하는 말만 하는 전형적인 간신이었다.

영공은 커다란 화원에 복숭아나무를 많이 심고 '도원'桃園이라는 이름을 붙였다. 도원 안에는 높은 단상이 하나 있었는데 그 위에 서면 바깥 거리가 훤히 보였다. 영공은 온종일 높은 단상 위에서 궁 밖을 구경하며 즐거움을 찾았고, 때때로 행인들 또한 궁 밖에서 그 모습을 구경했다.

하루는 궁 밖에 사람이 많이 모인 것을 보고서 영공이 도안가에게 이렇게 말했다. "새를 잡고 노는 것도 이제 지겨우니 오늘은 탄궁(화살 대신 돌이나 구슬을 쏘는 활)으로 사람을 맞춰 보면 어떻겠소?"

놀랍게도 둘은 놀이의 규칙까지 만들었는데 눈을 맞추면 10점, 귀를 맞추면 8점, 머리를 맞추면 5점, 몸을 맞추면 1점이었다. 맞추지 못하면 벌주를 한 잔씩 마시기로 했다. 맞추는 부분이 커질수록 점수는 낮아지니 규칙 자체는 꽤 합리적이었으나 문제는 산 사람을 과녁판으로 삼았다는 것이었다.

규칙이 정해지니 일은 금방 진행되었다. 그들은 탄궁을 들고 놀이를 시작했다. 지나가는 사람의 눈알을 쳐내고, 앞니를 깨뜨렸으며, 또 귀를 뚫고 머리를 깨뜨리기도 했다. 사람들이 울부짖으면서 사방으로 도망가니 높은 단상 위에 선 영공과 도안가는 크게 웃으며 즐거워했다.

조돈은 이 소식을 듣자마자 자리에서 벌떡 일어나 대부 사회士會와 함께 영공을 만나러 갔다. 그들은 가는 길에 궁녀 두 사람이 메고 가는 광주리 밖으로 사람 손이 하나 삐져나온 것을 목격했다. 깜짝 놀란 사회가 식은땀을 흘리며 광주리 안을 보니 놀랍게도 여덟 토막이 난 시신이 있었다.

조돈이 급히 물었다. "이 사람은 도대체 누구냐?"

궁녀는 "요리를 하는 자이온데 곰 발바닥을 푹 찌지 않아서 주공께서 노여워하시며 죽였습니다"라고 답했다. 조돈은 한탄하며 크게 화를 냈다. "이제 전하께서 사람을 풀 베듯 함부로 죽이기까지 하는구나!" 이에 옆에 있던 사회가 어느새 침착함을 되찾고 당장 영공을 만나러 가려는 조돈을 만류했다. "절대 혼자 가시면 안 됩니다. 차라리 제가 가겠습니다."

물론 조돈도 이 악행을 일삼는 왕 앞에서 함부로 간언했다가는 여덟 조각으로 난도질당하는 다음 사람이 자신이 될 수도 있다는 것을 알고 있었다. 하지만 조돈은 충신으로서 모른 척하고 있으려니 도무지 견딜 수가 없었다. 며칠이 지난 후, 조돈은 기어코 왕을 찾아가 나무랐다.

"전하, 어찌 임금으로서 아무 죄도 없는 백성을 다치게 할 수 있습니까? 또 요리사가 아무리 잘못을 저질렀다고 한들 어찌 죽일 수 있단 말입니까?"

우려와 달리 영공은 조돈이 하는 말에 일리가 있다고 생각했다. 하지만 그뿐, 이제는 그 재미있는 놀이를 더 할 수 없다고 생각하니 우울해져 도안가에게 말했다. "이제 과인은 마지막으로 딱 한 번만 더 놀고 앞으로는 조돈의 말을 따라야겠소. 혹시 다른 방법은 없겠소?"

도안가는 전형적인 악인답게 말했다. "신의 집안에 자객으로 쓸 만한 힘센 장사가 하나 있는데 그를 보내 이 죽지도 않는 늙은이를 죽여버리면 어떻겠습니까. 앞으로 감히 전하께 이래라 저래라 하지 못할 것입니다."

그때부터 조돈의 목숨은 한 가닥 실처럼 곧 끊어질 운명이었으나 그 자신은 전혀 눈치채지 못하고 있었다. 어느 날 밤, 조돈의 집에 몰래 들어온 자객은 재상의 집이 너무 남루한 것을 확인하고는 이런 충신을 차마 암살할 수는 없어 곧장 안채 문 앞으로 달려가 외쳤다. "저는 상국을 죽이라는 명을 받고 왔습니다. 저는 양심을 저버릴 수 없으나 그들은 반드시 다른 사람을 보낼 것이니 조심하십시오!"

말을 마치자마자 자객은 회화나무에 머리를 부딪쳐 자결했다.

이튿날 영공은 조돈이 아직 살아 있음을 확인했다. 도안가는 포기하지 않고 다시 권했다. "신이 아주 사나운 사냥개 한 마리를 기르고 있으니 조돈을 물어 죽이게 하겠습니다." 이때부터 그는 조돈처럼 꾸민 허수아비 가슴 위에 고깃덩이를 올려놓고 사냥개가 허수아비를 보기만 하면 물어뜯도록 훈련시켰다.

그로부터 얼마 후, 영공이 함께 술을 마시자며 조돈을 불렀다. 술자리에서 영공은 조돈의 보검을 칭찬하며 보여 달라고 했다. 만약 조돈이 이 말에 속아 넘어가서 보검을 뽑았다면 주군을 위협한 죄가 될 수 있었다. 다행히 따라온 호위무사가 이를 귀띔해줬고 조돈은 그제야 이 술자리가 함정임을 깨달았다. 이때 도안가가 어수선한 틈을 타 사냥개를 풀었는데 호위무사가 재빨리 뛰어들어 그 자리에서 개를 죽였다. 그러자 기다렸다는 듯이 영공이 무사들에게 조돈과 그의 호위무사를 죽이라 명령했다. 다행히 무사 중 한 사람이 도안가가 하는 짓을 못마땅하게 여겨 명을 따르지 않고 조돈을 구해냈다.

조돈은 가까스로 목숨을 구했지만 아들과 함께 조를 탈출해 피난길에 오를 수밖에 없었다. 조돈으로부터 이러한 사연을 들은 조천趙穿은 뭔가 결심이 선 듯 그를 복귀시킬 계책을 털어놓았다. 조천은 조돈의 사촌이자 영공의 자형으로, 그 또한 나랏일을 걱정하고 있던 터였다.

조천은 곧장 영공을 만나러 가서 무릎을 꿇고 간청했다. "사촌인 조돈이 전하께 죄를 지었으니 저희 조씨 집안사람들은 모두 같은 죄를 지은 것과 마찬가지입니다. 청하옵건대 부디 주공께서 관직을 박탈하시어 신의 죄를 다스려 주시옵소서."

영공은 놀라서 말했다. "그게 무슨 말인가? 조돈이 나를 몇 번이나 괴롭혀 참으로 힘들게 했으나 너와는 상관없으니 안심하라."

조천은 주위를 둘러보며 사람이 없는지 확인하고 이어서 말했다. "조돈은 늘 진지하고 성실하며 굳은 얼굴을 하고 있어 신은 그를 보기만 해도 화가 납니다. 솔직히 군주가 되어 그 복을 누리지 못한다면 군주를 안 하느니만 못하지 않습니까? 전하께서는 제 환공의 처첩이 몇이나 되는지 아십니까?"

영공은 갸우뚱하며 "열 명쯤 되지 않는가?"라고 말했다. 조천은 입술을 실쭉거리며 못마땅하다는 듯이 말했다. "열 명이 무엇입니까? 제의 후궁은 미인들로 가득하다고 합니다. 전하께서는 한창 원기가 왕성하시고 큰일을 하실 분인데 어찌 사람을 보내 미인을 더 데려오라 하지 않으십니까?"

이 말에 영공은 매우 흡족해하며 조돈이 조천처럼 말했다면 진작 그의 말을 들었을 것이라고 생각했다. 내친 김에 영공은 조천에게 "그럼 누구를 보내야 좋겠는가?"라고 물었다.

조천의 대답은 이러했다. "그 일이라면 누구도 도안가와 비교할 수 없습니다. 가장 잘할 수 있는 사람이 옆에 있는데 어찌 중용하지 않고 다른 이를 찾겠습니까?"

영공은 조천의 말을 듣고 즉각 도안가에게 미인을 찾아오라 명령했다. 조천은 이렇게 우선 도안가를 왕에게서 떼어냈다. 이어서 자기 심복을 왕의 호위병으로 보내 영왕이 도원에서 새를 잡고 놀 때 동행해서 기회를 보아 죽이라고 명령했다.

마침내 폭군이 죽었다는 소식이 전해지자 대신과 백성들이 모두 속 시원해하며 기뻐했다. 물론 조돈도 곧 돌아왔다.

물이 흐르듯 자연스럽게 원하는 곳으로 유도하라

조천이 사용한 화술은 '원하는 대화 유도하기'다. 마치 도랑으로 물을 끌어오듯 대화의 줄기를 자신이 원하는 방향으로 바꾼다는 점에서 고사성어 '수도거성'水到渠成이 떠오른다. 하지만 이 이야기에서 '말의 도랑'은 수도거성의 의미처럼 한곳으로 흐르다 물길이 나면서 자연적으로 형성된 것이 아니라 인공적으로 만들어진 것이다. 그것도 물이 특정 방향으로 흘러서 미리 정해 둔 지점으로 들어가도록 매우 공을 들여 설계되었다. 이 화술의 핵심은 상대방의 말을 미리 정해둔 어떤 지점으로 유도한다는 데 있다. 대화가 이 지점에 들어서면 이어지는 대화는 자연스럽게 처음에 설계해 둔 도랑 쪽으로 흐르게 된다.

조천이 영공과 나눈 대화는 대화의 방향을 유도하는 모범사례라고 할 만하다. 여기서 가장 중요한 대목은 "전하께서는 한창 원기가 왕성하시고 큰일을 하실 분인데 어찌 사람을 보내 미인을 더 데려오라 하지 않으십니까?"다.

조천은 이 말을 하기 전에 대화를 자연스럽게 특정 방향으로 유도했다. 그는 "어찌 미녀를 더 많이 거느리지 않으십니까?"라고 말하지 않고, "어찌 사람을 보내 미인을 더 데려오라 하지 않으십니까?"라고 말해서 영공의 입에서 자연스럽게 "누구를 보내야 좋겠는가?"라는 질문이 나오게 만들었다. 영공이 이 질문을 떠올린 순간 이미 물은 도랑으로 들어왔다.

【진입점 찾기】

대화의 핵심을 가로지르는
징검다리를 마련하라

《사기》〈저리자감무열전〉樗里子甘茂列傳에서 배운다

대화에서 중요한 과정 가운데 하나가 실질적인 주제로 나아가는 진입점을 빠르게 찾아내는 것이다. 이러한 대화의 진입점을 찾기 위해서는 특별한 준비가 필요하다. 예컨대 대화의 핵심으로 과감하게 들어가기 전에 밟을 만한 징검다리를 마련해야 할 수도 있다.

열두 살 소년이 제안한 유일한 살길

'신동'이라고 하면 많은 중국인이 코끼리의 무게를 잰 조충, 친구를 구하고자 과감하게 물항아리를 깨뜨린 사마광, 〈영아〉咏鵝를 지은 낙빈왕駱賓王 그리고 감라甘羅 등을 먼저 떠올린다. 이들 가운데 감라는 열두 살에 일찌감치 진秦나라의 상경으로 봉해진 정치의 신동이다.

장수의 집에서 장수가 난다는 옛말처럼 감라의 할아버지인 감무甘茂 역시 진에서 좌승상左丞相까지 지낸 유명 인사였다. 어쩌면 어릴 적부터 할아버지의 말과 행동을 귀동냥한 덕에 감라가 그렇게 총명하고 언변이 뛰어나며 사람을 상대하는 데 능숙했는지도 모르겠다.

안타깝게도 감무가 모함을 당하고 타향에서 세상을 떠난 후, 열두 살이 된 감라는 진으로 돌아와 승상 여불위 밑에서 소서자少庶子, 즉 가신으로 일했다. 당시에 감라는 아직 어린데다 경력이라 할 만한 것도 거의 없었으므로 잔심부름이나 문서 처리 등 단순한 업무를 했던 것으로 추정된다.

그가 가신으로 들어간 지 얼마 지나지 않아 여불위에게 골치 아픈 일이 생겼다. 그 당시 진은 계속해서 영토를 확장해 세력이 점점 더 커지고 있었다. 이에 연왕은 태자 단을 볼모로 보내 진에 대한 신뢰를 보이고 신복의 예를 갖췄다. 진왕 영정 또한 여불위와 의논한 끝에 대장군 장당張唐을 연나라로 보내 국상으로 삼게 한 후, 연과 합세해 조나라를 공격해 하간 땅을 넓히려고 했다.

이렇게 계획을 잘 세워 놨는데 뜻밖에도 장당이 일을 가로막았다. 장당은 여불위를 찾아가 이렇게 말했다. "소양왕 시절 명을 받들어 조를 공격했는데 이 일로 조가 제게 이를 갈고 있습니다. '누구든 장당을 잡으면 백 리 사방의 땅을 상으로 내린다'라고 현상령을 내렸을 정도입니다. 저를 연으로 보내시면 반드시 조를 지나야 하는데 이는 제게 머리를 내어주라는 것이 아닙니까?"

여불위가 아무리 권해도 장당이 연에 가기를 거부하니 어쩔 도리가 없었다. 따지고 보면 장당의 말에도 일리가 있었다. 일이 이렇게 되니 여불위는 한동안 다른 방법을 떠올리지 못하고 속만 끓였다.

이때 감라가 여불위에게 걱정거리가 있음을 알아채고 슬쩍 물었다. "요즘 기분이 좋지 않으신 듯한데 무슨 걱정거리가 있으십니까?"

여불위는 무심코 하소연하듯이 몇 마디를 내뱉었다. "강성군 채택剛

成君 蔡澤이 사신으로 연에 가서 꼬박 삼 년 동안 고생한 덕에 가까스로 태자 단을 진으로 데려올 수 있었다. 이제 곧 조를 토벌할 수 있게 된 게지. 이를 위해 내가 직접 장당을 연의 승상 자리에 앉히려 했는데 안 가려고 할 줄은 생각도 못했구나."

감라는 이 말을 듣자마자 마침내 오랫동안 바라왔던 기회가 왔음을 알고 바로 말했다. "장당을 설득하는 일을 제게 맡겨 주시겠습니까?"

여불위는 귀를 의심할 정도로 놀랐다. "네가 낄 일이 아니다. 내가 직접 부탁했는데도 안 간다는데 너 같은 어린놈이 어찌 설득할 수 있다는 말이냐?"

감라는 차분하게 대답했다. "항탁項橐은 일곱 살에 공자의 스승이 되었는데 저는 이미 열두 살이나 되었습니다. 한번 시켜 보시지도 않고 어찌 그리 급하게 호통부터 치십니까?"

항탁은 춘추시대 노나라의 신동이다. 공자는 일곱 살 아이가 내놓은 답에 감탄해서 '망년지교'忘年之交를 맺었을 뿐 아니라 스승으로 모셨다. 《삼자경》三字經에 나오는 '일찍이 중니仲尼(공자의 자)는 항탁을 스승으로 삼았다'라는 말이 바로 여기에서 비롯되었다.

여불위는 감라의 말을 듣고 곰곰이 생각했다. '죽은 말을 산 말처럼 치료한다더니, 지금이 바로 그렇구나. 아무리 가망이 없더라도 일단 할 수 있는 데까지는 해봐야겠지.' 이렇게 여불위는 감라를 장당에게 보냈다.

감라는 장당을 만나자마자 질문부터 던졌다. "장군과 무안군 두 분 중에 누구의 공이 더 큰지요?"

무안군 백기는 30여 년 동안 진군의 '총사령관'으로 있으면서 진이 여섯 나라를 통일하는 데 크게 기여한 인물이다. 70여 개 성을 공략했고, 이궐 전투에서는 위와 한의 연합군을 물리쳤으며, 초의 수도 영성郢城을 함락시켰고, 장평대전에서는 조의 주력군을 격파하는 등 무수한 전공을 세웠다.

감라의 질문에 장당은 생각해 볼 필요도 없다는 듯 말했다. "무안군께서 성을 점령하고 고을을 취하신 일이 부지기수인데 어찌 나의 공에 비하겠는가?"

감라가 다시 물었다. "그럼 승상을 할 때의 범저范雎와 지금의 문신후文信侯를 비교한다면 누구의 권력이 더 크겠습니까?"

"범저의 권력은 문신후만큼 크지 않았다."

"확실합니까?"

"확실하다."

범저는 백기와 같은 시기에 진의 승상을 지냈던 인물이다. 당시 진에서 문신후 여불위는 진왕 영정이 '중부'라 부를 정도로 여느 승상의 지위를 훌쩍 뛰어넘어 하늘에 뜬 해와 같은 권세를 누리고 있었다.

감라가 이어서 말했다. "범저가 조를 공격하고자 했으나 무안군이 동의하지 않아 논쟁이 벌어졌습니다. 결국 무안군은 함양의 7리 밖에서 죽임을 당했지요. 지금 문신후께서 장군을 연의 승상으로 올리려 하는데 한사코 거절하시니 장군께서 언제 어디에서 죽음을 맞이할지 모를 일입니다."

감라의 당돌한 말에 장당은 한참을 멍하게 있다가 간신히 정신을 가다듬었다. 다른 사람도 아니고 여불위가 보낸 가신이 한 말이다. 누구라도 그 말을 가볍게 넘길 수는 없었을 것이다. 잠시 후 장당이 허탈해

하며 말했다. "그래, 네 말대로 연에 가겠다."

아마 장당은 이리 하나 저리 하나 어차피 죽을 판에 조를 거쳐 연으로 가는 편이 여불위에 맞서기보다는 안전하다고 생각했을 것이다. 감라가 던진 몇 마디가 이를 깨우치게 했다. 장당은 즉시 사람을 시켜 짐을 싸서 떠날 준비를 했다.

"살고 싶다면 성 다섯 곳을 바치십시오"

순식간에 장당의 출발 날짜까지 정해졌으나 아직 일이 다 끝나지는 않았다. 이때 감라는 다시 여불위를 찾아가 제안했다. "수레를 다섯 대만 내어주십시오. 장당이 연으로 떠나기 전에 제가 먼저 조에 가서 인사를 하려고 합니다."

이 문제만큼은 여불위도 확신이 서지 않았다. 이 아이가 장당을 설득한 일은 분명 대단하나 어째서 군이 조에 가서 장당을 위해 손을 써보려고 하는 것인가? 좀처럼 결정하지 못하던 여불위는 진왕 영정을 찾아가 상의했다. 진왕은 겨우 열두 살인 아이가 장당을 설득했고 먼저 조에 가서 길을 터보겠다고 자청했다는 이야기를 듣고서 흔쾌히 승낙하며 감라를 불러 사신으로 임명했다.

감라가 출사했다는 소식이 전해지자 조 도양왕趙 悼襄王은 혼란에 빠졌다. '감라가 왜 군이 조에 오는가? 장당을 살려 달라고? 아니면 다른 목적이 있어서?' 도양왕은 직접 성 밖까지 나와 감라를 맞이하며 꿍꿍이가 뭔지를 알아보고자 했다.

감라는 조왕을 알현하며 다음과 같이 문답을 주고받았다.

"연의 태자 단이 인질로 진에 간 일은 알고 계십니까?"

"들었다."

"장당이 연에 가서 상국이 된다는 소식도 들으셨습니까?"

"그 또한 들었구나."

"연은 태자 단을 보내 진을 속이지 않겠다는 뜻을 보였습니다. 장당이 연의 상국이 되는 일 또한 진이 연을 속이지 않겠다는 의미지요. 이렇듯 연과 진이 서로를 속이지 않겠다고 하는 까닭은 순전히 조를 쳐서 하간 일대의 땅을 확장하고 싶어서입니다. 이런 상황에서 조는 차라리 다음과 같이 대처하는 편이 낫습니다. 우선 전하께서 먼저 다섯 성을 진왕에게 바치십시오. 그러면 제가 돌아가서 일단 연 태자 단을 돌려보내고, 그 후에 강한 조가 약한 연을 공격하도록 돕자고 말씀드리면 어떻겠습니까?"

겨우 열두 살짜리 아이가 한 나라의 군주를 만나자마자 다섯 성을 달라고 했다. 이때 도양왕의 마음이 어땠을까? 사실 냉정하게 생각해 보면 계산이 어렵지는 않았다.

첫 번째 선택지는 땅을 주지 않고 공격받는다는 것이다. 이로써 진과 연의 동맹이 완성된다.

두 번째 선택지는 땅을 내어주고 공격받지 않는다는 것이다. 이로써 조는 진과 동맹을 맺고 함께 연을 쳐 손실을 메운다.

감라는 조왕과 상의하기 위해서 온 것이 아니라, 조왕에게 상황을 알리고 살길을 열어 주러 온 것이었다.

짧은 대화로 문제를 해결할 돌파구를 만든다

감라는 짧은 몇 마디로 장당의 문제를 해결하고, 진왕이 피 한 방울 흘리지 않고 다섯 성을 회수할 수 있게 했다. '진입점 찾기' 화술이 큰 효과를 발휘한 결과다.

진입점이란 무언가에 대한 돌파구를 의미한다. 그러니까 대화에서 '진입점 찾기'는 실질적인 대화로 나아갈 수 있는 돌파구를 찾는 방법을 의미한다. 이 화술을 구사하기 위해서는 먼저 다음의 두 가지 질문에 답해야 한다.

첫째, 언제 '진입점 찾기'를 사용하는가? 대화가 본격적인 주제로 넘어가지 못하고 주변만 맴돌 때, 혹은 본격적인 대화를 이미 시작했을 때 모두 사용 가능하다. 즉 대화의 시작 여부와 관계없이 '진입점 찾기'를 사용할 수 있다.

둘째, 왜 '진입점 찾기'가 필요한가? 화자가 어설픈 방식으로 소통을 시작하면 원하는 목적을 달성하지도 못하고 대화만 꼬일 가능성이 크다. 반면에 '진입점 찾기' 화술을 사용하면 상대방이 경계를 무너뜨려 좀 더 개방적인 자세로 듣도록 만들 수 있다.

감라가 제시한 계책을 순서대로 보자면 장당이 연에 가도록 설득한 일이 먼저고 조왕에게 다섯 개 성을 바치라고 권한 일이 나중이지만, 감라는 장당을 설득하기 전부터 이미 조왕을 설득할 계책을 가지고 있었을 것이다. 그러나 이 계책이 성공하려면 우선 진왕 영정이 감라의 출사를 허락해야 했다. 이 전제 조건이 성립하지 않았다면 감라 혼자의 힘으로는 조에 가지도 못했을 것이고, 진왕 영정에게 태자 단을 돌려보내라고 조언할 수도 없었을 것이다. 장당을 설득한 일은 감라가 조에 출사하는 허락을 받기 위해 힘겹게 찾아낸 진입점이었다.

감라가 구사한 '진입점 찾기' 화술의 결과는 더할 나위 없이 좋았다. 도양왕은 다섯 개 성을 직접 진에 바쳤고, 덕분에 진은 영지를 넓힐 수 있었다. 진왕 영정과 여불위는 감라의 제안을 듣고 곧 태자 단을 연으로 돌려보냈다. 그러자 조는 거리낌 없이 연을 공격해 상곡上谷의 성 서른 곳을 빼앗고 그중 열한 곳을 진에게 바쳤다.

진은 감라의 짧은 말 몇 마디로 병사 하나 잃지 않고 총 열여섯 개의 성을 손에 넣었다. 진왕 영정은 감라를 상경에 앉히고 그의 할아버지 감무가 소유했던 땅과 집을 모두 돌려줬다. 감라는 열두 살 나이에 기발한 계책으로 정승 자리에 오르고 후대에 이름을 남겼다.

'만약에'라는 가정으로
상대를 미치게 만들어라

《송사》,《속자치통감》續資治通鑑에서 배운다

눈앞에 선명하게 모습을 드러낸 호랑이보다 짙은 안개 너머로 옅게 보이는 무언가가 사람을 더 불안하게 만들기 마련이다. 불확실한 정보와 불확실한 상황에서 사람은 상상하게 되고, 희미한 가능성을 포기하지 못하게 된다. 화술에서도 혹시나 발생할지도 모를 확률에 사로잡힌 인간의 심리를 이용하는 방법이 있다.

"나도 황제가 되었는데 그대들이라고 왜 욕심이 나지 않겠는가"

옛사람들은 '천하는 나뉘어 있으면 반드시 합쳐지고, 합쳐 있으면 반드시 나뉜다'라고 생각했다. 중국사에서도 당이라는 통일은 오대십국이라는 분열을 거쳐 다시 송宋이라는 통일로 이어졌다.

중국인들이 가지고 있는 송 시기에 대한 일반적인 인상은 '문치가 번영한 데 비해 무학이 쇠퇴했다'와 '오랫동안 가난하고 쇠약했다'일 것이다. 그러나 태조 조광윤이 '술로 병권을 내놓게 하며' 피 한 방울 흘리지 않는 방식을 통해 기틀을 다진 송은, 실제로는 결코 문약한 국가로 시작하지 않았다.

조광윤은 주 세종周 世宗을 따르며 큰 공을 세웠고, 차근차근 절도 사라는 높은 자리에까지 오른 무인이었다. 그는 병사들을 훈련시키고자 태조장권太祖長拳을 만들어 보급했을 정도로 무공에도 뛰어났지만, 동시에 관우처럼《춘추》를 비롯해 다양한 책을 손에서 놓지 않았다고 전해진다.

조광윤은 학문과 지식의 중요성을 알았기에 "재상은 반드시 학자를 써야 한다"라고 말했고 실제로도 그렇게 했다. 재상 조보趙普는 조광윤의 권유를 받고 책을 손에서 놓지 않아 '《논어》를 절반만 알아도 천하를 다스릴 수 있다'라는 말을 실천한 사람으로 알려져 있다. 이런 배경 때문인지 조광윤은 중국사에서 역대 건국자 가운데 가장 쉽게 보위에 올랐다. 바로 '진교병변'을 통해서다.

960년, 대장군 조광윤이 외적을 막아내기 위해 대군을 이끌고 출정했다. 이들은 도성을 떠난 뒤 개봉으로부터 동북쪽으로 20킬로미터 정도 떨어진 진교역陣橋驛에서 숙식했다. 원래 장수란 밖으로 나서면 군주의 명령도 받지 않는다고 했다. 조광윤은 병권을 손에 쥐고 도성에서 멀리 떨어졌으니 오랫동안 준비한 반란을 실행할 모든 조건이 갖춰진 셈이었다.

그날 밤 조광윤의 측근들이 장수와 병사들 사이를 돌며 말했다. "지금의 천자가 어리고 몸이 약하니 모든 권력이 간신들 손에 들어갔다. 우리가 나라를 위해 목숨을 바치고 피를 흘리며 적을 물리쳐도 누가 그 공로를 알아주겠는가? 먼저 조광윤 장군을 황제로 옹립한 후에 북벌을 떠나야 비로소 안심할 수 있다."

평소 조광윤이 군에서 위신을 쌓고 명성을 얻은 덕에 반란의 분위기가 금세 무르익었다.

이튿날 조광윤의 동생 조광의趙匡義와 측근 조보는 술에 취해 곯아떨어졌다가 막 잠에서 깬 조광윤에게 미리 준비해 둔 황포를 입히고 모든 장수와 병사가 모인 곳으로 데려가 황제로 옹립했다. 이때 만세를 부르는 소리가 몇 리 밖에서까지 들렸다고 한다. 이 일이 바로 '황포가신'黃袍加身의 유래다.

조광윤은 최선을 다해 '억지로 끌려온 양' 행동했지만, 주변에서 간곡하게 설득하니 '민심'을 따르겠다며 반란군을 이끌고 수도 개봉으로 향했다. 도성을 지키던 석수신石守信, 왕심기王審琦 등 장수들은 모두 조광윤과 '형제의 연을 맺은' 자들로 반란이 일어났다는 소식을 듣자마자 성문을 열어 이들을 맞이했다. 덕분에 진교병변에 참여한 장수와 병사들은 피 한 방울 흘리지 않으면서 도성을 장악할 수 있었다.

이렇게 해서 조광윤은 정식으로 황제가 되었다. 그는 아주 손쉽게 후주의 권력을 장악한 뒤, 송을 국호로 삼고 개봉을 도읍으로 정했다. 개국 연호는 건륭乾隆으로 역사는 이 나라를 '북송'北宋이라고 부른다.

조광윤은 신분이 바뀌니 마음가짐도 같이 바뀌었다. 황제가 된 지 얼마 지나지도 않았는데 벌써 권력을 어떻게 지킬지 걱정부터 앞선 것이다. 당시는 몇 년마다 황제가 죽임을 당하는 일이 반복되던 난세였다. 무엇보다 큰 문제는 당 말기부터 무장들의 세력이 너무 강해졌다는 것이었다. 조광윤 자신도 절도사였다가 황제가 되었으니 누군가 같은 방식으로 자신을 몰아낼지도 모른다는 불안감에 시달렸다.

고심을 거듭한 조광윤은 무장의 병권을 약화하는 것이 최선이라는 결론을 내렸는데, 사실 이미 많은 권력자들이 시도했으나 역효과만 불러 일으켰던 시도였다. 다행히 그는 전 년 후인 지금 봐도 훌륭한 화술로 목적을 달성한다.

961년 7월 9일 밤, 즉위하고 어느 정도 자리를 잡은 조광윤이 금군장禁軍將들과 술자리를 가졌다. 취기가 오르고 분위기가 무르익자 조광윤이 시종들을 물렸다. 그리고는 한숨을 쉬며 하소연하듯 말했다.

"그대들의 힘이 없었다면 짐은 오늘 이 자리에 올 수 없었을 것이다. 짐은 늘 그 공덕을 되새기고 있다. 하지만 황제 노릇이 너무나 힘겨우니 차라리 절도사를 할 때가 더 즐겁고 편했다. 요즘은 생각이 많아 밤에 잠도 제대로 이루지 못하는구나."

장군들은 그 말에 다른 뜻이 있음을 알아채고 재빨리 이유를 물었다. 그러자 조광윤은 "아직 모르겠는가? 누군들 황제를 시기하지 않고, 누군들 황제 자리를 탐하지 않을까?"라고 반문했다.

장군들은 깜짝 놀라 황급히 머리를 조아렸다. "폐하께서는 어찌 그런 말씀을 하십니까? 하늘의 뜻이 이미 정해져 있는데 누가 감히 다른 마음을 품겠습니까?"

이에 조광윤이 말했다. "물론 형제나 다름없는 그대들에게 다른 마음이 없음을 잘 알고 있다. 그러나 그대들이 짐에게 한 것처럼 주변에서 억지로 황포를 입힌다면, 그때에는 설령 황제가 되기 싫어도 어쩔 수 없이 되어야 할 것이다."

그 순간 장군들은 자신이 이미 의심을 받고 있으며, 제대로 해명하지 못하면 죽임을 당할 수도 있다는 것을 깨달았다. 그들은 모두 눈물을 머금은 채 연신 절을 하며 "저희가 어리석어 미처 생각하지 못했습니다. 바라옵건대 폐하께서 길을 열어주십시오"라고 말했다.

조광윤이 천천히 말했다.

"세월은 빠르고 인생은 짧구나. 부귀를 얻으려는 사람은 돈을 많이 모아 즐거이 살며 후손들 또한 가난을 면할 수 있도록 해준다. 짐이 생각해 보니 병권을 내놓고 지방 관리로 한가로이 지내면서 밭과 집을 사서 후손들에게 물려주며 노년을 편히 보내는 편이 그대들에게 이로울 것 같구나. 기녀들을 불러 밤낮으로 술과 음식을 즐기면서 말년을 보낸다면 이보다 더 좋은 일이 없겠지. 또 그대들과 사돈을 맺어 군신 사이에 서로 의심하지 않고 지내는 편이 훨씬 낫지 않겠느냐?"

조광윤이 이렇게까지 말하자 그들은 더 이상 어찌해 볼 도리가 없었다. 게다가 황제가 이미 중앙 금군을 확고히 장악했기 때문에 장군들은 고개를 숙이고 황제의 은덕에 감사함을 표하는 것 외에는 할 수 있는 것이 없었다.

이튿날, 장군들은 늙고 병들어 병권을 내려놓고자 하니 허락해 달라는 상서를 올렸다. 조광윤은 흔쾌히 응하며 여러 고위 장군의 병권을 거둬들이고, 상대적으로 경험이 부족하고 통제하기 쉬운 젊은 장수들만 남겨뒀다. 이렇게 해서 송 태조 조광윤은 당이 멸망한 뒤 무장이 득세하는 난국을 해결하고 중앙집권을 크게 강화했다.

억지처럼 보여도 부정하기 어렵다

조광윤이 장군들에게 병권을 내놓도록 압박하는 과정에서 사용한 화술은 "억단'臆斷'을 활용한 '가능성 추측하기'다. 여기서 억단臆斷이란 아무 근거도 없이 판단하는 행위를 의미한다. 즉 '가능성 추측하기'란 어떤 일이 발생할지도 모른다는 막연한 가능성을 바탕으로 삼아 앞으로 전개될 상황을 억단하는 것을 의미한다. 이 화술은 두 가지 논리를 포함하는데 여기에는 모순이 존재한다.

첫째, 확실한 근거 없이 그저 어떤 일이 일어날지도 모른다는 가능성만으로 주관적인 결정을 내리는 것이므로 잘못된 결과로 이어지기 쉽다.

둘째, 앞으로 벌어질 수 있는 여러 가능성을 모조리 나열하고 나면, 그중 단 하나도 발생하지 않는다고 단언하기 어려워진다.

이처럼 객관적인 척하는 법칙 아래에서 주관적으로 억단해 말하면 상대방은 그 일이 절대로 발생하지 않는다고 확신할 수 있는 충분한 논거를 제시할 수 없게 된다. 조광윤이 술자리에서 장군들과 나눈 대화에는 총 세 번의 '가능성 추측하기'가 나왔다.

첫 번째는 "누군들 황제를 시기하지 않고, 누군들 황제 자리를 탐하지 않을까?"라는 것으로, 인간이라면 누구나 가질 법한 욕망에 대해 억단했다.

두 번째는 "너희의 부하들이 억지로 황포를 입힌다면 어찌하겠느냐?"라는 것으로, 자신이 이미 겪었던 실제 사례를 제시하며 이러한 일이 반복될 가능성을 억단했다.

세 번째는 "너희는 병권을 내려놓고 낙향해 나와 사돈을 맺는 편이 더 좋지 않을까?"라는 막연한 가능성에 바탕을 둔 권유다. 즉 앞의 두 억단을 바탕으로 상대방을 잠재적인 위험 요소로 억단한 다음, 이러한 의혹으로부터 벗어나기 위해서는 자신과 가족관계를 맺고 쿠데타가 벌어질 수 있는 아주 조금의 가능성까지 모두 제거해야 한다고 압박했다.

이 세 가지는 모두 조광윤의 억지일 수 있지만, 한편으로는 그 가능성을 완전히 부정하기도 쉽지 않다. 그가 예측하는 측근의 반역 시도가 실제로 발생할 확률이야 낮겠지만, 석수신을 비롯해 그 자리에 모인 모두가 이미 반역을 한 차례 성공시킨 인물들이기에 같은 일이 다시 벌어질 가능성이 아주 없다고도 할 수 없기 때문이다. 따라서 장군들은 조광윤의 억단에 반박하지 못하고 그저 듣고만 있을 수밖에 없었다.

논쟁이 싫다면 어긋나지도,
겹치지도 않게 대화하라

《사기》〈귀책열전〉龜策列傳에서 배운다

이야기를 나눌 때 우리가 가장 답답해하는 상황은 서로의 말이 만나지 못한 채 대화가 끝없이 이어지는 것이다. 역설적으로 이러한 상황을 이용해 대화를 이어나가는 화술도 있다. 여기서 핵심은 각자 딴소리를 해서 대화를 끝낸다는 것이 아니라, 서로 다르지만 얼핏 같아 보이는 이야기로 대화를 나눈다는 데 있다.

"인의에 어긋나는 일은 맞으나 그 또한 하늘의 뜻입니다"

《예기》禮記에 기록된 사령四靈은 각각 용, 봉황, 기린 그리고 거북을 가리킨다. 말을 뒷받침해 주는 자신만의 무기고를 준비하라. 이 가운데 실제로 존재하는 동물은 거북뿐이다.

그만큼 중국인들은 거북을 특별하게 여긴다. 중국인들은 거북의 수명이 하늘과 땅의 나이와 같다고 믿어서 생일을 맞은 사람에게 "거북과 학처럼 장수하시기를 바란다"라고 인사하기도 한다.

한편으로 중국인들은 거북을 부정적으로 보기도 한다. 예를 들어 소심하고 쉽게 포기하는 사람을 거북에 빗대기도 한다. 거북이 위험에 처하면 움츠러들 듯 사지를 등껍데기 속으로 집어넣기 때문이다.

이번 화술은 바로 이 거북과 관련된 이야기에서 시작된다. 춘추시대 송 원공宋元公이 어느 날 기이한 꿈을 꿨다. 원공은 꿈에서 놀라 잠을 깬 후에 급히 박사 위평衛平을 불렀다. "방금 꿈을 꿨는데 검은 자수 옷을 입은 목이 긴 남자가 수레에 탄 채로 이렇게 말했네. '나는 장강을 다스리는 신의 사자다. 명을 받들어 황하로 가려는데 천양泉陽에서 예차豫且라는 사람이 던진 그물에 걸렸구나. 그대가 자애롭다고 들었으니 어서 좀 구해다오.' 박사, 이 꿈을 어떻게 생각하시오?"

위평은 각종 도구와 부적들을 한 무더기나 꺼내 여러 가지로 점친 후에 말했다. "그는 장강 신의 사자인 거북입니다. 어서 가서 구하셔야 합니다!"

원공은 천양령에게 즉시 호적을 확인해 예차라는 어부를 찾아보라고 명령했다. 신기하게도 천양령은 정말 이 거북을 찾아 송의 도성인 상구商丘로 보냈다. 그 거북이 전용 수레에 실려 상구에 도착했을 때, 날씨가 무척 괴이했다고 전해진다.

원공이 거북을 확인하니 등껍데기가 옥처럼 윤기가 났다. 거북은 원공을 보더니 머리를 쭉 빼고는 앞으로 세 발 기어갔다가 다시 머리를 똑바로 하고 뒤로 물러나 제자리로 돌아갔다. 이 모습을 본 원공이 위평에게 물었다. "거북께서 세 발 앞으로 기었다가 다시 돌아간 것은 무슨 뜻인가?"

"앞으로 세 발 간 것은 구해줘서 고맙다는 뜻이고, 뒤로 물러난 것은 최대한 빨리 떠날 수 있게 해달라는 요청입니다."

원공은 고개를 끄덕이며 말했다. "그게 뭐 어렵겠는가, 신의 사자를 계속 붙잡아 둘 수는 없으니 사람을 보내 하루빨리 황하로 갈 수 있도록 호위해야겠다."

그러자 위평이 급히 앞으로 나서서 원공에게 속삭였다. "거북은 사령 중 하나로 천하의 보물이니 꿈에서도 보기 어려운 신물입니다. 게다가 이 거북은 장강 신과 통하는 사자로 그 신령스러운 기운이 보통의 장수거북보다 수천, 수만 배는 강합니다. 전하께서 이 거북을 취하시면 능히 천자가 되실 수 있습니다. 소신은 하늘이 내린 신령스러운 동물을 돌려보냈다는 말을 들어본 적이 없습니다. 그 등껍데기로 점을 치면 모든 일에서 정확한 답을 얻을 수 있습니다. 그러면 모두가 전하께 고개를 숙일 것입니다."

이에 원공이 난감해하며 말했다. "이 거북이 꿈에 나타나 부탁한 까닭은 내가 인의를 중요하게 여기기 때문이라고 했지. 그런데 지금 그대 말을 들으면 내가 예차라는 어부와 무엇이 다르겠는가? 어부는 고기를 탐하고, 나는 신령스러움을 탐한다는 차이뿐이겠지. 그럼에도 장강 신의 사자를 죽이라고 하다니, 그대는 인의라고는 조금도 없구려!"

이와 같은 타박을 들었어도 위평은 원공을 거듭 만류했다. "큰 은혜에는 예사 인사치레를 하지 않는다는 말을 못 들어보셨습니까? 하늘이 신령스러운 동물을 보냈는데 돌려보내시다니요? 다시 아뢰옵니다. 신령스러운 사자가 이 나라 땅에서 어부에게 잡혀 곤욕을 치렀습니다. 장강 신에게 돌아가 이 일을 고하면 나라 전체가 벌을 받게 될지도 모릅니다. 홍수, 해충, 역병이 연이어 닥치겠지요. 거북이를 놓아주는 것이 인의라면 이 나라는 대체 어떻게 하실 것입니까?"

이에 원공이 화를 참지 못하고 말했다. "우리 백성이 출사하는 신의 거북을 잡았으니 이 얼마나 흉악한 짓인가? 그런데도 뉘우치지 않고 보물로 삼으려 한다면 횡포하기가 그지없는 일이다. 하 걸왕, 상 주왕은 모두 흉포한 군주로 자신은 죽임을 당하고 나라는 멸망했다. 그대 말을 들으면 나 또한 그런 사람이 되지 않겠는가? 그러면 황하와 장강은 상 탕왕과 주 무왕이 되어 반드시 나를 벌할 것이고, 나라가 화를 입을 것이 자명하다."

같은 화제 위를 나란히 달리는 서로 다른 논리

위평은 고개를 저으며 이렇게 말했다.

"신령한 거북을 보고도 걱정부터 하시다니요. 천지간에 큰 산은 돌이 쌓이고 쌓여 그리 높아진 것이니 위태로울지언정 무너지지 않습니다. 일은 겉으로 보이는 것과 같지 않은 경우가 많은 법입니다. 어떤 사람은 성실하고 충직해 보이지만 사실은 남을 속이기 좋아하고, 또 어떤 사람은 겉으로는 못났으나 사실은 자애롭게 백성을 돌보는 관리일 수 있습니다.

사계절은 춥고 더움으로 구분하므로 식물과 작물을 봄에 심고 여름에 자라게 하며 가을에 거두고 겨울에 저장합니다. 처세도 마찬가지여서 때로는 인의가 있어야 하고 때로는 흉포할 줄도 알아야 합니다. 흉포함에는 흉포할 수밖에 없는 목표가 있어야 하고, 인의를 지키는 것 또한 그 시기가 맞아야 합니다.

옛 사람은 우매해 성인이 대대로 가르쳤습니다. 덕분에 밤낮을 알았으며 목축, 재배, 뽕 따기와 방직을 배웠고, 도읍 짓기, 혼인과 양육, 기록과 등록, 전답의 분배, 관아의 설치 등을 깨우쳤습니다. 짐승에게 흉포하지 않으면 어찌 길들이겠습니까? 나무에게 흉포하지 않다면 어찌베겠습니까? 농작물에게 흉포하지 않으면 어찌 접을 붙이겠습니까? 누에와 뽕나무에게 흉포하지 않다면 어찌 천을 짜겠습니까? 죄인에게 흉포하지 않으면 어찌 다스리겠습니까? 많은 흉포한 행위가 일의 시작이자, 규범의 시작이며, 교화와 발전의 시작입니다.

아름다운 옥으로 만든 함은 본래 깊은 산에서 나온 것이고, 밝은 달처럼 빛나는 진주는 본래 깊은 바다에서 나온 것입니다. 성인은 이렇게 귀한 보물을 받아 비로소 성인이 되었습니다. 성인이 보물을 얻는 과정은 흉포하지 않았으되, 옥을 캐고 조개를 잡아 구슬을 얻는 사람이 흉포함을 자처했기 때문입니다. 이것이 지금 전하께서 거북을 얻은 상황과 어찌 다르겠습니까?"

위평을 말을 들은 원공은 잠시 생각하다가 대답했다.

"비록 신하의 간언이 나라의 복이고, 신하의 아첨은 나라의 화라 하지만, 그대가 이렇게 계속 간언하는 것이 반드시 나라의 복이지만은 않다. 화는 아무 이유 없이 오지 않고, 복도 아무 이유 없이 오지 않기 때문이다. 걸왕과 주왕 두 폭군은 모두 참언을 일삼는 간신들로 둘러싸여 있었다. 그들은 군주에게 무도하고 포악한 일을 가르쳐 내면의 어두운 면을 드러내도록 유도했다. 그 바람에 걸왕과 주왕이 모두 교만하고 탐욕스러우며 사나워졌고, 끝내 충신을 존중하지 않아 나라가 망하고 자신도 천하의 비웃음을 샀다. 우리 송은 중원에 있어 사방에 제후들이 즐비하고 국력이 강하지 못해 매사에 삼가는 태도로 일을 처리하지 않으면 멸망할 것이다. 그대가 지금 하는 말은 마치 간신들이 하는 말과 같구나."

위평이 고개를 저으며 말했다.

"《춘추》에서 하와 상의 멸망을 기록한 까닭은 후대에 경고하기 위함입니다. 그런데 전하께서는 어찌 탕왕과 무왕을 본받지 않으시고 자신을 걸왕과 주왕에 비교하십니까? 또 황하의 신이 아무리 현명한들 곤륜산에 비하겠습니까? 장강의 신이 아무리 포용한들 사해의 광활함에 비하겠습니까? 그럼에도 사람들은 그렇게 높고 넓은 곤륜산에 가서 서슴없이 아름다운 옥을 캐고, 깊은 바다로 나아가 진주를 취한 다음 서로들 그것을 소유하기 위해서 온갖 흉포한 수단을 동원합니다.

하와 상이 멸망한 원인은 걸왕과 주왕이 무슨 일을 하든 흉포한 수단에 의존했기 때문입니다. 그들은 나라를 다스림에 인과 덕이 필요한 것을 잊었습니다. 그러나 탕왕과 무왕처럼 인덕이 높은 군주가 이 폭군들을 멸망시킨 방법 역시 흉포한 전쟁이었습니다. 탕왕과 무왕이 있더라도 다른 누군가가 폭정을 견디지 못하고 무너뜨렸을 것입니다. 그것이 바로 자연스러운 흐름이기 때문입니다. 그들은 흐름을 따랐기에 칭송이 오늘날까지 이르고 있습니다.

오늘 하늘이 전하께 신령한 거북을 보낸 것 또한 자연스러운 흐름입니다. 이 거북의 출사는 위대한 성인을 위해서였을 것입니다. 아니라면 어찌 굳이 송에서 봉변을 당하고 전하의 꿈에까지 나왔겠습니까? 바로 전하처럼 현명한 군주에게 자신을 선물하기 위해서입니다. 그런데도 받지 못한다면 하늘의 뜻을 거스르는 것이며, 그것이야말로 '역천명'逆天命입니다!"

이 말을 들은 원공은 갑자기 깨달은 듯 손뼉을 쳤다. 이어 그는 태양을 향해 두 번 절하고 그 거북을 돌려보내지 않았다. 얼마 후에 원공은 길일을 골라 재계하고 나서 흰 꿩과 검은 양을 죽여 제사를 지내고, 그 피를 뽑아 거북에게 뿌리도록 했다. 이어 거북을 잡아 죽인 후, 그 등껍데기로 점을 치는 도구를 만들었다.

전해지는 바에 따르면 이후에 송이 계속 이것으로 점을 쳤는데 그 결과가 매우 정확했고 장수들이 용맹해져 당해낼 자가 없었다고 한다. 송에 이처럼 귀한 점술 도구가 있다는 소식이 제후들 사이에 널리 퍼졌고, 그들은 송의 강대함이 거북의 힘 덕분이라고 굳게 믿었다.

서로의 말이 충돌하지 않도록 이끄는 것도 기술이다

위평이 송 원공을 설득했을 때 구사한 화술은 '평행선 그리기'다. 평행선이란 하나의 평면 위에서 영원히 만나거나 겹치지 않는 두 직선이다. 이 개념을 화술에 도입한 이유는 다음의 두 가지 요소를 강조하기 위해서다.

첫째, 소통의 흐름이 하나의 화제 밖으로 벗어나지 않도록 특히 대답하는 쪽에서 신경 써서 대화를 이어나가야 한다. 서로의 말이 충돌하지 않도록 대화의 평행선을 그리는 것과 충돌이 두려워 아예 서로 각자의 말만 떠드는 것은 다르다.

둘째, 하나의 화제를 통해 대화를 이어나가되 양측의 논리는 만나거나 겹치지 않아야 한다. 바로 여기에 '평행선 그리기' 화술의 핵심이 담겨 있다.

하나의 화제를 두고 서로의 주장이 어긋났을 때 대화를 계속 이어갈 수 없는 이유는 설득하려는 쪽에서 자신의 논리로 상대방을 설득할 수 없게 되었기 때문이다. 이러한 상황을 타개하기 위해 만들어진 '평행선 그리기'는 얼핏 듣기에는 같은 방향을 말하는 것 같으나 사실은 완전히 서로 다른 논리를 사용하는 말하기 기법이다.

위평과 원공은 표면적으로 거북을 죽일지 말지를 두고 대화하는 것 같지만, 사실 두 사람은 같은 논리로 이야기하지 않았다. 원공은 신령한 거북을 점유하고 죽이는 행위가 인의에 어긋난다는 점을 거듭 강조했다. 위평도 실제로 그것이 인의에 어긋나는 흉포한 행위임을 인정하고 있기에 원공과 같은 논리로는 대응할 수 없었다.

대신 그가 원공을 설득하고자 꺼낸 '평행선'의 논리는 거북을 죽이는 행위가 인의에 어긋날지라도 그 또한 하늘의 뜻이고 시대의 흐름이라는 것이었다. 이처럼 상대방을 설득할 수 없을 때 '평행선 그리기'를 사용하면 논리가 서로 겹치면서 충돌하는 일을 피하면서도 대화를 이어갈 수 있다.

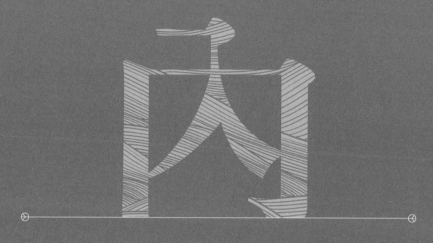

【 제9장 】

원칙이 있어야
말이 휘청대지 않는다

【어쩔 수 없이 최저선 지키기】

마지막 한 가지를
지키기 위한 한마디

《사기》〈염파인상여열전〉에서 배운다

사람에게는 절대로 타협할 수 없는 저마다의 최저선이 존재한다. 그것은 지켜온 일상일 수도 있고, 목숨보다 소중한 다른 무엇일 수도 있다. 최저선의 높이는 사람마다 다르지만, 우리 모두는 그것이 무너지면 자기 자신을 잃는다고 여긴다. 우리가 화술을 배우는 이유 중에 하나는 이러한 최저선을 지키기 위해서이기도 하다.

"제 아들을 쓰시겠다면 저희 일족과 연을 끊게 해주십시오"

전국시대 사대 명장이라고 하면 각각 진나라 장수인 백기, 왕전과 조나라의 장수인 염파, 이목을 가리킨다. 전국시대를 종식시킨 진의 장수들과 이름을 나란히 하며 명장의 절반을 차지했을 만큼 조에는 유명한 장수들이 많았다. 대표적으로 이들 말고도 유명한 조의 장수로는 악승樂乘과 조사趙奢를 꼽을 수 있다.

조사는 원래 세금을 거둬들이는 관리였다. 당시 그는 평원군 밑에서 자금을 관리하는 사람 아홉 명이 납세를 거부하자 법률에 따라 처형했으며, 평원군에게도 "나라의 세금은 백성에게서 거둬 백성에게 쓴다"

라고 직언하면서 '법령에 따른 조세 정의'의 중요성을 설파했다. 이에 크게 감동한 평원군은 조 혜문왕에게 조사를 추천했다. 이때부터 조사는 나라 전체의 재정과 세금 징수를 관리하게 되었고, 조의 세법은 점차 공정하고 합리적으로 바뀌었다.

기원전 270년, 진이 한韓 나라를 공격하며 대군을 알여闕與(또는 연여)에 주둔시켰다. 다급해진 한왕이 조에 도움을 청하자 혜문왕이 장수들을 불러 이에 대해 논의했다. 염파와 낙승은 난색을 보이며 가는 길이 좁고 워낙 거리가 멀어 지원군을 보내기 어렵다고 말했다.

그러나 조사는 다른 의견을 내놓았다. "길이 멀고 땅은 좁아서 마치 쥐 두 마리가 통로에서 싸우는 것과 같습니다. 이런 경우 더 용맹한 쪽이 반드시 이깁니다."

혜문왕은 이 말에 동의하며 조사에게 군사를 내어주고 한을 구하도록 했다. 이 이야기가 바로 좁은 곳에서는 용감한 자가 이긴다는 '협로상봉용자승'狹路相逢勇者勝의 유래다. 전쟁은 조의 대승으로 끝났다. 조사는 공을 인정받아 마복군馬服君에 봉해졌으며 그 지위가 염파, 인상여와 어깨를 나란히 할 정도가 되었다.

기원전 266년 혜문왕에 이어 세자인 조하가 조왕으로 즉위했으니 바로 효성왕이다. 기원전 262년, 진이 또 한을 공격하자 한은 상당군上黨郡 을 내어주고 화의를 청하려 했다. 그러나 당시 상당군을 지키던 장수 풍정馮亭 은 진에 투항하기를 거부하면서 차라리 자신이 관리하던 상당군의 열일곱 성을 조에 바치겠다는 결정을 내렸다. 여기에는 진이 격노해서 땅을 가져간 조로 화살을 돌리게 하려는 음흉한 심산이 깔려 있었다.

가만히 앉아 있다가 땅을 얻게 된 효성왕은 큰 경사라며 매우 기뻐했다. 여기에 전국사공자 중 한 사람인 평원군 조승까지 맞장구치니 평양군 조표가 애써 말려도 소용없었다. 효성왕은 즉시 상당군을 점령하고 염파의 군대를 장평에 주둔시켰다. 이런 결정들은 당연히 진을 자극했고, 얼마 후 진이 장평을 공격하면서 장평대전이 발발했다. 사마천은 '이령지혼'利令智昏이라는 표현으로 이때 조승이 이익에 눈이 멀어 이성과 지혜를 잃었다고 평가했다.

기원전 262년에 발발한 장평대전은 시작부터 격렬했다. 장평에 주둔한 염파의 재주가 비범해 아무리 공격해도 성과를 거두지 못하자 진은 조에 헛소문을 퍼뜨렸다. "진은 옛날에 좁은 길에서 만났던 명장 조사가 두려워 그 이름만 들어도 벌벌 떤다. 심지어 조사가 세상을 떠나고 없는데도 조의 내로라하는 장수들이 아니라 조사의 아들 조괄을 가장 두려워할 정도다. 대장군 집안의 새끼 호랑이가 가업을 이어받기로 마음먹으면 진이 필시 곤경에 빠질 것이기 때문이다."

이 소문을 전해들은 효성왕은 머리가 복잡해져서는 어찌해야 할지 갈피를 잡지 못했다. 그러더니 결국 조괄을 불러서 대장군으로 삼고 최전선에서 싸우던 염파를 대신하게 했다. 당시 중병을 앓던 인상여는 이 소식을 듣고 황급히 달려가 만류했다.

"전하께서는 어찌하여 허명만으로 대장군을 결정하십니까? 조괄은 기껏해야 아비인 조사가 쓴 병서나 읽었을 뿐, 아직은 병서에 담긴 전술을 유연하게 활용하지 못합니다. 전쟁의 임기응변을 모르니 대장군으로 삼으시면 기러기발을 풀로 붙여놓고 거문고를 타는 것과 마찬가지입니다."

그러나 효성왕은 인상여의 충언을 귀담아듣지 않고 끝내 조괄을 대장군 자리에 앉혔다. 이때 조괄의 어머니도 효성왕에게 제발 명을 거두어 달라고 간청했다. 친모까지 나서서 아들의 출세를 막으려고 했다는 데에서 당시 조괄이 중용되기에 얼마나 부족한 사람이었는지 짐작할 만하다.

　"첩의 아들이 어려서부터 병법을 배워 스스로 필적할 사람이 없는 실력을 갖췄다고 여기나 사실 아직도 전쟁에 대해 잘 모릅니다. 한번은 첩의 지아비인 조사가 아들과 포진법에 대해 토론했는데 그조차 아들에게 제대로 반박하지 못했습니다. 그럼에도 지아비는 아들이 전쟁을 모른다고 생각했습니다. 첩이 그 까닭을 묻자 전쟁이란 병사들의 사활이 직결된 큰 문제인데 아들은 그저 느긋하고 가벼운 태도를 보인다면서 장차 중용되지 않으면 괜찮으나 중용된다면 반드시 조를 망칠 것이라 했습니다."

　그런데도 효성왕이 마음을 바꿀 생각이 없어 보이자 조괄의 어머니는 계속 말을 이어갔다.

　"옛날에 제 지아비가 장군이었을 때 함께 음식을 나누며 식사하는 사람만 십 수 명이었고, 형제이자 친구라고 믿고 의지할 사람들이 백 명을 넘었습니다. 나라나 종실에서 내린 하사품은 모두 아랫사람에게 베풀었으며 출병하기로 결정된 날부터는 집안에 무슨 일이 있는지 일절 신경 쓰지 않았습니다.

　지금 첩의 아들은 갑자기 발탁되어 신분이 고귀해지니 동쪽을 향해 앉아서 인사나 받으려고 하지만 장수 가운데 누구도 그를 우러러 보지 않습니다. 이러니 누가 그를 위해 목숨을 걸고 싸울 수 있겠습니까?

나라에서 하사한 재물은 모두 집에다 쌓아 두고는 매일 전답이나 집을 살펴보러 나갔다가 괜찮은 것을 발견하면 눈 하나 깜박하지 않고 삽니다. 전하께서는 조괄이 조사와 비슷한 점이 있다고 보십니까? 그 둘은 피가 이어진 부자지간이나 사람됨이 완전히 다르니 절대 조의 군사들을 지휘하게 해서는 안 됩니다."

효성왕은 듣다가 짜증이 났는지 "과인이 결정한 일이니 부인은 더 이상 관여치 말라"라며 말을 잘랐다. 조괄의 어머니는 효성왕이 보인 반응에 울분을 참지 못했다. "만약 전하께서 꼭 조괄을 대장군으로 삼으시겠다면, 앞으로 일어날 일에 제 집안이 연좌되지 않게 해주실 수 있습니까?" 이에 효성왕은 고개를 끄덕였다.

이렇게 해서 기어코 장평대전의 대장군이 된 조괄은 부임하자마자 염파가 정한 군령과 지침을 모두 바꾸고 부하와 군의 문관들을 대거 교체했다. 진의 대장군 백기는 이 소식을 듣고 크게 기뻐하며 후퇴한 후, 조의 보급로를 끊고 조괄의 군대를 둘로 쪼개서 군령이 전달되기 어렵게 만들었다.

40여 일 후, 절망한 조군은 자폭에 가까운 마지막 돌격을 감행했으나 실패했고 조괄은 전사했다. 병사 5만이 죽고, 40만은 투항했으나 곧 생매장되었다. 조괄의 어머니는 이전에 했던 약속이 있어 연좌되어 죽임을 당하는 일을 피했다. 여기서 종이 위에서 병법을 논한다는 '지상담병'紙上談兵이라는 고사성어가 나왔다.

최후의 한 가지만이라도 지키는 선택

나라가 곧 무너지려 할 때, 조괄의 어머니가 자신과 집안을 구하기 위해 쓴 화술은 '어쩔 수 없이 최저선 지키기'다. '어쩔 수 없는'이라는 말은 화자가 하고 싶지 않은 것이 아니라 동원할 수 있는 방법을 더 이상 찾지 못해 마지못해서 할 수밖에 없는 상황에 처했다는 의미다.

다만 이 화술에서 중요한 점은 어쩔 수 없는 상황 자체가 아니라 그 막다른 곳에 도달하기까지 취했던 노력들이다. 조괄의 어머니는 '일족의 안전'이라는 최저선을 사수하기 전까지 그저 가만히 앉아 기다리지 않았다. 오히려 온 힘을 다해 적극적으로 대응하다 최저선이라도 지키는 선택을 했다.

다음으로 '최저선'이란 자신이 감당할 수 있는 한계를 의미한다. 원하는 결과를 얻기 위해 할 수 있는 모든 방법을 동원하고 구사할 수 있는 모든 화술을 써서 설득했음에도 결국 실패했을 때 마지막으로 쓸 수 있는 방법이 바로 '적어도 마지막 하나는 지키는 것'이다. 그 하나가 무엇인지는 사람에 따라, 상황에 따라 다르다. 목숨을 지키는 사람도 있고, 재산을 지키는 사람도 있으며, 가족을 지키는 사람도 있다.

조괄의 어머니는 어떻게든 효성왕이 자신의 아들을 대장군 자리에 앉히는 일만은 막아보려고 애썼지만 결국 실패했다. 왕한테 상관하지 말라는 말까지 들은 이상 그가 더 할 수 있는 것은 아무것도 없었다. 어쩔 수 없이 조괄의 어머니는 일족의 안전이라도 부지하는 최저선을 선택했다.

【알 권리 지키기】

어떤 진실은
반드시 말할 수밖에 없다

《사기》〈송미자세가〉宋微子世家 에서 배운다

만약 친구에게 불행이 닥칠 것을 알았다면 이야기하겠는가, 하지 않겠는가? 우리는 말하기가 타인이 침범할 수 없고 타인과 무관한 자신만의 권리라고 생각한다. 그러나 말이란 인간과 인간 사이에서 서로를 묶어주는 질긴 끈이기에 자신뿐만 아니라 타인의 삶에도 큰 영향을 미친다. 우리에게는 어떤 말을 들어야 할 권리가 있으며, 또 침묵을 요구할 수 있는 권리도 있다. 그리고 살다 보면 내가 아닌 타인을 위해 반드시 말할 수밖에 없는 순간을 맞게 된다.

"하늘은 높으나 땅의 소리를 다 듣습니다"

춘추시대, 경공景公이 다스리던 송나라는 천재지변과 사람에게서 불거진 재난을 연이어 겪으면서 나라의 기운이 크게 꺾였다. 걱정이 많은 경공은 현군으로 불릴 만큼 열심히 나라를 다스렸으나 도통 나라에 운과 복이 깃들지 않았다.

사람이 비관에 사로잡히기 시작하면 무슨 일이 벌어져도 왜곡해서 해석하게 된다. 예를 들어 아침에는 길 건너는 노인을 돕고 돌아서다가 달리는 자전거에 부딪히고, 오후에는 동료의 실수까지 덤터기쓰고, 저녁 귀갓길에는 휴대폰을 분실했다. 이런 일상의 불운이 겹친다면 멀쩡한 사람도 멀쩡하지 않게 된다. 정상적인 논리로는 불운을 설명할 수는 없기에 경공은 사방으로 인재를 수소문했는데, 특히 점성술에 능한 도사들을 찾아 관직을 내린 다음 누각에서 종일 기상을 관찰하며 재난을 피하는 방법을 찾도록 했다.

그렇게 찾아낸 사람 중 하나가 자위子韋다. 전설에 따르면 그는 밤에는 별의 모습과 날씨의 변화를 관찰하고, 낮에는 역서를 분석해서 계산했다. 자위는 미래를 내다볼 수 있을 뿐만 아니라 지나간 일도 들여다볼 수 있어 과거와 미래를 매우 정확하게 맞췄다고 한다. 경공은 그를 신처럼 받들면서 선물을 보내고 예우를 갖춰 대했다.

그러나 자위는 화려하고 값비싼 옷이나 진귀한 음식을 탐하지 않고 매우 검소하게 생활했다. 또 그는 경공에게 왕이 덕정을 펼치고 인의와 정의를 실천하면 하늘이 복을 내려 세상이 안온해지며 백성이 교화될 수 있다고 말하기도 했다. 경공은 자위를 매우 존경하며 사성관司星官, 즉 천문 현상을 관찰하는 스승으로 모셨을 뿐만 아니라 천문과 사서를 담당하는 태사太史의 자리까지 올렸다.

그럼에도 경공은 끝내 나쁜 일을 막지는 못했다. 《여씨춘추》呂氏春秋와 《사기》에 따르면 어느 날 자위가 정중하게 경공을 천문대로 모시고 와서 하늘의 붉은 별을 가리키며 말했다. "전하, 저 별이 보이십니까? 바로 형혹수심熒惑守心입니다." 경공이 깜짝 놀라 "무슨 의미인가?"라고 묻자, 자위는 "전하께 화가 일어날 수도 있다는 징조입니다"라고 답했다.

고대 중국인들은 화성을 '어수선하고 현혹시킨다'라는 의미로 '형혹'熒惑이라 불렀다. 육안으로 보면 불처럼 붉어 보였고 밝기 또한 기후의 영향으로 자주 변하는 데다 그 움직임 또한 때로는 서쪽에서 동쪽으로, 때로는 동쪽에서 서쪽으로 가는 등 복잡하고 혼란스러웠기 때문이다.

예로부터 사람은 천문 현상을 경외했으며 역대 군주들은 형혹성의 변화를 예의 주시하면서 자연재해, 왕조의 교체, 군주의 생사 등에 대입하곤 했다. 그중에서도 형혹수심은 대흉大凶의 징조로 매우 드문 일이었다. 여기에서 심心은 달의 궤적에 따라 나눈 별자리 체계인 28숙宿 가운데 하나인 심숙心宿을 가리킨다. 심숙에는 총 세 개의 별이 있는데 각각 태자, 천왕, 서자를 나타낸다. 정리하자면 형혹성이 심숙 부근에 머물러 떠나지 않는 천문 현상을 형혹수심이라고 한다. 옛사람은 이것이 나타나면 군주의 죽음, 승상의 사직과 같은 화가 발생한다고 믿었다.

고서에 기록된 바에 따르면 형혹수심에는 20여 가지의 현상이 있는데 대부분 군주의 운명과 관련이 있다. 예를 들어 고대 중국인은 진시황, 한 고조, 한 영제漢 靈帝, 진 무제晉 武帝, 진 혜제晉 惠帝, 양 무제梁 武帝 등의 죽음과 이 천문 현상이 연관되어 있다고 여겼다.

춘추시대에 주나라의 천자는 제후들에게 봉분하고 하늘의 28수에 각 봉지를 하나씩 대응시켰다. 그 가운데 심수의 위치가 마침 송과 정확히 일치했다. 따라서 경공은 이번에 출현했다는 형혹수심을 여상하게 넘길 수 없었다. 자위는 우선 형혹수심의 내용을 경공에게 자세히 설명한 다음 이렇게 말했다. "형혹은 천벌이며 전하께서 화를 입을 수 있습니다."

이 말을 들은 경공은 정신이 반쯤 나간 채로 물었다. "이 운세를 깨뜨릴 방법은 없는가?"

이에 자위와 경공은 다음과 같이 세 번의 대화를 주고받았다.

"이 재앙을 재상에게 넘기십시오."

"재상은 나를 대신해 나라를 다스리는 사람이다. 내게 닥칠 재앙을 그에게 넘길 수는 없다."

"그렇다면 백성들에게 넘기는 방법도 있습니다."

"백성이 죽으면 내가 대체 무엇에 기대어 왕 노릇을 한단 말인가?"

"아직 한 가지 방법이 남아 있사온데 폐하의 재앙을 나라의 재해로 바꾸는 것입니다. 백성이 더 고생하겠지만 폐하와 재상 모두 죽을 필요가 없습니다."

"재난이 닥치면 밥도 제대로 먹지 못할 텐데, 왕이 되어서 자기 하나 살겠다고 어찌 백성에게 해를 끼칠 수 있겠는가. 더는 말할 필요 없다. 내가 복이 없어 운명이 이러하니 따르면 될 일, 나 혼자 이 대흉의 징조를 감당하겠노라!"

자위는 그 말을 듣고 말없이 물러났다.

잠시 후, 자위가 돌아와서 경공에게 두 번 절하더니 말했다. "경하드립니다. 하늘은 높으나 땅의 소리를 듣습니다. 전하께서 방금 세 번 큰 덕을 담은 말씀을 하셨으니 하늘이 세 가지 상을 내릴 것입니다. 형혹성이 3수를 이동해 앞으로 21년을 더 사실 수 있습니다."

경공이 놀라서 물었다. "그게 무슨 말인가?"

"들으신 그대로이니 귀를 의심하지 마십시오. 세 번의 좋은 말로 하늘이 내린 세 가지 상을 받으시는 것입니다. 형혹성이 세 번 움직였고 하나의 수에 별이 일곱 개요, 별 하나에 일 년이니 총 21년이 되옵니다. 이제 무릎 꿇고 기다리시지요. 만약 형혹성이 움직이지 않으면 제가 죽음으로 그 벌을 받겠습니다.”

그날 밤, 자위의 말대로 형혹성은 3수를 이동했다. 형혹수심은 경공 즉위 37년, 즉 기원전 480년에 일어났다. 이후 27년이 흐른 뒤에 경공이 승하했는데 자위가 계산한 것보다 6년이나 더 산 셈이다. 사마천은 이 일을 두고 '경공이 덕을 쌓아 하늘이 감동하니, 형혹이 물러났다'라고 평가했다.

자기 자신의 말에 책임질 줄 알아야 한다

자위가 사용한 화술은 '알 권리 지키기'다. 이 화술은 그저 사실을 곧이곧대로 말하는 방법에 그치지 않는다. 진실을 말할 때에는 반드시 먼저 그 상황을 살펴야 하기 때문이다. 어떤 진실은 굳이 말하지 않아도 되는데 이는 화자의 선택이다. 다만 어떤 진실은 선택의 여지없이 반드시 말하지 않으면 안 된다.

1948년 유엔 총회에서는 '알 권리'를 기본 인권 가운데 하나로 규정한 〈세계 인권 선언〉이 채택되었다. 넓은 의미에서 알 권리는 개인이 얻고자 하는 정보에 접근할 수 있는 자유와 권리를 의미하며, 이를 얻는 경로로는 공식 및 비공식 채널이 있다. 만약 누군가 특정 정보를 독점한 채 알리기를 거부한다면, 선의에 의해서든 악의에 의한 것이든 타인의 알 권리를 침해한 것이다. 따로 숨기거나 잊힐 권리를 인정받지 않는 이상 정보를 독점한 이는 사회의 구성원으로서 자신이 가진 것을 알려야 하는 의무가 있다.

자위는 사성관으로서 자신이 본 천문 현상을 있는 그대로 왕에게 말해야 했다. 설령 목숨이 위험해지더라도 사실을 말하는 것이 사성관에게 부여된 책임이기 때문이다. 다행히 경공은 선량한 성품과 인덕을 갖춘 사람이었기에 불운을 가져올 수도 있었던 정보를 행운으로 바꿀 수 있었다.

물론 같은 사건이 다른 결과를 낳는 경우도 많다. 적방진翟方進은 중국 역사상 유일하게 천문 현상 때문에 자결한 재상일 것이다. 서한 시기인 기원전 7년 봄, 형혹수심이 발생했다는 보고가 들어오자 조정 대신들은 하나같이 재상인 적방진이 이 일을 책임져야 한다고 주장했다. 심지어 어떤 대신은 적방진에게 '위로는 세상일을 슬퍼하면서 구하는 공이 없고, 아래로는 사양하고 양보하지 않는다'라고 타박하면서 어서 자결하라고 재촉하기까지 했다.

성제成帝 또한 재상이 그동안 저지른 실수를 낱낱이 들춰내며 나라의 나쁜 상황들을 초래한 원인을 모두 재상에게 떠넘기고서는 어떻게 책임져야 할지 잘 생각해 보라는 내용의 조서를 내렸다. 결국 적방진은 떠밀리듯 자결했다.

재상의 사망 소식을 접한 성제는 크게 기뻐하면서 성대하게 장례를 치렀고 직접 제사에 참석하기까지 했다. 그는 재상의 희생으로 화를 모면했으니 자신은 백수를 누릴 것이라고 굳게 믿었다. 하지만 흥미롭게도 성제는 같은 달에 갑자기 중풍을 맞아 반신불수가 된 채로 한 달을 질질 끌다가 사망했다.

사실 '알 권리 지키기'는 화술이라기보다는 말에 대해 책임지는 태도에 더 가깝다. 다만 어떤 정보를 알릴 책임과, 효과적으로 알리고자 적절한 환경을 선택하려는 화술은 서로 충돌하는 개념이 아니다.

한번은 가족이 중병에 걸린 동료가 나를 찾아왔다. "본인에게 이야기해야 할까요? 말하자니 혹시라도 잘못될까 봐 걱정이에요."

나는 그에게 이렇게 조언했다. "그분께는 자신의 상태에 대해 알 권리가 있고, 너에게는 그 사실을 숨길 권리가 없어. 그렇지만 알아야 할 것을 숨기지 않는 것과 알리기에 가장 적당한 시기를 선택하는 것, 이 두 가지는 상충하지 않는다고 봐. 충격이 최소화될 수 있는 적절한 시기를 기다려 말해 보는 것은 어떨까."

상대를 가늠하려거든
말에 자신의 냄새를 묻혀라

《사기》〈평진후주보열전〉에서 배운다

말에 담긴 화자의 개성이 청자에 대한 배려를 앞지르면 듣는 이의 반응은 극단으로 엇갈리게 된다. 그래서 다수를 상대하는 사람은 대부분 말에 묻은 자신의 개성을 지우고자 한다. 하지만 말에 담긴 개성에도 분명한 쓰임이 있다. 화자의 개성이 드러나는 말은 청자의 개성을 파악하는 계기도 되기 때문이다.

"살면서 복을 누리지 못하니 죽어서 벌을 받겠습니다"

주보언主父偃은 서한 시기 제국齊國 임치 사람으로, 어렸을 때부터 종횡가를 공부해 귀곡자를 추종했으며 말년에는 《주역》周易, 《춘추》 그리고 제자백가의 학설들을 공부했다. 주보언은 고향의 학자들 사이에서 '악명 높은 사람'이라 누구도 그를 만나려 하지 않았다. 그저 안 보는 정도가 아니라 따돌리기까지 하니 주보언은 고향에서 머물 수 없게 되었다. 게다가 그는 매우 궁핍했으며 재정 지원은커녕 돈을 빌릴 사람도 구할 수 없을 정도로 인복마저 없는 사람이었다.

주보언은 북방의 연, 조, 중산中山으로 가서 어떻게든 살아보려 했으나 애석하게도 어디에서도 대접해주는 사람이 없었고, 누군가의 막료나 빈객 노릇을 할 만한 길조차 보이지 않았다. 무제 대에 이르러 주보언은 여러 제후국이 머물기에 좋지 않다고 판단해 함곡관으로 가서 대장군 위청과의 만남을 청했다.

위청은 주보언을 만나 보고 나서 여러 차례 그를 조정에 추천했으나 무제는 별다른 반응을 보이지 않았다. 여비를 다 쓰고 곤궁한 지경에 빠진 주보언은 지푸라기라도 잡은 심정으로 무제에게 상서를 올리기로 했다. 놀랍게도 아침에 상서를 올렸더니 저녁에 바로 부름을 받았다. 상서에 적힌 내용은 이러했다.

"사리에 밝은 군주는 깊은 간언을 싫어하지 않고 여러모로 성찰하며, 현명한 신하는 무거운 형벌을 피하지 않고 군주의 잘못을 직언합니다. 그래야만 나라에 이로운 계책이 묻히지 않고 공명이 만세에 전해지기 때문입니다. 지금 신이 감히 충성을 숨기거나 죽음을 피하지 않으며 외람되게도 우매한 계책을 전하고자 하니 바라옵건대 신의 죄를 용서하시고 과연 믿을 만한 것인지 살피소서.

《사마양저병법》에서 이르길 '나라가 커도 전쟁으로 문제를 해결하면 필연적으로 망하고, 천하가 태평하더라도 전쟁의 위기를 무시하면 필연적으로 위험하다'라고 했습니다. 천하가 이미 평정되었음에도 폐하께서 군대의 개선을 알리는 〈대개〉大凱를 연주하고 봄과 가을에 사냥하시며, 제후들이 봄에 군사를 훈련하고 가을에 무기를 정비하는 까닭 역시 전쟁을 잊지 않기 위함입니다. 무릇 노여움은 덕을 거스르는 것이고, 예리한 무기는 사악한 것이며, 싸움은 문제를 해결하는 최악의 방법입니다. 옛 군주들은 화만 나면 사람을 죽여 사방에 시체가 널렸으나 영명한 군주는 분노라는 감정을 다루는 데 매우 신중했습니다.

진시황은 군사력에 기대어 나라들을 집어삼켜 하, 상, 주의 개조들에 비할 만한 공을 세웠으나 여기에 그치지 않고 흉노를 치려고 했습니다. 그러자 재상 이사가 이렇게 간했습니다. '흉노는 성을 쌓아 머물지 않으며 산더미 같은 재물도 없이 철새처럼 이동하니 얻더라도 통제할 수 없습니다. 가볍게 무장해 간다면 군량이 부족하고 만반의 준비를 해서 간다면 움직임이 둔해져 일을 그르칩니다. 흉노 땅을 차지해도 남는 것이 없고, 흉노 백성을 부려도 지킬 수 없습니다. 그들과 싸워 이기면 포로를 죽일 수밖에 없는데 이는 백성의 부모 된 자가 할 일이 아닙니다. 중원을 황폐시키면서까지 흉노를 공격하는 것은 좋은 계책이 아닙니다.'

그러나 진시황은 기어코 장군 몽염을 보내 흉노를 치게 했습니다. 그 결과, 천 리의 땅을 넓혔으나 전부 염분이 많은 땅이라 곡식이 자라지 않았습니다. 이후에도 진시황은 수십만 명을 파견해 황하 이북 땅을 지키게 했는데 모래바람 속에 십여 년을 지내니 수많은 사람이 죽었는데도 한 발도 더 나아가지 못했습니다. 설마 병력이 부족하고, 무기가 날카롭지 않아서겠습니까? 애초에 후방의 조건이 충분하지 않아서입니다. 또 진은 백성에게 군량과 말먹이 풀을 운반하게 했는데 황현黃縣, 낭야琅邪에서 출발해 북하北河까지 가면 30종鐘을 보내도 도착한 것은 1석石에 불과했습니다."

여기서 '종'은 곡식을 헤아리는 단위로, 진 시기에서 한 종은 6석 4두였다. 즉 양식 192석을 보내야 진의 군사들이 한 석을 받는 셈이 되니, 가는 길에 없어지는 양식이 도착한 양식의 192배가 된다는 지적이다.

주보언의 상서는 계속된다.

"남자들이 아무리 힘들여 농사를 지어도 군량이 부족하고, 여자들이 아무리 열심히 천을 짜도 필요에 미치지 못했습니다. 백성은 피폐해져 고아와 과부, 노약자들이 공양을 받지 못해 굶어 죽은 사람들이 길을 따라 끊이지 않았습니다. 이 때문이었는지 천하가 진에게 등을 돌리기 시작했습니다.

한 고조께서는 천하를 평정하고 국경 땅을 점령했는데 흉노가 계곡 밖에 있다는 정보를 듣고 공격하려고 했습니다. 그러자 어사대부가 만류하고 나섰습니다. '흉노는 짐승처럼 모여 들었다가 새들처럼 흩어지는 습성이 있어 저들을 쫓는 일은 그림자를 잡는 것과 같습니다. 지금 흉노를 치는 것은 너무 위험합니다.'

그러나 고조께서는 북쪽으로 진군해 대군의 골짜기까지 갔다가 평성에서 포위되는 위기에 놓이게 되었습니다. 고조께서는 몹시 후회하며 유경劉敬을 보내 화의를 청했고, 이후 사람들은 점차 전쟁의 고통을 잊었습니다.

그래서 《손자병법》에서는 '십만 군사를 일으키면 하루에 천금을 쓴다'라고 했습니다. 진은 수십만의 백성을 변방에 주둔시켰는데 비록 적을 섬멸했으나 흉노와 원한이 깊어졌습니다. 그렇게까지 해서 얻은 결과는 나라 곳간이 텅 비고, 백성이 곤궁해지는 것이었습니다. 이런 식으로 나라 밖에서 위세를 부리는 일은 결코 훌륭하다 할 수 없습니다. 예나 지금이나 흉노를 제압하기 힘들기는 마찬가지입니다. 그들이 지나치는 곳마다 약탈하기를 업으로 삼는 까닭은 본성이 그러하기 때문입니다. 왕조마다 흉노를 법률과 도덕으로 감독하지 않고 올바로 대하지 않으니 이것이 신이 가장 우려하는 바이자 백성들이 더없이 고통스러운 까닭입니다.

전쟁이 오래되면 필시 변란이 발생하고, 삶이 고달파지면 백성에게 다른 마음이 생깁니다. 백성이 천자를 등지려 할 뿐만 아니라 군관 사이에도 의심이 생깁니다. 심지어 진의 조타趙佗, 장감章邯 같은 이들처럼 국경 밖 세력과도 결탁합니다. 진이 제대로 통치할 수 없었던 까닭도 이런 사람들이 권력을 장악했기 때문이었습니다. 그래서 《주서》周書에 이르기를 '나라의 안위는 군왕의 명령에 달려 있고, 나라의 존망은 군왕이 사람을 어떻게 쓰느냐에 달려 있다'라고 했습니다. 원컨대 폐하께서는 이 점을 자세히 살피시고 심사숙고하시어 잘못이 없도록 하시옵소서."

주보언은 이러한 내용의 상서를 서악徐樂, 엄안嚴安과 함께 작성했다. 상서를 읽은 무제는 세 사람을 동시에 부른 다음 "너희는 그동안 어디에 있었느냐? 왜 우리가 이렇게 늦게 만난 것이야!"라고 말했다.

이어서 무제는 세 사람을 군주의 자문에 응하는 낭중으로 임명했고, 그중 주보언은 거듭된 날카로운 분석으로 일 년 새 직급이 네 단계나 상승해 중대부中大夫에 올랐다.

살아온 과정이 그대로 묻어나는 말의 개성

주보언은 무제에게 매우 중요한 계책을 거듭 내놓았다.

"옛날 제후들의 토지는 백 리를 넘지 않아 국력의 형세가 반란을 일으키기 어려웠습니다. 그런데 오늘날 제후들은 수십 개의 성을 가지고 있으며 봉지도 수천 리나 됩니다. 천하의 형세가 안정되면 제후들이 교만해지고 사치스러운 행동을 일삼기 쉽고, 천하의 형세가 긴장되면 자신의 힘에 의존해 이웃 제후들과 연합해서 반란을 일으킬 수 있습니다. 만약 법으로 봉지를 삭감하려 하면 틀림없이 반란의 기운이 일어날 것입니다. 그런데 지금 제후들은 자제가 많아 십 수 명에 이르는 사람도 있는데 본처 소생의 장자만 작위와 봉지를 물려받을 수 있습니다. 다른 형제들도 같은 혈육이나 이들에게는 한 치의 봉지도 주어지지 않으니 그들이 어찌 인과 효를 행할 수 있겠습니까?

그러니 폐하께서 제후들에게 인덕을 널리 행하도록 명하셔야 합니다. 자제들에게 봉지를 고루 나눠 주게 하고 이렇게 봉지를 나눠 받은 사람을 제후로 봉하십시오. 그러면 이들은 원하는 바를 얻게 되어 매우 기뻐할 것입니다. 폐하께서 인덕을 행하라 하심은 사실 제후들의 영지를 분할하는 것이니 따로 삭탈하지 않아도 그들의 힘을 서서히 약화시킬 수 있습니다."

주보언이 내놓은 이 계책이 바로 중국 역사에서 유명한 '추은령'推恩令이다.

위청의 누이 위자부衛子夫를 황후로 모신 것이나 연왕 유정국劉定國의 음란한 사생활을 고발한 일 역시 주보언의 공이다. 조정의 대신들은 모두 그의 입을 두려워했으며, 친분을 쌓으려는 목적으로 뇌물을 바치는 사람도 많았다. 그렇게 주보언이 받은 뇌물이 천금을 넘었다.

누군가 그에게 전횡이 심하다며 너무 교만하지 말라고 충고했으나 주보언은 대뜸 이렇게 받아쳤다. "저는 상투를 틀기 시작한 젊은 시절부터 40년 동안 천하를 돌며 공부했으나 뜻을 이루지 못했습니다. 어버이는 저를 아들로 취급하지 않았고, 형제도 저를 받아주지 않았으며, 빈객과 친구들도 저를 버려 오랫동안 곤궁하게 지냈지요. 살면서 최고의 잔치를 누리지 못한다면 차라리 죽어서 최고의 형벌을 받으려 합니다."

기원전 127년, 주보언은 제왕 유차경劉次이 궁에서 음행을 저지르고 있다고 아뢰었다. 이에 무제는 주보언을 제의 승상으로 임명해 유차경을 조사하도록 했다. 고향인 제로 돌아오게 된 주보언은 형제자매, 빈객과 친구들을 모두 불러 모아 오백 금을 나눠 주며 말했다.

"옛날 가난했던 시절에 형제들은 나를 돕지 않고 빈객들도 나를 만나주지 않았다. 이제 승상이 되어 고향으로 돌아오니 너희들 중에는 천 리를 마다하지 않고 달려온 자도 있겠지. 이제 나는 너희들과 영원히 절교할 것이니 제발 다시는 우리 집에 발을 들여놓지 말라!"

이어서 제 왕궁으로 간 주보언은 유차경에게 도에 어긋나는 짓을 일삼아서는 안 된다고 경고했다. 제왕은 이전에 연왕이 음란한 짓을 하다가 주보언에게 발각되어 죽임을 당한 일을 떠올리고 자신도 죽음을 피할 수 없다고 생각해서 스스로 목숨을 끊었다.

한편 조왕은 주보언이 제로 돌아온 이후 제왕이 자결했다는 소식을 듣고 화들짝 놀랐다. 오래전 주보언이 조와 연을 두루 다니며 유세했었던 터라 조왕은 그의 이름을 익히 알고 있었다. '연에 갔다가 연왕의 난잡한 일을 들춰 그를 죽였고, 제로 건너가 역시 제왕의 난잡한 행실을 고발해 그를 자살케 했다. 이제 남은 것은 나뿐이로구나.' 그래서 조왕은 먼저 손을 쓰기로 하고 무제에게 상서를 써서 주보언이 뇌물을 받은 일을 낱낱이 밝혔다.

조왕의 상서를 읽은 데다 제왕이 자결했다는 소식까지 접하고 격노한 무제는 주보언이 제왕을 겁박해 죽음에 이르게 했다고 여기고 심문을 명령했다. 심문을 받는 자리에서 주보언은 뇌물을 받은 일은 사실이나 제왕을 겁박한 적은 없다고 말했다.

무제가 마음이 약해져 주보언을 죽이기를 주저하자 노신 공손홍이 나와 말했다. "자살한 제왕은 황실 자손으로 후손이 없어 제는 나라가 없어지고 군현에 편입되었습니다. 주보언이 이 일과 직접적인 관련이 있든 없든 절대 가벼이 여기시면 안 됩니다. 폐하께서 손을 쓰지 않으시면 백성들에게 설명할 길이 없습니다."

무제는 결국 주보언을 사형에 처하고 그의 가문을 멸했다. 주보언의 권세가 하늘을 찌를 때 문하에 있던 막료와 빈객이 수천에 달했는데 그가 멸족의 화를 입자 시신을 수습하러 온 공거孔車 외에는 누구도 나타나지 않았다. 무제는 나중에 이 일을 듣고 공거가 후덕한 사람이라고 여겼다.

때로는 '무기'가 때로는 '독약'이 되는 개성

내내 사람들과 불화했던 주보언은 형장에서 쓸쓸히 죽었으나 개성이 돋보이는 언변을 남겼다. 개성이 무엇인지는 누구나 알고 있지만, 정작 이를 명확하게 말하기는 쉽지 않다. 간단하게 말해서 개성은 '개인의 심리적 모습'을 가리킨다.

'개성을 돋보이기' 화술을 사용할 때에 주의해야 하는 이유를 설명하기는 어렵지 않다. 개성이란 보편적이지 않은 개인의 몫이므로 당연히 그에 대한 반응에서 호불호가 갈릴 수밖에 없기 때문이다. 말하다 보면 이러한 자신의 개성이 무심코 드러나기 마련이다. 이때 듣는 이가 말하는 이의 개성을 좋아하면 상대적으로 쉽게 설득할 수 있고 심지어 큰 공감을 얻어낼 수도 있다. 서로 결이 맞는 사람일 가능성이 매우 크기 때문이다.

반대로 말에서 드러난 개성을 상대방이 싫어한다면 결과는 불 보듯 뻔하다. 따라서 개성적인 표현으로 동의나 인정을 받았다고 자만해서는 안 된다. 똑같은 이야기라도 듣는 사람이 달라지면 결과가 크게 달라질 수 있기 때문이다.

주보언은 말로 자신의 개성을 숨기지 않고 여실히 드러냈다. "살면서 최고의 잔치를 누리지 못한다면 차라리 죽어서 최고의 형벌을 받으려 한다!" 이 말은 개성을 돋보이는 화술이 무엇인지 선명하게 보여준다. 자신의 지향을 거리낌없이 드러내기에 받아들이는 사람의 결에 따라 평가가 극명하게 갈릴 표현이기 때문이다. 그는 삶 또한 자신의 개성을 담은 말처럼 살았다.

【행동으로 말을 보완하기】

말이 부족하다면
행동으로 채워라

《사기》〈이장군열전〉李將軍列傳에서 배운다

최근 많은 사람이 '말을 줄이고 행동은 늘리기'를 강조하고 있다. 그러나 이렇게 말하면 '입'이 너무 억울하다. 말수가 드물면 말에 무게는 실리겠 지만, 침묵한 만큼 오해를 받기도 쉬워진다. 우리는 말과 행동이 서로 대 립되는 관계인 것처럼 착각하지만, 말과 행동이 서로 어긋나지 않도록 사 는 것이야말로 우리가 추구해야 할 덕목이다.

말이란 행동으로 증명해야 한다

"숲이 어둡고 풀이 바람에 흔들리자

장군이 활시위를 당기네.

동틀 무렵 흰 깃털 달린 화살을 찾으니

바위 모서리에 깊이 박혔구나."

당 시대 시인 노륜盧綸은 〈변새시〉邊塞詩에서 이광에 대해 이렇게 읊었다. 이광은 농서군隴西郡 성기현成紀縣 사람으로 대대로 궁술에 능통한 명문가 출신이다. 진시황에게 초나라를 거뜬히 멸할 수 있다고 호언장담했던 장군 이신이 바로 그의 조상이다. 이광은 체격이 건장하고 궁술이 뛰어나 후손 중에도 그를 능가하는 무인이 나오지 않았다. 또 말수가 적은데다 입을 열어도 느릿하게 말했으며 여가에 하는 일이라고는 활쏘기뿐이었다.

기원전 166년, 흉노가 소관蕭關을 공격하며 한漢나라를 위협하자 이광은 양가良家의 자제임에도 자진 입대해 전장에 나섰다. 한 시기에 '양가의 자제'란 일정한 재산이 있고 칠과적七科謫에 속하지 않은 백성을 가리킨다. '칠과적'은 죄를 지은 관리, 살인자, 데릴사위, 장사꾼, 장사꾼이었던 자, 부모가 장사꾼이었던 자, 조부모가 장사꾼이었던 자 등 일곱 부류를 일컫는다. 이들은 징병령이 내려지면 반드시 군에 입대해야 했다.

입대한 이광은 전장에서 수많은 흉노군을 참수하며 여러 차례 공을 세워 군령에 따라 팔백 석의 녹봉을 받는 중랑의 자리에 올랐다. 이후에도 이광은 문제가 행차할 때 수행하면서 여러 차례 적을 무찌르고 맹수를 잡아서 이름을 떨쳤다. 문제조차 그를 두고 "그대가 고조께서 창업하시던 때에 태어나지 않아 애석하구나, 그랬다면 만 호를 받는 제후는 충분히 되고도 남았을 것이다"라고 칭찬했을 정도였다.

문제의 뒤를 이어 경제가 즉위한 후 이광은 농서도위를 거쳐 황제의 호위부대를 관리하는 기랑장騎郎將으로 자리를 옮겼다. 칠국의 난이 일어나자 효기도위驍騎都尉로서 태위 주아부를 따라 오와 초의 반란군을 공격하는 데 앞장섰으며, 창읍성昌邑城 전투에서는 적의 깃발을 빼앗는 공을 세워 이름을 날렸다. 이때 이광이 싸운 곳이 양나라 땅이어서 당시 양 효왕梁 孝王이 크게 치하하며 그에게 장군의 인印을 내렸다. 그런데 한 조정에서 이 일을 탐탁지 않게 여긴 바람에 이광은 개선했음에도 조정에서 내리는 상은 받지 못하고 상곡上谷 태수로 자리를 옮겨야 했다.

그곳에서는 거의 매일 흉노가 쳐들어와 약탈을 일삼았는데 이광은 조금도 겁내지 않으면서 그들에 맞서 싸웠다. 이를 본 관리 공손혼야公孫昆邪는 눈물을 흘리며 경제에게 보고했다. "이광의 재주와 기개는 천하에 겨룰 자가 없을 정도라 매번 상곡에서 흉노와 정면으로 맞부딪쳐 싸우니 조만간에 전장에서 목숨을 잃을 것입니다."

이에 경제는 이광을 상군上郡의 태수로 이관시켰다. 이때부터 이광은 줄곧 흉노가 들끓는 변경 지역을 전전하면서 가는 곳마다 온 힘을 다해 용맹하게 싸웠다.

이광이 상군 태수를 지내던 시기에 흉노가 대거 침입하자 황제는 그에게 환관 한 명을 파견해 '전투를 배워 오게' 했다. 한번은 이 환관이 기병 수십을 이끌고 길을 가다가 흉노 병사 셋을 발견했다. 환관은 그들을 죽이려 했으나 이들이 순식간에 몸을 돌려 화살을 쏘아대는 바람에 도리어 상처를 입었고, 데리고 갔던 기병들은 거의 전멸했다.

이광은 직접 기병 백 명을 이끌고 진영을 벗어나 흉노 병사들을 추격했다. 그들은 말을 잃어 걸어야 했기에 이내 이광의 부대에 따라잡혔다. 이광은 기병에게 흩어져 좌우로 적을 에워싸라고 명령한 다음 직접 활을 들어 그중 두 명을 쏴 죽이고, 나머지 한 명은 생포했다.

포로를 결박하고 가려는데 멀리서 대오를 지어 행군하는 수천 규모의 흉노군이 보였다. 이광은 이렇게 느닷없이 흉노군과 맞닥뜨리리라고는 전혀 예상하지 못했고, 흉노 또한 이광 무리가 자신들을 유인하려 한다고 여겨서 즉각 진형을 구축해 경계했다.

이광은 흉노군을 보고 도망치려는 병사들을 막으며 설득했다. "우리는 군영으로부터 수십 리나 떨어져 있으니 지금 도망쳐 봤자 저들의 추격에서 벗어나기 어렵다. 차라리 한가하게 머무르는 척하면 적들이 혹여 유인책인가 싶어 감히 쉽게 공격하지 못할 것이다."

이광은 기병 백 명을 이끌고 흉노의 진영에서 1킬로미터 정도 떨어진 지점까지 전진한 후, 모두 말에서 내리고 안장을 풀라고 명령했다. 그리고는 기병 일부를 이끌고 흉노군을 기습해 백마 위에 올라 군을 지휘하던 흉노군 장수를 죽였다. 황혼 무렵까지 흉노군은 이광 부대의 행동을 괴이하다고 여겨 공격하지 못했고, 어두워지자 야습을 경계하며 철수했다. 이광과 기병들은 다음 날 무사히 군영으로 복귀했다.

몇 년 후 경제의 뒤를 이어 무제가 즉위했다. 조정 대신들이 명장으로 추천한 덕에 이광은 미앙궁의 금군을 통솔하는 위위衛尉로 승진했다. 이때 명장 정불식程不識은 장락궁長樂宮의 위위가 되었는데, 이광과 정불식 두 장수 모두 모두 변방에서 수많은 혈투 끝에 혁혁한 공을 세워 진급했으나 성향은 확연히 달랐다.

이광은 전투에 나설 때 규율이 비교적 느슨해서 대오나 진형을 엄격하게 갖추지 않은 채 이동하고 물에 가깝고 풀이 무성한 곳에 주둔하기를 좋아해 병사들이 지내기에 큰 불편함이 없었다. 야간 순찰도 없애서 모두가 편히 휴식을 취했고, 각종 문서 처리도 모두 간소하게 했다. 대신 보초병을 아주 멀리까지 배치해 주변을 살피게 했으므로 큰 문제가 발생한 적은 없었다.

반대로 정불식은 군사를 다스리는 데 매우 엄격해 군대의 편제, 행군, 대오, 주둔, 진영 설치 등에서 기준이 매우 높았다. 밤에는 반드시 교대로 순찰을 해야 하고, 문서의 기록이 한 치의 오차도 없이 정확해야 했다. 병사들이 충분한 휴식을 취하지 못해서 언제나 긴장한 상태이기는 했으나 역시 별다른 문제는 없었다. 다만 흉노는 변경을 지키는 두 명장 중 이광의 전략을 더 두려워했고, 병사들도 정불식보다는 이광을 따르기를 바랐다.

이후 한은 흉노를 토벌하기 위해 주력군을 마읍馬邑 주변에 매복시키고 마읍성을 미끼로 삼아 적을 유인했다. 이때 이광은 효기장군驍騎將軍에 임명되었으며, 그의 직속 상사는 당시 이름 높았던 한안국韓安國이었다. 그러나 이 토벌 작전은 흉노가 한군의 계략을 간파한 바람에 실패했다.

4년 후, 이광은 위위에서 정식으로 장군으로 진급해 안문관鴈門關에서 흉노를 공격했다. 그러나 당시 최강의 전투력을 자랑했던 흉노는 이광의 군대를 물리치고 이광까지 생포했다. 흉노의 선우는 오래전부터 이광의 행적을 들어왔기 때문에 "나는 살아 있는 이광을 원한다. 절대 장군을 죽이지 말라!"라고 명령했다.

포로가 된 이광이 중상을 입어 말을 타지 못하자 흉노는 말 두 마리 사이에 큰 그물을 건 다음 그를 그 위에 눕혀서 데려갔다. 이광은 혼절한 척하며 몰래 주변을 살피다가 한 흉노 병사가 타고 있던 좋은 말과 활을 빼앗아 달아났다. 수백 명의 추격병이 쫓아왔으나 이광은 도망치는 와중에도 활을 쏘면서 달린 덕에 무사히 요새로 복귀했다. 한 조정은 돌아온 이광에게 많은 부하와 말을 잃어 피해가 크고 살아서 포로가 되었다는 죄목으로 참수형을 내렸다. 이광은 재산을 바쳐 사형을 면했고 평민으로 강등되었다.

"일개 칼잡이에게 수모를 당하고 싶지는 않다"

이후 몇 년 동안 이광은 관영灌嬰의 손자 관강灌强과 함께 종종 사냥이나 다니면서 지냈다. 하루는 이광이 밤에 시종을 데리고 나가 술을 마시고 귀가하는 길에 패릉霸陵을 지나게 되었다. 그런데 패릉의 현위縣尉가 술에 취해 크게 호통을 치더니 이광 일행을 억류했다.

이광의 시종이 "이분은 전 장군 이광이시다"라고 항변했으나 패릉 현위는 꿈쩍도 하지 않고 말했다. "지금의 장군도 야간통행을 허락받기 어려운데 하물며 옛날의 장군이라니!"

얼마 후에 흉노가 다시 요서를 침입해 태수가 죽임을 당하자 한안국이 그 책임을 지고 우북평右北平의 태수로 좌천되었는데 얼마 지나지 않아 그곳에서 병사했다. 이에 무제가 이광을 우북평 태수로 임명했다. 이때 이광이 패릉의 현위를 데리고 가겠다고 청한 다음 부임지에 도착하자마자 그의 목을 베어 버렸다. 흉노는 한의 '비장군'飛將軍 이광이 우북평으로 왔다는 소식을 듣고 몇 년 동안 감히 그 지역을 넘볼 생각도 하지 않았다.

이광은 장군으로서 받은 상을 모두 부하들에게 나눠줬고, 음식도 병사들과 같은 것을 먹었다. 조정이 정한 녹봉 가운데 최고 수준인 이천석을 40년 넘게 받았으나 늘 집안에 여윳돈이 많지 않았다. 이광은 군대를 지휘하면서 병사들이 물을 마시지 못하면 자신도 마시지 않고 병사들이 밥을 먹지 못하면 자신도 먹지 않았다. 싸울 때는 빗나가지 않는다는 확신이 들어야 활을 들었으니 이러한 신중함은 사냥 중에 호랑이에게 상처를 입거나 전투 중 포로로 잡히는 원인이 되기도 했다. 그렇게 신중한 만큼 그는 한 번 시위를 당기면 반드시 겨냥한 적을 맞췄다고 전해지며, 명궁으로 이름을 떨쳐 바위를 호랑이로 착각해 화살로 꿰뚫었다는 전설 같은 이야기도 남겼다.

기원전 123년, 이광은 다시 후장군後將軍에 올라 대장군 위청을 따라 변경에서 흉노를 정벌했다. 그러나 이때의 승리로 공을 인정받아 진급한 사람이 적지 않았음에도 이광의 군사들은 덕을 보지 못했다.

기원전 121년 이광이 기병 사천 명을, 장건張騫이 기병 만 명을 이끌고 각각 흉노 토벌에 나섰다. 몇 백 리를 행군했을 때, 흉노 좌현왕左賢王의 4만 대군이 이광의 부대를 포위하자 병사들 사이에서 두려움이 퍼졌다. 이에 이광은 아들 이감李敢에게 결사대를 이끌고 나가 흉노군을 전부 죽이라고 지시했다. 이감은 기병 수십 명을 이끌고 돌진해 순식간에 적진의 좌익에서 우익까지 뚫고 나온 다음 본진으로 돌아오면서 크게 외쳤다. "오랑캐 따위는 무서울 것이 없다!"

비로소 병사들이 안정을 찾자 이광은 방어력이 가장 높은 방원진을 구축했다. 흉노의 화살이 빗발치듯 쏟아지는 가운데 한군은 병력의 절반 이상을 잃었으며, 맞대응하느라 화살도 막대하게 소모했다. 이광은 병사들에게 화살을 쏘지 말고 활시위를 팽팽히 당긴 채로 쏠 준비만 하라고 명령한 후, 자신이 직접 강한 활을 들어 흉노의 부장을 쏴 죽였다. 이광이 쏜 화살 몇 개가 정확하게 들어가자 흉노군도 기세가 슬슬 꺾이며 대오가 흐트러지기 시작했다.

이윽고 밤이 되자 병사들은 모두 지쳐 얼굴에 핏기가 사라졌으나 이광만은 아무렇지도 않은 듯이 군사를 지휘했다. 이에 병사들의 사기가 다시 조금씩 오르기 시작했다. 이튿날 장건이 군사를 이끌고 도착하자 흉노 좌현왕의 군대가 철수했다. 이광의 군사도 거의 전멸하다시피 해 어쩔 수 없이 퇴각했다. 이후 장건은 늦게 도착한 죄로 군령에 따라 참수형을 선고받았으나 재물로 벌을 대신하고 평민으로 강등되었다. 이광은 공과 실이 절반씩이라 상도 벌도 받지 않았다.

　한편 기원전 124년 이광이 포로로 잡혔던 그 전쟁에서 그의 사촌 동생인 이채는 공을 세워 낙안후樂安侯로 봉해졌으며 이어서 기원전 121년에는 공손홍의 후임으로 승상의 자리에까지 올랐다. 물건을 다른 물건과 비교하기 시작하면 버려야 하고, 사람을 다른 사람과 비교하기 시작하면 죽어야 한다고 했던가. 이채의 재주는 이광보다 훨씬 못했고 이름값도 이광보다 낮았지만 관직이 삼공에 이르렀다. 그에 반해 이광은 열후列侯에도 봉해지지 못했고, 관직도 삼공 다음 가는 구경九卿을 넘지 못했다.

　한번은 이광이 사석에서 점쟁이인 왕삭王朔과 이렇게 말을 주고받았다.

　"흉노와 전쟁을 벌이기 시작한 이래 나는 모든 전쟁에 참전했었소. 그동안 부하들이 열후로 봉해진 일이 수십 번이나 나는 공이 그들보다 훨씬 많음에도 봉해지지 않았으니 무슨 곡절이 있는 게요?"

　"장군께서 평생을 돌아보셨을 때 가장 도의에 어긋난 행동이 무엇이었습니까?"

　"농서 태수로 있을 때, 강족이 반란을 일으켰기에 그들 팔백 명을 유인해 항복을 받았소. 그러나 나는 그들을 속이고 같은 날 전부 죽였지. 지금까지 저지른 가장 불의한 일이라면 그것일 테요."

왕삭은 잠시 생각한 후에 말했다. "여러 업 중에 이미 투항한 사람을 죽인 것보다 더 무거운 것이 없습니다. 그 일 때문에 장군께서 작위를 받지 못하시는 것입니다."

기원전 119년 대장군 위청, 표기장군驃騎將軍 곽거병霍去病이 함께 흉노 정벌에 나서자 이광도 합류하게 해달라고 여러 차례 요청했다. 무제는 이광이 나이가 많다고 여겨 처음에는 허락하지 않았으나 끈질긴 요청에 못 이겨 결국 그를 전장군前將軍에 임명했다.

군사를 이끌고 변방으로 나간 후, 위청은 잡아 온 포로를 심문해서 흉노 선우가 주둔한 위치를 알아냈다. 위청은 즉시 정예병들을 이끌고 선우를 추격하러 가면서 이광에게 우장군右將軍의 부대와 함께 동쪽 길로 출병하라고 명령했다.

이광은 동쪽 길이 멀고 행군하기에 좋은 환경이 아니며 보급품까지 부족해 대군이 움직이기 어렵다고 판단해서 위청을 찾아가 말했다. "저는 젊은 시절부터 흉노와 싸웠으나 이제야 비로소 선우와 싸울 기회가 생겼습니다. 제가 선봉에 서서 흉노와 싸우다가 죽겠습니다."

그러나 위청은 출정 전에 무제가 당부했던 말을 꺼내며 거부했다. "그대는 나이가 많고 운도 좋지 않다. 괜히 싸우게 했다가 선우를 포로로 잡을 수 없을까 봐 걱정이구나." 사실 위청의 꿍꿍이는 따로 있었는데, 절친한 친구인 공손오公孫敖에게 공을 몰아주고자 이광의 요청을 거절한 것이다.

이광은 위청의 속셈을 눈치채고 거듭 명령을 거둬달라고 요청했지만 위청은 끝까지 거절하면서 '군령 복종'에 관한 문서를 건네기만 했다. 화가 난 이광은 인사도 하지 않고 나와서 명령대로 우장군의 부대와 합류했다. 그들은 동쪽 길로 진군했지만, 이리저리 헤매느라 시간이 지체되어 대장군이 정한 기일보다 늦게 목적지에 도착했다.

그 바람에 위청은 자신이 직접 지휘하는 병력만으로 흉노 선우와 교전을 벌였으나 결국 선우를 생포하지 못한 채로 철군해야 했다. 돌아오는 길에 위청은 사막 한가운데서 이광의 부대를 만났다. 위청은 부관을 시켜 이광에게 보급품과 술을 가져다주면서 천자에게 보고해야 하니 시간이 지체된 까닭을 알아 오게 했다. 이에 이광은 "부하들은 책임이 없고 모두 나의 잘못입니다. 내가 직접 대장군을 찾아 심판을 받겠습니다"라고 말했다.

위청의 막사에 도착한 다음 이광은 부하에게 다음과 같이 말했다.

"평생 흉노와 70여 차례 싸웠는데 이번에 대장군과 함께 흉노 선우를 공격할 기회를 얻었다. 그러나 길을 잃고 말았으니 이 어찌 하늘의 뜻이 아니란 말인가? 나는 이미 예순이 넘었으니 일개 칼잡이에게 수모를 당하고 싶지 않다."

말을 마친 이광은 칼을 뽑아 자결했다. 이 모습을 본 부하 장졸이 모두 크게 통곡했고, 백성들도 소식을 전해 듣고 남녀노소 모두 슬피 눈물을 흘렸다.

말과 행동 중 하나를 골라야 할 필요는 없다

이광에게서 배울 수 있는 화술은 바로 '행동으로 말을 보완하기'다. 일찍이 공자는 눌언민행訥言敏行, "말은 어눌하나 행동은 민첩하다"라는 말을 남겼다. 공자는 말의 중요성을 부정한 것이 아니라 '말만 하고 행동하지 않음'을 경계한 것이다. 이 화술은 공자의 말을 변주해 말이 변변찮으면 대신 행동으로 그 결함을 보완해서 말의 내용을 이행해야 한다는 의미를 가지고 있다.

이 화술은 장단점이 분명하다. 말이 드문 만큼 무게가 실리면서 화자의 권위를 크게 높일 수 있지만 스스로를 자세하게 해명하지 않으므로 자칫 듣는 상대방의 호감도를 떨어뜨릴 수 있다. 또한 '행동으로 말을 보완하기'를 실천하는 데에는 대가가 따른다. 행동을 통해 스스로를 증명하는 것이야말로 말을 통해 자신을 알리기보다 훨씬 더 긴 시간이 필요하기 때문이다.

많은 사람이 말과 행동 중 하나를 고르라면 행동을 골라야 한다고 생각하지만, 단언컨대 그것은 오해다. 말과 행동 중 어느 하나만 선택할 필요는 없으며 표현력과 실천력을 동시에 가질 수도 있다. 괜히 '눌언민행'을 곡해해서 말을 적게 하는 대신 행동하는 사람이 되어야 한다고 스스로를 다그칠 필요는 없다.

이광은 천성적으로 말솜씨가 좋지 않고 평소에도 과묵한 사람이었다. 그러나 그는 간결한 말 속에 뜻을 오롯이 담는 사람으로 자신이 한 말을 행동의 지침으로 삼아 반드시 실천할 줄 알았다.

말은 입에서 흩어지지만 귀로 들어가면 마음에 새겨진다

《진서》〈부건재기〉符健載記에서 배운다

혀는 몸을 베는 칼이라는 말이 있다. 칼을 뽑아 상대를 겨눌 때에는 자신 또한 상대의 칼에 베여 쓰러질 수 있음을 각오한다. 그러나 칼처럼 예리한 말을 주고받을 때에는 자신 또한 상대방의 혀에 베일 수도 있다는 것을 생각하지 못한다. 혀와 칼을 곧잘 비교하지만 어떤 면에서 말은 칼보다 흉하다. 칼과 같은 말로 입힌 상처는 잠복해 있다가 집요하게도 반드시 되돌아오기 때문이다.

"보아라, 이제 저 자가 내 아들이다!"

부홍符洪은 중국 서부 소수민족의 족장이다. 평소 용맹스럽고 위풍당당했으며, 말을 타고 활을 쏘는 데 능하고 지략도 뛰어나 전장에서도 빼어났다. 부건符健은 부홍의 셋째아들로 어머니가 태몽으로 큰 곰을 봤다고 전해진다. 부건은 아버지를 닮아 어릴 때부터 매우 용맹했으며 기마와 궁술 실력이 뛰어났다. 무엇보다 그는 됨됨이가 좋은 사람이었다. 《진서》에 따르면 부건은 '베풀기를 좋아하는 선한 사람'으로서 대범하고 말을 잘하며 처세에도 능해 인간관계가 원만했다고 한다.

부홍은 전쟁에서 세운 공으로 당시 후조의 황제인 석호石虎에게 중용되었다. 석호는 부홍에게 거기대장군車騎大將軍, 옹주자사雍州刺史, 약양군공略陽郡公을 비롯해 각종 화려한 칭호를 내려서 그를 삼공의 반열에 올렸다.

하지만 역사를 보면 군주는 신하의 공과 명성이 자신을 앞지르거나 가리는 상황을 가장 두려워했다. 실제로도 걸핏하면 황조가 바뀌는 시절에 병권을 쥔 장수들이 신망이 두터운 신하를 따른다면 황제의 자리는 흔들릴 수밖에 없다. 하물며 석호는 타고나기를 독선적이고 의심이 많은 성격이었다. 석호는 겉으로는 부홍에게 예우를 갖추면서도 암암리에 그 날개를 잘라내기로 마음먹었다.

부홍의 장남과 차남이 그렇게 연이어 암살당했지만 부건은 다행히 살아남았다. 부건은 말솜씨가 좋고 됨됨이가 뛰어나 황제의 가족에게까지 사랑받았기 때문이다.《진서》를 보면 '석계룡石季龍(석호) 부자가 부건을 매우 아껴 그의 형들은 암살했으나 그만은 해치지 않았다'라고 나와 있다.

몇 년 후, 부건은 아버지 부홍의 뒤를 이어 군사를 지휘하게 되면서 야심이 점점 더 커졌다. 천하는 여전히 혼돈 속에 있었다. 후조는 이미 가망이 없는 지경에 이르렀고, 남쪽의 동진이 상대적으로 강해졌다. 부건은 겉으로는 동진에 호의적이었으나 혼란을 틈타 비밀리에 관중을 장악하고 스스로 왕이 되기로 결심했다.

전쟁이 시작되기 전, 부건은 먼저 뛰어난 언변을 발휘했다. 병력을 둘로 나눠 각각 동생 부웅符雄과 암살당한 형의 아들 부청符菁에게 맡겨 동관과 하동을 공격하게 하고, 자신은 동생의 뒤를 따라 강을 건너 서쪽으로 진격했다. 헤어지면서 부건은 맏조카 부청의 손을 잡고 격앙

된 목소리로 말했다. "이 전쟁이 실패하면 너는 하북에서 죽고, 나는 하남에서 죽어 저승이 아니면 만날 수 없을 것이다."

같은 말이라도 이렇게 감동적으로 말하니 꼭 생사를 함께하는 것처럼 느껴져 듣는 이들의 가슴에서는 승리를 향한 의지가 더욱 크게 타올랐다. 이 장렬하고 영웅적인 이별의 말은 확실히 효과가 있었다. 조카 부청은 이후 끝까지 혈투를 벌여서 성을 점령하고 적장을 포로로 잡으며 가는 곳마다 항복을 받아냈다. 결국 삼촌과 조카 세 사람이 합류에 성공해서 순조롭게 장안을 함락시키고 전진前秦을 건국했다.

부건은 뛰어난 말솜씨로 화를 면하고 나라까지 세웠지만, 권력을 가진 이후에는 그 말 때문에 화를 입게 된다. 그는 장안을 점령한 이후로 사람이 달라졌다. 주변 사람들에게 갈수록 무례해지고 삼가는 태도도 사라졌다.

예전에 함께 출정했던 몇몇 장수가 황제로 불리고픈 부건의 의도를 알아차리지 못하고 눈치 없이 대도독大都督, 진왕秦王이라고 부르자 부건이 호통을 쳤다. "내가 어떤 사람인지 모르느냐? 너희는 대체 아는 것이 무어냐?" 이에 모두 아무 말도 하지 못하고 그 뜻을 좇아 부건을 황제 자리에 올렸다.

정식으로 전진의 황제가 되자 부건은 점점 더 제멋대로 행동했다. 한번은 허창許昌의 장군 장우張偶가 부건에게 항복하기 위해 계모 한씨와 함께 장안으로 왔다. 부건은 자태가 우아한 한씨를 보고는 후궁으로 삼고 소의昭儀로 봉했다.

당시 황제가 누군가의 계모를 후궁을 들였다고 해도 문제 삼을 일은 아니었다. 기껏해야 장우의 기분이 썩 좋지는 않은 정도였을 것이다.

문제는 부건이 굳이 여러 사람 앞에서 장우를 가리키며 "보아라, 이제 저 자가 내 아들이다!"라고 놀린 데에서 시작되었다. 그것도 한두 번도 아니고 만날 때마다 그랬다.

계속된 굴욕감이 분노로 변하면서 장우는 비밀리에 반란을 계획하고 부건에게 불만을 가진 다른 대신들도 포섭하기 시작했다. 그는 부건을 죽이고 전략적으로 중요한 성을 동진에 바칠 작정이었지만 계획이 발각되면서 뜻을 이루지는 못했다.

황제는 입으로 화를 부른 끝에 간신히 목숨을 건졌지만, 이외에도 많은 사람에게 치욕을 안기며 미움을 사는 바람에 전국 각지에서 반란이 일어났다. 부건의 큰아들은 반란군을 진압하기 위해 전투에 나갔다가 화살을 맞고 죽었다. 큰일을 몇 번 겪고 나자 부건은 급격히 원기를 잃고 큰 병을 얻었다. 그렇게 그가 궁에서 요양하는 중에도 반란이 일어났다.

반란을 일으킨 사람은 다름 아닌 이전에 부건의 말에 감동해 목숨을 걸고 천하를 빼앗아준 만조카 부청이었다. 결과적으로 부청의 반란은 실패로 끝났지만, 충격을 받은 부건은 얼마 지나지 않아 세상을 떠났다. 나이는 서른아홉, 즉위한 지 4년 만이었다.

시간이 흐르면 말도 변한다

불과 몇 년 사이에 부건은 황제라는 정점으로 올랐다가 나락으로 떨어졌다. 연꽃처럼 향기로웠던 말이 화를 부르는 말로 바뀌면서 모두의 칭송을 받다가 모두를 잃게 되는 지경에 이르렀다. 이 보기 드문 사례를 통해 우리는 화술 '후유증 피하기'를 배울 수 있다.

'후유증'은 병세가 호전된 후에도 신체나 정신에 남은 어떤 손상을 뜻한다. 화술에서는 말할 당시에는 문제가 없지만, 말하고 나서 일정 시간이 지나 화자에게 불리해지거나 해로워지는 손상을 의미한다. 여기에는 다음과 같은 질문이 이어질 수 있다.

첫째, 말할 때는 왜 문제가 없었을까? 화자가 유리한 상황에 놓여 있었거나, 듣는 사람이 당시에는 여상하게 받아 넘겼을 수도 있는 등 그 원인이야 다양하다.

둘째, 말하고 나서 얼마가 지나야 문제가 발생하는가? 하루나 이틀 후가 될 수도 있고 어쩌면 몇 년이 지난 다음에야 드러날 수도 있다. 그 기간이 길어질수록 화자는 자기가 한 말을 잊고 경계심을 잃을 테지만, 반대로 상대방의 원망은 묵을수록 깊어지게 된다.

부건은 권력을 얻은 후부터 내키는 대로 말하면서 타인의 감정을 전혀 헤아리지 않았다. 말로 주는 상처는 당장에는 드러나지 않지만, 쌓이고 쌓이다가 임계점을 넘게 되는 순간 이자까지 붙어 자신에게 되돌아오게 된다. 그러니 순간의 통쾌함에 휘둘려 내키는 대로 말해서는 안 된다. 함부로 뱉은 말은 듣는 사람은 물론 말하는 사람도 해치기 때문이다. 부건의 사례에서 볼 수 있듯이, 그로 말미암은 후유증은 이루 말할 수 없다.

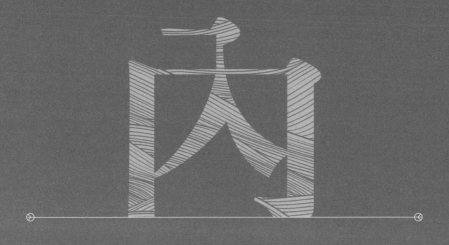

제10장

말할 줄 아는 사람이
역사를 결정했다

만 리의 경험을 말에 담으려면
만 리를 걸어야 한다

《사기》〈소진열전〉蘇秦列傳, 《전국책》에서 배운다

삶의 과정은 섭취와 배설로 이뤄진다. 말도 마찬가지다. 내가 무엇을 받아들였는지에 따라 뱉어낼 말이 결정된다. 축적한 것이 보잘 것 없는데도 능란하게 말하는 것은 그저 재치에 기대 얕은 곡예를 하는 것에 지나지 않는다. 만 권의 지식과 만 리의 경험을 말에 담아내기 위해서는 만 권을 읽고 만 리를 걸어야 한다.

한마디를 성사시키기 위해 허벅지를 찔러가며 내공을 쌓는다

소진은 기원전 3세기에 주나라 수도 낙양에서 태어났다. 장성한 후에는 낙양을 떠나서 동쪽 제나라에서 천하를 두루 보고 귀곡자의 문하로 들어가 종횡술을 비롯한 학문을 연마했다. 저 유명한 '합종연횡'도 종횡술에서 나온 것이다.

전국시대 말기에는 진秦 나라가 크게 강성해 어느 나라도 단독으로는 대항할 수 없었다. '합종'이란 진의 패권에 맞서기 위해 나머지 국가들을 연합시키고자 마련된 전략이며, '연횡'이란 최강국 진이 나머지 약소국들과 개별적으로 동맹을 맺어 세력을 더욱 팽창시켜 나가는 것을 목적으로 하는 전략이다.

당시 소진과 함께 귀곡자 밑에서 배운 사람 중에는 위魏나라 출신인 장의도 있었다. 훗날 두 사람은 정치무대에서 합종과 연횡이라는 두 가지 상생과 상극의 책략을 펼치며 평생의 라이벌이 된다.

공부를 마치고 하산한 소진은 한창 자신감으로 충만했다. 그는 늘 조국을 섬기고 보답하기를 바랐기에 가장 먼저 낙양으로 돌아와 주 선왕周 宣王을 만났다. 하지만 소진의 평판은 그리 좋지 않아서 문무백관이 모두 그를 사기꾼이라고 비방하는 바람에 몇 마디 제대로 말해 보지도 못하고 궁에서 쫓겨 나왔다.

소진은 낙심하지 않고 서쪽으로 방향을 틀어 진으로 향했다. 진 혜문왕을 만난 소진은 드디어 자신의 말솜씨를 유감없이 발휘할 수 있었다. 그는 혜문왕에게 연횡책을 제안하며 진이 횡적 동맹을 통해 최강국의 패권을 지켜야 한다고 설파했다.

"전하의 나라는 서쪽의 파巴, 촉蜀, 한중漢中에서 나는 물자로 무역을 하고, 북쪽 오랑캐 땅에서 담비가죽을 얻으며 대군에서 좋은 말을 기릅니다. 남쪽으로는 무산巫山과 검중黔中이 장벽을 두르고 동쪽으로는 효산崤山과 함곡관이라는 견고한 관문이 있으니 천험의 요새입니다. 전답은 비옥하고 백성은 풍족하며 전쟁이 벌어지면 전차 만 대와 군사 백만을 쉽게 모을 수 있습니다. 기름진 토지가 천 리나 펼쳐져 있고 재물이 풍요롭습니다."

《전국책》에 나오는 저 유명한 기사인 〈소진이연횡설진〉蘇秦以連橫說秦의 첫머리다. 이처럼 소진은 진의 지리, 물산, 국력, 군비 등 여러 방면에서의 절대적 우위를 총체적으로 분석하고 혜문왕의 영명함을 칭송하며 약소국들을 합병할 것을 제안했다.

자신감이 돋보이는 멋진 유세였지만 혜문왕의 반응은 시큰둥했다. "새는 깃털이 다 자라지 않으면 하늘을 날 수 없고, 법령이 완비되지 않았을 때는 죄인을 쉽게 처벌할 수 없으며, 도덕이 미비할 때는 백성을 몰지 못한다고 들었소. 멀리서 달려와 좋은 계책을 전했으나 가르침은 다음번에 듣겠소."

혜문왕은 대구법을 이용해 소진의 제안을 정중하게 거절했다. 그런데 거절한 진짜 이유는 따로 있었다. 우선 즉위한 지 얼마 되지도 않았고, 재상인 상앙商鞅을 거열형에 처한 일도 있었기 때문이다. 혜문왕이 세자였을 때 상앙의 금령을 어기면서 서로 사이가 껄끄러워졌는데, 즉위한 이후에도 자신의 통치를 두고 이런저런 간섭을 하자 화가 치밀어 그를 처형했다. 당시 혜문왕은 아직 조정을 장악하지 못한 상태라 소진처럼 말솜씨가 뛰어난 사상가를 은근히 두려워하고 있었다.

그럼에도 소진은 끈질기게 상서를 올려서 어떻게든 혜문왕을 설득하려고 애썼다. 그렇게 하루하루 시간이 흘러 입은 옷이 낡아지고 지닌 돈도 다 떨어지자 소진은 어쩔 수 없이 진을 떠나 다시 동쪽의 조趙나라로 향했다.

소진은 조에서도 문전박대를 당했는데, 당시 조의 국상 봉양군奉陽君이 소진을 탐탁지 않게 여겨서 무슨 말을 해도 곱게 듣지 않았기 때문이다. 아마 소진 자신도 하늘 아래 자신을 싫어하는 사람이 왜 그렇게나 많은지 궁금했을 것이다. 몸 둘 곳이 없었던 소진은 실의에 빠져 다시 고향으로 돌아가야 했다. 당시 소진의 처지를 두고《전국책》에서는 '시들고 말라 얼굴이 거멓게 떴다'라고 기록했다.

소진은 스승을 떠나서도 이름을 알리지 못하고 가족들마저 냉대해 삶이 나락으로 떨어졌다. 그는 이렇게 한탄했다. "아내가 나를 남편으로 여기지 않고, 형수는 나를 시동생으로 여기지 않으며, 부모가 나를 자식으로 여기지 않으니 이 모든 것이 나의 잘못이다."

젊은 날의 허송세월은 그를 한없는 고통에 빠뜨렸다. 그 고통의 끝에서 오기가 치솟은 소진은 어둡고 좁은 방에 스스로를 가둔 채 두문불출했다. 하루는 한밤중에 책을 담은 상자를 열어 뒤지다가《음부》陰符라는 책을 찾아냈다. 소진은 보물이라도 얻은 듯 밤낮없이 강태공이 지었다는 이 기서를 읽고 또 읽으며 연구했다. 졸음이 오면 허벅지를 송곳으로 찔러 발끝까지 피가 흘렀다. 고통을 참으며 지독하게 공부한다는 의미를 가진 '현량자고'懸梁刺股에서 '자고'가 여기에서 비롯되었다. 그렇게 일 년 동안 문을 닫아걸고 공부한 소진은 마침내 깨달음을 얻은 듯 크게 소리쳤다. "군주들을 설득하는 방법을 알았도다!"

소진은 재빨리 짐을 꾸려 새로운 마음으로 다시 출발했다.

말을 뒷받침해 주는 자신만의 무기고를 준비하라

'자료 창고 채우기' 화술은 허벅지를 찔러가며 지식을 쌓았던 소진의 사례에서 볼 수 있듯이 지식이 충분하지 않으면 입을 아무리 열심히 놀려봤자 상대방을 설득할 수 없다는 의미를 가지고 있다.

'자료 창고 채우기'에서 '자료'란 모든 정보를 아우르는 광범위한 개념으로 검증된 지식을 가리킨다. 다음으로 '창고'란 우리의 두뇌다. 그러니까 자료 창고를 채운다는 것은 두뇌에 각종 정보를 축적한다는 뜻이다. 그래야만 복잡하게 얽힌 정보들이 머릿속에서 정리되어 말로도 출력될 수 있다.

이 책에서 역사 속 인물들의 대화를 빌려 말을 잘하는 법에 대해 이야기하다 보니 '모든 신경을 말을 잘 구성하는 데 집중하라'라는 잘못된 인식을 심어주는 것은 아닌가 하는 우려가 든다. 사실 이 말 자체에는 잘못된 부분이 없다. 다만 한 가지 의문이 든다. '그렇다면 말을 무엇으로 구성할 것인가?'

뛰어난 말솜씨란 단순히 입을 잘 놀리는 것을 넘어 말을 뒷받침해주는 콘텐츠, 즉 '자료 창고'가 가득 채워졌다는 것을 의미한다. 창고가 빈 채 재주에 기대 말하는 것은 소진이 송곳으로 허벅지를 찔러가며 공부하기 전까지의 상황과 유사하다. 이런 상황이라면 아무리 대단한 재주가 있어도 하는 말이 전부 공허하고 무력하다. 결국 말솜씨의 수준이란 내용에 달렸으며, 화술이란 그것을 드러내는 형식을 더 아름답게 꾸며주는 수단일 뿐이다.

'지식을 쓸 때가 되어서야 배움이 짧았음을 후회하고, 일을 겪어 봐야 얼마나 어려운지를 알게 된다.' 이 명언은 이론적 지식과 실천 능력이 부족하면 곤경에 부딪힌다는 의미다. 말도 마찬가지다. 말하기 능력이란 '화술을 얼마나 많이 익혀서 능숙하게 사용하는가'라는 기능적인 부분뿐만 아니라 말하기의 중요한 전제, 즉 대체 무슨 말을 할 것인가까지 전부 포함한다.

텔레비전 방송 프로그램 〈낭독자〉朗讀者 시즌1을 여는 인사말은 "가장 소박한 말로 가장 섬세한 감정을 표현하고, 가장 진실한 목소리로 삶의 무게를 이야기하고자 합니다"였다. 어떻게 소박한 말로 섬세하게 표현하고, 진실한 목소리로 삶을 이야기할 수 있을까?

바로 콘텐츠가 있고, 이야기가 있기 때문이다.

밑그림을 그리듯
빠짐없이 단순하게 말하라

《사기》〈소진열전〉에서 배운다

때로는 두툼한 분량의 문서보다 한 장의 그림이 더 많은 것을 설명해주기도 한다. 그러나 쉬운 말로 대략적인 상황을 간단하게 정리해 전달하는 것은 생각보다 쉽지 않다. 스케치가 그러하듯 단순한 말 안에 전하고자 하는 모든 내용을 담아내야 하기 때문이다.

"이렇게 선명한 책략을 이제야 듣는구나"

소진은 허벅지를 송곳으로 찔러가며 공부한 끝에 해결의 실마리를 찾아 다시 일어섰다. 이전의 경험에서 교훈을 얻은 소진은 이번에는 상대적으로 국력이 약한 연나라를 찾았다. 하지만 여전히 평판이 좋지 않았기 때문에 연왕을 만나는 데에만 일 년이나 걸렸다.

일 년을 기다리는 동안 소진은 완전히 환골탈태해서 연 문후燕 文侯를 만날 기회가 왔을 때 확신을 가지고 당당하면서도 차분하게 말을 이어갔다.

"연은 동쪽으로 조선과 요동이 있고, 북쪽으로는 임호林胡 와 누번樓

煩이 있으며 서쪽으로는 운중雲中과 구원九原이 있고, 남쪽으로는 호타하와 역수易水를 두고 있습니다. 땅이 종횡으로 이천 리에 이르며 무장한 군사가 수십만에 달하고, 600대의 병거와 6,000필의 말, 몇 년을 버티기에 충분한 식량을 보유하고 있습니다. 또 남쪽으로는 갈석산碣石山, 안문산鴈門山을 낀 비옥한 땅이 있고, 북쪽은 백성들이 농사를 짓지 않아도 대추와 밤 수확만으로 풍족합니다. 이야말로 하늘이 내린 보물입니다."

이전에 진왕을 설득하려 할 때도 소진은 진의 장점을 꼼꼼하게 따졌지만 그것만으로는 부족했다. 그러나 이번에는 달랐다. 소진은 연왕에게 계속해서 말했다.

"전하께서는 지금 연의 백성이 편안히 살 수 있는 진짜 이유를 아시는지요? 바로 조가 남쪽에서 진을 막아주고 있기 때문입니다. 진과 조는 다섯 번이나 싸워가며 서로의 힘을 약화시켰습니다. 만약 진이 연을 공격한다면 반드시 산을 넘고 골짜기를 지나야 합니다. 수천 리나 떨어져 있으니 설령 연의 성들을 함락시킨다고 해도 지켜낼 수가 없습니다.

그러나 조가 연을 공격하면 열흘도 못 되어 수십만 대군이 동원東垣으로 밀고 들어와 주둔하고, 닷새 만에 연의 도성에 당도할 것입니다. 그런 연유로 진이 연을 공격하면 천 리 밖의 싸움이지만, 조가 연을 공격하면 백 리 안의 싸움이라고 할 수 있습니다. 백 리 안의 화를 염려하지 않고 천 리 밖의 적을 중시한다면 이보다 더 잘못된 계책은 없습니다. 바라옵건대 조와 합종으로 친교를 맺고, 다시 여러 나라를 하나로 묶어 함께 진에 대항해 연의 강산을 지키소서."

소진은 이전과는 다르게 사실을 늘어놓고 이치를 따졌을 뿐만 아니라, 국제 정세에서 연의 장단점을 객관적으로 분석했다. 이렇게 해서 연왕을 먼저 치켜세운 다음 다시 진정시키고, 마지막으로 진에 맞서 여섯 나라가 합종한다는 방안까지 제시해 그의 심리적 방어선을 단번에 무너뜨렸다.

연왕은 소진의 제안을 기쁘게 받아들이며 말했다. "옳은 말이오. 내 나라는 작고 약한데 서쪽으로 강한 조와 맞닿았고, 남쪽으로 강한 제와도 가깝지. 합종으로 연이 무사할 수 있다면 그대에게 나라를 맡길 테니 부디 도와주기 바라오."

연왕은 소진에게 수레와 말, 재물을 내려 번듯하게 꾸며서 조나라로 보냈다. 약소국인 연과 달리 조는 국력이 강성해 진을 크게 두려워하지 않았다. 이전에 소진이 조에서 유세했었을 때에는 성과가 없었지만, 그때 소진을 탐탁지 않아 하던 봉양군은 이미 죽은 뒤였다.

방해꾼이 없어지자 소진은 바로 조 숙후趙 肅侯와 만날 수 있었다. 연에서 한 번 성공을 거둔 경험이 있기에 소진의 태도는 한층 더 여유로웠다.

"조가 제와 진 두 나라와 적이 된다면 백성들이 평안할 수 없습니다. 또 진에 의지해 제를 공격해도, 반대로 제에 의지해 진을 공격해도 백성들은 역시 평안할 수 없습니다. 전하께서 저의 충언을 들어주신다면 연은 반드시 털가죽과 개와 말이 많이 나는 땅을 전하께 바칠 것입니다. 또 제는 생선과 소금이 많이 나는 바닷가 땅을, 초는 귤과 유자가 많이 나는 땅을 전하께 바칠 것입니다."

땅을 얻고 권력을 누리는 것이야말로 '춘추오패'가 모든 것을 걸고 추구한 목표였다. 이 대목에서 소진은 먼저 조왕에게 전쟁은 조에 백해무익하다는 사실을 말한 다음, 이어서 화제를 전환해 진이 천하를 통일하는 과정을 묘사하기 시작했다.

"만약 진이 지도로 내려오면 한韓의 남양이 위태로워집니다. 또 진이 한을 점령해 주周의 도성을 포위하면 조가 무기를 들고 나라를 지켜야 할 것입니다. 진이 위衛를 차지해 권성卷城을 취하면 제는 필시 진에 고개를 숙이고 신하가 될 것입니다. 그렇게 되면 진은 반드시 조를 향해 출병할 것입니다. 진군이 황하를 건너고 장수漳水를 지나면 진과 조 두 나라의 군사가 한단성 근처에서 싸우게 될 터인데 전하께서는 정녕 그 모습을 보고 싶으십니까?"

각국의 지형과 전략적 위치를 정확히 아는 소진이 조왕 앞에서 그려 보인 진의 '천하통일 로드맵'은 흠잡을 데가 없었다. 조왕은 자신의 영토가 진의 말발굽에 짓밟히는 광경이 눈앞에 그려지자 식은땀을 줄줄 흘릴 정도로 놀랐다.

소진은 여세를 몰아 멈추지 않고 말했다. "지금 효산의 동쪽에는 조보다 강대한 나라가 없습니다. 조의 땅은 종횡으로 사천 리가 넘고, 무장한 병력이 수십만에 전차가 천 대, 말이 만 필이나 됩니다. 양식도 몇 년 동안 먹을 만큼 충분합니다. 서쪽에 상산常山이 있고 남쪽에 장수가 있으며, 동쪽에는 청하淸河, 북쪽에는 연이 있습니다. 연은 원래 약소국이니 두려워할 필요가 없습니다. 따라서 지금 진이 조를 가장 껄끄러워하는 것을 전하께서도 잘 아실 것입니다."

소진의 분석에 따르면 조가 강대하다고 하나 진을 무시할 수 있는 정도는 아니었다. 뒤집어 생각하자면 진 역시 강대한 조를 경계한다는 것이니 소진은 그 점을 이용할 필요가 있다고 전했다. 평생 전쟁을 치르면서 살아온 조 숙후도 지금의 평화가 불안정한 상황임을 잘 알고 있었고, 마침 전쟁보다 더 효과적인 방법을 모색하는 중이었다.

"신이 듣기로 옛날 요 임금은 세 사람 몫의 전답도 가지지 못했고, 순 임금은 지척의 땅도 없었으나 천하를 차지했다고 합니다. 상 탕왕과 주 무왕은 삼천 명도 못 되는 무사에 전차는 삼백 대, 병졸은 삼만 명에 지나지 않았으나 천자가 되었습니다. 현명한 군주는 자신을 알고 적을 알아서 싸우기도 전에 이미 승패와 존망이 어떻게 결정될지를 훤히 내다봅니다."

소진은 현재의 정세를 이야기한 후, 옛 군주들의 성공 방식을 제시했다. 이때 처음으로 소진과 그가 구상한 합종 전략이 역사의 무대에 올라섰다.

"신이 천하의 지도를 보고 형세를 살펴봤는데 각 제후국의 땅을 합하면 진의 다섯 배이고, 병력은 진보다 열 배나 많습니다. 전하를 위해 깊이 생각해보니 한, 위, 제, 초, 연, 조가 하나가 되어서 진에 대항하는 편이 나았습니다. 여섯 나라는 서로 이런 식으로 맹약을 맺으면 됩니다. '진이 초를 공격하면 제와 위가 각각 정예군을 보내 초를 돕는다. 진이 한과 위를 공격하면 초는 진의 보급을 끊고, 제는 정예군을 보내 한과 위를 돕는다. 한 나라가 어려운 지경에 놓이면 다섯 나라가 나서서 지원한다. 만일 맹약을 지키지 않는 나라가 있다면 다른 다섯 나라가 공동으로 군사를 일으켜 토벌할 것이다.' 여섯 나라가 제가 아뢴 방법대로 저항하면 진은 감히 함곡관에서 출병해 여섯 나라를 공격하지 못할 것입니다. 그러면 전하께서 패왕의 위업을 이룰 수 있습니다!"

상대방을 설득하기 위해서는 문제를 발견하고 제기할 뿐만 아니라 확실한 해결책까지 제시할 수 있어야만 한다. 소진은 여섯 나라가 평화를 유지하며 진에 대항하는 계책에 대해 마치 지도를 놓고 하나하나 그려가듯 조왕 앞에서 설명했다.

이해하기 쉬우면서도 깊이가 있고, 찬찬히 뜯어 봐도 결점 하나 없는 합종의 계책을 듣고서 조왕은 이렇게 말했다. "과인이 즉위한 이래 나라를 오래도록 안정시킬 수 있는 책략을 들어본 적이 없었다. 지금 그대는 천하의 백성을 보호하고 제후국들을 안정시키려고 하니 공경히 그 뜻에 따르겠다."

훌륭한 그림도 처음엔 스케치부터 시작된다

소진이 이전에는 자신을 무시했던 왕들을 끝내 설득할 수 있었던 까닭은 앞에서 소개한 화술 '자료 창고 채우기'를 기반으로 삼은 다음 그 위에 새로운 화술 '말의 구조 그려두기'를 구사했기 때문이다.

이 화술에 대해 예를 들어 설명하자면 맛있는 만두를 '말로 그려주는' 방법이다. 누구라도 손이 갈 만한 맛있는 만두라고 설득하기 위해 섬세한 반죽의 결 위로 김이 모락모락 나고, 반을 가르면 육즙이 흐르는 먹음직스러운 만두의 모양을 생생하게 묘사하는 것이다.

이 화술은 마치 파노라마를 스케치하는 것과 닮았다. 어떤 풍경의 일부가 아니라 전체 모습과 윤곽을 대략적으로 밑그림 그리듯 선으로 그리는 것이다. 모두들 학창 시절 미술 시간 때 먼저 스케치를 하고 그

위에 여러 가지 색을 채워 그림을 완성해 본 경험이 있을 것이다. 즉 스케치란 메우는 작업이 아니라 구조만 완성하고 다음 활동을 위한 공간을 남겨 두는 작업이다.

이 화술은 간단하고 이해하기 쉬운 말을 통해 사물의 대략적인 상황을 묘사하는데 여기에는 두 가지 이유에서 준비와 연습이 필요하다. 하나는 생각할 공간을 남겨 두는 데 있어 강약 조절이 쉽지 않기 때문이고, 다른 하나는 사물의 전체 모습을 단순하고 이해하기 쉬운 그림으로 그려내기가 어렵기 때문이다.

앞에서 배운 '자료 창고 채우기'는 '말의 구조 그려 두기'를 성공적으로 해내기 위한 사전 준비에 해당한다. 오랜 기간에 걸쳐 내공을 쌓지 않은 사람이 파노라마 스케치를 해내기란 불가능한 일이다. 소진은 오랫동안 공부하며 착실하게 준비해왔던 덕분에 연과 조에서 군주들을 설득할 때 문제 발견에서부터 구체적인 해결 방안까지 그림을 그리듯 내놓을 수 있었다.

그러면서도 정도를 잘 지켜 제한된 시간 안에서 요점을 따졌으며, 나중에라도 버림받지 않도록 자신의 가치도 효과적으로 드러냈다. 그래서 소진은 계책의 구체적인 방법을 상세하게 말하지 않고 합종으로 진에 대항하는 전체적인 구도만 그려 보인 것이다. 이 모든 것은 그가 각고의 노력으로 만들어낸 결과물이다.

소진의 이야기는 아직 끝나지 않았다. 그가 제안한 여섯 나라의 합종책은 완전무결했으나 속으로는 불안감이 내내 가시지 않고 있었다. '내가 이렇게 여섯 나라를 설득해 합종을 추진하는 것을 진이 알게 되지 않을까?'

과거 귀곡자는 자신에게 합종을 가르쳤고, 다른 제자에게는 연횡을 가르쳤다. 여섯 나라가 아직 맹약을 맺지 않은 상황에서 진이 갑자기 출병이라도 하면 공멸하지 않을 수 없다. 이때 그의 머릿속에 한 사람의 이름이 떠올랐다. 바로 장의다.

【상대를 자극하기】

때로는 따뜻한 위로보다
뜨거운 자극이 힘이 된다

《사기》〈진본기〉秦本紀, 〈소진열전〉, 〈장의열전〉에서 배운다
상대방을 북돋을 때 가장 좋은 방식이 격려와 응원이라는 것을 알면서도
굳이 도발하고 질책하는 까닭은 즉각적인 효과를 얻기 때문이다. 그러나
회복탄력성을 기대하며 상대방을 자극하는 말은 그 효과만큼 사용법이
굉장히 까다롭기에 말하는 사람에게도, 듣는 사람에게도 일정한 자격을
요구한다.

움츠러든 채 튀어오를 때만 기다리다

소진이 연나라와 조나라에서 차례로 성공을 거두며 원대한 합종의
계획을 차근차근 실현하고 있을 때, 진나라가 위나라를 공격했다는 소
식이 전해졌다. 기원전 333년, 장군 서수犀首가 군사를 이끌고 위를 침
공해 파죽지세로 진격했다.

서수의 본명은 공손연公孫衍으로 위나라 사람이다. '코뿔소의 뿔'이
라는 뜻을 가진 '서수'를 호로 삼았다는 것은 그가 매우 얻기 어려운 인
재임을 의미한다. 위나라 사람이 진나라의 장군이 되어 자기 나라를
공격한 데에는 사연이 있다. 공손연은 고향에서 실력을 펼칠 수 없어

괴로워했었다. 그러던 중 진 혜문왕이 그를 좋게 평가하면서 공손연은 진으로 망명했다.

혜문왕은 즉위하고 얼마 지나지 않아 태자 시절 자신을 모욕했던 재상 상앙을 죽이고 소진도 눈에 차지 않아 멀리하던 사람이었지만, 공손연만큼은 중용했다. 진에 도착한 공손연은 이름을 적어 충성을 맹세하는 투명장投名狀을 바친 다음 군사를 이끌고 위를 공격했다.

그는 첫 출병에서 하서河西를 점령했으며 이어서 위군 8만 명을 죽이고 위의 대장군 용가龍賈를 포로로 잡았다. 위는 더 이상 버틸 수 없어 진에 땅을 내어주고 화의를 청했다. 위가 할양한 땅 음진陰晉은 공손연의 고향으로, 50여 년 전에 위의 명장 오기가 군사 5만으로 진의 50만 대군을 무찌른 곳이었다.

소진의 '6국 합종'이 채 완성되기도 전에 뒷마당에 불이 났다. 만약 진을 이대로 두면 소진은 다시 귀향해서 농사나 짓고 살아야 할 판이었다. 이때 함께 스승 귀곡자를 모셨던 장의가 찾아왔다.《사기》를 보면 '소진은 스스로를 장의보다 못하다고 평가했다'라는 구절이 나온다. 그러나 소진이 조나라에서 한창 주가를 올리고 있을 때 찾아온 옛 친구 장의는 뜻밖에도 맥이 다 빠진 초라한 모습이었다.

장의는 소진과 마찬가지로 스승을 떠난 후 각지를 돌아다녔으나 어디에서도 인정받지 못하고 간신히 초나라 재상의 집에 얹혀사는 문객이 되었다. 하루는 재상이 고관들을 집으로 초대해 함께 술을 마시다가 기분이 좋아져 소장하고 있던 진귀한 옥을 꺼내 구경시켜줬다.

모두 서로 돌려 보며 구경하는데 어느 순간부터인가 옥이 슬그머니 사라졌다. 명망 있고 부유한 사람들이 모인 자리에서 물건이 사라졌으니 모두가 자연스레 그중 가장 가난한 자, 바로 문객 장의를 의심했다. 장의는 모진 고문을 당했으나 끝까지 버텨서 상처투성이가 된 채 집으로 돌아왔다.

아내는 사람 꼴이 아닌 채로 들어온 남편을 보자 속이 상했다. "이제 변사가 되려는 마음은 접고 마음 편히 집에서 밭이나 갈며 사는 것도 좋지 않겠소?"

장의는 자신의 혀를 가리키며 물었다. "내 혀가 아직 그대로 있소?"

아내는 어리둥절해하며 "그대로구려"라고 대답했다.

장의는 이렇게 말했다. "그것으로 충분하오. 나를 믿어 주시오. 나는 반드시 출세할 것이오."

그러나 장의는 더 이상 초에 머물 수 없게 되었다. 하는 일 없이 집에만 있던 장의는 조에서 출세한 소진을 찾아가려 했으나 그 여비조차 댈 수 없을 정도로 처지가 궁핍했다. 바로 이때 그에게 한 귀인이 나타났다. 두 사람은 더 일찍 만나지 못한 것을 한탄하면서 많은 대화를 나눴다. 귀인은 장의에게 여비는 자기가 알아서 마련할 테니 걱정하지 말고 어서 소진을 만나러 조로 가라고 권했다.

"자네처럼 뛰어난 인재가 어쩌다 이리 되었는가"

두 사람은 함께 먼 길을 떠나 소진의 집 앞까지 찾아와 만나기를 청했다. 장의는 자신이 소진의 환대를 받을 줄 알았으나 대문이 열리지 않아 며칠 동안 사람 그림자 하나 보지 못했다. '원래 이런 친구였지.

바쁠 때는 아무것도 신경 쓰지 않으니까. 괜찮아, 며칠만 더 참자.' 장의는 자신을 이렇게 위로할 수밖에 없었다.

그러던 어느 날, 소진이 사람을 보내 장의를 불렀다. 마침내 장의가 소진의 집에 들어섰지만, 현실은 타향에서 옛 친구를 만나 서로를 반기는 상상과는 달랐다. 장의를 본 소진은 차갑게 말했다. "잠시 마당에서 기다리게."

그러고 나서도 소진은 한참이나 바쁘게 움직였고, 장의는 그대로 선 채로 해가 머리 위에 쨍쨍 내리쬘 때까지 마당에서 기다리고 또 기다렸다. 소진이 마침내 장의에게 말을 건넸다. "오랜만이네. 잘 지냈는가? 같이 뭐 좀 들지."

한때 같은 스승 밑에서 공부했던 친구인데 지금은 이렇게나 거리를 두다니 장의는 서글퍼졌다. 그래도 워낙 오래 기다린 터라 배가 고파 막 한술 뜨려는데 보아하니 자기 밥상은 일꾼들과 같았고 온갖 산해진미는 전부 소진의 밥상 위에 올라가 있었다.

장의는 화가 치밀어 올랐으나 며칠 동안 제대로 먹지도 못했기에 체면을 따질 겨를이 없었다. 맞은편 소진도 혼자 전복을 먹고 닭국을 마셨다. 두 사람이 아무 말 없이 먹기만 하니 방 안에는 쩝쩝거리는 소리만 났다.

한참을 먹기만 하던 소진이 냉랭하게 말했다. "자네처럼 재주가 좋은 사람이 이렇게 될 줄은 정말 몰랐네. 애석하게도 나 역시 자네를 도와줄 수 없을 것 같으니 형제의 정으로 밥이나 한 끼 드시고 가게나."

그 순간 장의는 참지 못하고 젓가락을 내려놓고서 소진의 집을 나왔다. 여관으로 돌아온 장의는 너무나 수치스럽고 화가 나서 계속 되뇌

었다. '소진, 네놈은 오늘 나를 잃었다. 이 모욕을 장차 백배로 돌려줄 터이니 기다려라.'

이때 같이 온 귀인이 장의에게 새로운 길을 제시하며 진으로 가서 이 치욕을 씻자고 권했다. 귀인은 또다시 장의에게 금전적인 지원을 아끼지 않으며 수레와 말, 새 옷을 사주고 양식까지 마련해 함께 진으로 떠날 준비를 했다.

진으로 가는 길에서도 귀인은 장의가 인맥을 쌓을 수 있도록 도왔고, 장의는 마침내 진 혜문왕을 만날 수 있었다. 소진을 달가워하지 않았던 혜문왕은 장의의 재주와 학식에는 크게 감복해 즉시 곁에 두고 소진의 합종을 깨뜨릴 계책을 상의했다. 이때가 공손연이 이끄는 진군이 위나라의 세 개 성을 차례로 함락시킨 직후였다. 이에 장의는 혜문왕에게 위가 남쪽을 막느라 정신없을 때 허를 찔러서 북쪽으로 공격해 들어가는 계책을 건의했다.

기원전 329년 겨울, 혜문왕은 장의의 계책을 받아들여 하서에서 황하를 건너 위의 분음汾陰과 피씨皮氏를 점령했다. 양쪽으로 공격당한 위가 다시 땅을 바치며 화의를 청하자 혜문왕은 크게 기뻐하며 장의를 더욱 아꼈다.

진에서 확고하게 자리를 잡은 장의가 과거 소진에게 당한 치욕을 갚을 준비를 하던 차 귀인이 찾아와 이제 장의의 곁을 떠나겠다고 말했다. 장의는 거듭 만류하며 물었다. "그대의 덕으로 이렇게 출세할 수 있었소. 이제야 조금이나마 보답할 수 있게 되었는데 어찌 떠나려 하는 게요?"

귀인은 고개를 저으며 놀라운 사실을 털어놓았다. "사실 선생님을 알아보고 배후에서 도운 사람은 제가 아니라 소진입니다. 소진은 진이 조를 공격해 합종을 깨뜨릴까 걱정하다가 선생님이 아니면 진의 권력을 잡을 수 없다고 여겨 일부러 저를 보내 돕게 하고 선생님을 격노케 했습니다. 이 모든 것은 소진이 계획한 대로입니다. 이제 진에 중용되셨으니 제가 돌아가는 것을 허락해주십시오."

일의 전모를 알게 된 장의는 한탄하며 말했다. "아, 소진, 소진이었구려! 그의 술책에 놀아나면서도 나는 전혀 알지 못했으니 역시 소진의 지혜에 미치지 못함이 분명하오. 돌아가서 그에게 전하시오. 내가 소진의 덕에 진에서 중용되었는데 어찌 조를 도모하겠소? 소진이 조에 있는 한, 진은 조를 공격하지 않을 것이오."

장의의 은밀한 보호 아래, 소진은 계속해서 여섯 나라를 돌며 합종을 유세했다. 그렇게 높이 축적된 지식과 넓은 시야로 다양한 각도에서 한 선왕韓 宣王, 위 양왕魏 襄王, 제 선왕齊 宣王, 초 위왕楚 威王을 설득해 여섯 나라로부터 상인相印, 즉 재상의 지위를 받았다. 소진이 조로 돌아오자 숙후는 그를 무안군武安君으로 봉했다. 소진은 합종의 맹약을 진에게 보내 진이 이후 15년 동안 함곡관 밖으로 나오지 못하도록 했다.

합종에 성공한 후, 소진이 초에서 조로 돌아가는 내내 그 행렬의 기세가 제왕에 비할 정도로 대단했다. 고향인 낙양을 지날 때, 이전에 소진을 멸시했던 친척, 형수 몇 명은 감히 고개도 들지 못한 채 기어 다녀야 했다. 소진은 "부귀해지면 친척들부터 경외하고, 초라해지면 친척들조차 무시하니 보통사람은 말할 것도 없다. 내게 낙양에 밭 두 경頃이 있었다면 지금 어찌 여섯 나라에서 상인을 받았겠는가?"라고 말했다.

그러나 세월이 흐르면 풍수도 바뀌고 사람의 운명도 바뀌는 법이다. 소진은 합종에 성공하고도 여전히 세 치 혀로 각국을 휘젓고 다녔고, 권력을 쥐었으면서도 더 큰 욕심을 부려 많은 사람의 미움을 샀다. 결국 그는 암살당해 시신조차 찾을 수 없게 되었다.

천여 년이 흐른 후, 왕안석은 시 〈소진〉蘇秦에서 그에 대해 이렇게 읊었다.

> "이미 몸은 죽고 권력은 흩어졌으니
> 악명이 사라진 지 몇 년인가.
> 그대 혼백이 되어 천추의 세월이 흘러
> 초년에 밭 두 경도 없었음이 후회스럽구나."

상대를 도발할 때도 섬세함이 필요하다

소진은 많은 말을 하지 않았으나 장의의 삶과 '전국칠웅'의 정세에 직접적인 영향을 미쳤다. 이때 소진이 장의를 자극하는 과정에서 사용한 화술은 '상대를 자극하기'다. 이름 그대로 상대를 흔들어 반응을 유도하는 이 화술은 마치 탱탱볼을 튕기는 것과 닮았다. 이 화술을 구사하기 위해서는 다음과 같은 사항들을 조심해야 한다.

첫째, 지금 당신이 튕기는 공은 탄성이 좋은 공이지 단단한 공이 아니다. 다시 말해 이 화술은 한 번 튕겼을 때 다시 튀어오를 수 있는 성격을 가진 대상한테나 적용할 수 있다. 딱딱한 공이라면 아무리 두드려도 튕겨 올라오기는커녕 오히려 밑으로 파고들기만 한다. 따라서 이 화술을 구사하기 전에는 반드시 상대방이 다시 튕겨 올라올 만한 성격과 능력을 가지고 있는지 확인해야 한다.

둘째, 탱탱볼을 다룰 때에는 조심스럽게 튕겨야지 있는 힘껏 내동댕이치면 안 된다. 적당한 세기로 튕기면 상대방도 그 힘을 받아 다시 튕겨 올라오겠지만, 과할 정도로 세게 튕기면 상대방은 의기소침해지면서 협조를 거부하거나 반대로 너무 세게 튕겨 오르면서 공을 다루는 사람을 다치게 할 수도 있다.

소진은 오랜만에 만난 장의에게 겨우 몇 마디, 그것도 차가운 말만 던졌다. 기대감을 안고 친구를 찾아갔던 장의는 크게 실망하는 동시에 자존심에 상처를 입었다. 이때 소진이 '탱탱볼을 튕긴' 방식을 자세히 분석할 필요가 있다. 소진은 모욕적인 말을 사용하지 않았으며 가장 심한 말이라고는 "자네처럼 재주가 좋은 사람이 이렇게 될 줄은 정말 몰랐네"가 전부였다. 소진은 조심스럽고 섬세하게 공을 튕긴 것이다.

무엇보다 소진이 이 화술로 장의를 자극하는 목표를 달성할 수 있었던 까닭은 그가 장의와 수년간 함께 공부한 사이였기에 장의의 능력과 성격을 잘 알고 있었기 때문이다. 그는 장의가 자극을 받으면 포기하지 않을뿐더러 오히려 더 열심히 노력해 다시 '튕겨 오를' 인재임을 잘 알고 있었기에 이 화술을 선택할 수 있었다.

【상대의 깊은 욕망을 끌어내기】

숨겨둔 소원을 들으려면
끈질기게 파고들어야 한다

《사기》〈상군열전〉商君列傳에서 배운다

누구에게나 사춘기 시절 일기 속 비밀처럼 아무에게도 들키고 싶지 않으면서 동시에 누군가가 알아주기를 원하는 평생의 소원이 있을 것이다. 누군가로부터 그것을 끄집어내기 위해서는 깊은 곳에 묻힌 보물을 찾는 과정처럼 기나긴 참을성과 치밀한 준비가 필요하다.

천하통일의 염원을 파고든 끈질긴 대화

상앙은 위衛나라 군주의 서자로 '위앙'衛鞅이라고도 불렸다. 제후의 자식으로서 주나라의 국성인 '희'를 성으로 삼아야 할 것 같지만, 사실 그의 성은 공손公孫이다. 그리고 '위'라는 씨는 물려받은 봉지에서, '상'이라는 씨는 자신이 받은 봉지인 상商에서 비롯된 것이다.

상앙은 위衛나라에서 태어났으나 위魏나라로 넘어가 국상 공숙좌公叔痤를 섬기다가 작은 벼슬을 얻었다. 공숙좌는 공사가 분명한 사람으로 노년에 병들어 죽어가면서도 문병을 온 혜왕에게 이렇게 말했다. "제가 죽거든 공손앙에게 나랏일을 맡기십시오. 만약 전하께서 공손앙을 쓰지 않으시려면 반드시 죽여서 절대 다른 나라로 가지 못하게 만들어야 합니다!"

'사람이 죽을 때가 되면 말부터 부드러워진다'라는 옛말이 있다. 그러나 공숙좌는 그런 사람이 아니었는지 죽음이 가까웠는데도 냉혹했다. 혜왕은 공숙좌의 말에 알겠다고 답하고 돌아갔다.

혜왕이 떠난 후, 공숙좌는 곧바로 공손앙을 불렀다. "내가 전하께 너를 다음 국상으로 추천했다. 그러나 보아하니 전하께서는 그렇게 하지 않을 것이다. 내가 나라를 위하는 마음으로 아뢰기를 너를 중용하지 않을 것이면 죽이라고 요청했으니 얼른 도망가거라."

공손앙은 공숙좌에게 말했다. "아닙니다. 설마 추천은 무시하면서 죽이라는 조언은 받아들이겠습니까? 안심하시고 어서 회복하십시오."

공손앙은 떠나지 않고 그대로 위魏에 남았다. 한편 혜왕은 궁궐로 돌아와서 좌우의 신하들에게 공숙좌가 병이 위중해 정신이 나갔는지 나라를 공손앙에게 맡기라고 했다면서 정말 우스운 일이라고 말했다.

결과적으로 공손앙은 상사가 임종을 앞두고 올린 진언 때문에 일이 나 목숨을 잃지는 않았다. 하지만 그는 왕이 자신을 중용하지도, 그렇다고 죽이려고도 하지 않으니 이 나라에 있어 봤자 기회가 없다는 것을 깨달았다. 그러던 어느 날, 진 효공秦 孝公이 과거 목공 시절의 패업을 회복하기 위해 유능한 인재를 구한다는 소식을 들었다.

당시 진은 외진 곳에 있어서 중원 제후들의 회의에 불참해 다른 여섯 나라로부터 점차 소외되고 있었다. 또 이 시기에 많은 사람이 진을 미개하고 낙후한 나라라고 여기며 서융西戎 쯤으로 치부했다. 고대 중국에서는 변방의 세력들을 가리켜 자리 잡은 방향에 따라 동이東夷,

남만南蠻, 서융, 북적北狄 으로 불렀다.

공손앙은 효공이 신뢰하던 경감景監 에게 능력을 인정받은 덕에 진왕을 직접 만날 기회를 얻었다. 그러나 만남이 길어져서인지 효공은 도중에 깜빡 잠들기까지 했다. 공손앙이 물러간 후, 효공은 경감에게 "그대가 추천한 저놈은 큰소리나 치고 사람을 괴롭히니 도저히 쓸 수가 없다"라고 평했다.

이에 경감이 화를 내며 효공을 만난 자리에서 무슨 일이 있었는지를 묻자 공손앙이 대답했다. "별일 아닙니다. 제가 요와 순을 비롯한 다섯 제왕이 나라를 다스린 법도를 말씀드렸는데 그 뜻을 깨닫지 못하신 듯합니다. 다시 뵐 수 있게 해주십시오."

경감은 효공과 공손앙이 만날 자리를 다시 마련했다. 하지만 이번에도 효공은 불만을 드러냈고, 경감은 다시 공손앙을 나무라며 대체 무슨 일이 있었느냐고 물었지만 뾰족한 답은 듣지 못했다. "별일 아닙니다. 제가 우왕, 탕왕, 문왕, 무왕이 나라를 다스린 법도를 말씀드렸는데 이번에도 깨닫지 못하신 듯합니다. 다시 뵐 수 있게 해주십시오."

사람 좋은 경감은 다시 한번 두 사람의 만남을 주선했다. 세 번째 만남은 나쁘지 않았는지 효공이 경감에게 말했다. "괜찮은 사람 같기는 한데, 그래도 한 번 더 이야기를 나눌 기회가 있으면 좋겠구나."

효공의 반응을 확인한 경감이 이번에는 대체 무슨 일이 있었는지를 묻자 공손앙이 대답했다. "별일 아닙니다. 제가 춘추오패가 나라를 다스린 법도를 말씀드렸는데 흥미로워 하셨습니다."

공손앙과 효공의 네 번째 만남은 며칠간 이어졌다. 효공은 자기도 모르게 방석을 앞으로 당겨 앉을 정도로 공손앙의 말에 집중했다. 이 만남이 끝나자마자 효공은 공손앙을 진의 변법을 총괄하는 최고 책임자로 임명했다.

경감이 매우 의심스러운 듯이 공손앙에게 물었다. "어떻게 전하의 태도를 바꿔 놓았는가?"

공손앙이 대답했다. "별일 아닙니다. 이전에 나라의 제도나 왕도의 술책에 대해 이야기하면 전하께서는 시간이 너무 오래 걸린다고 답답해하셨지요. 전하께서 왕위에 계시는 동안 진이 강해지는 모습을 보기 바라시기에 부국강병의 기술을 아뢰었는데 매우 만족하셨습니다. 하지만 안타깝게도 이런 방법을 쓰기에는 진의 덕행이 건국 시기의 은, 주에 비할 수 없습니다."

"백성을 이롭게 하는 일에 꼭 예법이 필요합니까?"

효공은 한편으로는 공손앙의 변법을 지지했지만, 다른 한편으로는 사람들이 자신을 비방할까 봐 걱정이 많았다. 이를 간파한 공손앙이 말했다. "전하께서 주저하시면 일이 성사되지 않습니다. 새롭고 강력한 것이 나오면 처음에는 비판을 받기 마련입니다. 또한 독특한 지식을 가진 사람은 본래부터 세상의 비웃음을 삽니다."

공손앙은 이어서 말했다. "어리석은 사람은 큰일을 했어도 어떻게 했는지 모릅니다. 똑똑한 사람은 아직 드러나지 않은 일도 미리 압니다. 백성들과 변법의 결과를 함께 누릴 수는 있으나 그들과 일의 시작을 논의할 수는 없습니다. 최고의 도덕을 논하는 사람은 세속과 타협하지 않으며, 대업을 이루는 사람은 대중과 모의하지 않습니다. 성인聖人이 나라를 부강하게 할 수 있는데 규율을 따를 필요가 있겠습니까? 백성을 이롭게 하는 일에 군이 예법을 고집할 필요가 있습니까?"

효공은 이 말을 듣고 즉시 "맞는 말이다"라며 동의했다.

그때 진의 옛 귀족 대신인 감용甘龍이 변법 반대파를 대표해 말했다. "허튼소리입니다! 성인은 백성의 풍속을 바꾸지 않고도 교화하며, 현명한 사람은 예법을 바꾸지 않고도 백성들이 따를 수 있게 가르칩니다. 이렇게 하면 힘들이지 않고도 공을 이룰 수 있습니다. 종래의 법으로 나라를 다스려야 관리는 익숙하게 여기고 백성들은 반감을 가지지 않습니다."

공손앙은 즉각 반박했다. "사람이라면 누구나 옛 관습이 몸에 배어 있고, 선비는 옛 규율을 고수하며 공을 받들어 법을 지키기를 바라니 변법을 이야기해봤자 우스운 일이겠지요. 하지만 삼황이 천하를 통일할 때 예법이 다르고, 오패가 할거할 때 법제가 다릅니다. 현명한 사람은 규율을 만들고, 우매한 사람은 규율에 얽매입니다."

그러자 이번에는 두지杜摯가 반대하고 나섰다. "틀렸습니다! 충분한 이로움이 없다면 법령을 바꿀 수 없고, 열 배 이상의 효과가 없다면 예법을 바꿀 수 없습니다. 옛 법령을 따르면 잘못을 저지르지 않고, 옛 예법을 따르면 사악함이 없게 될 것입니다."

공손앙도 물러서지 않고 재반박했다. "옛 법령을 답습하면 성공할 수 있습니까? 그렇다면 낡은 관습과 법도를 답습한 하夏 왕조나 은, 상이 왜 망했겠습니까? 주 무왕은 은, 상의 낡은 법령을 변혁해 천하를 통일했습니다. 낡은 관습을 고친 사람은 비난받으면 안 되고, 낡은 관습을 지킨 사람은 칭찬받으면 안 됩니다. 나라를 다스리는 데 변화하지 않으면 곧 자멸뿐입니다. 나라에 이로우려면 반드시 멈추지 않고 발전해야 합니다."

그러자 효공이 단호히 말했다. "자, 이제 의심하지 않겠다. 진은 반드시 변법을 실행할 것이다!"

결국 효공은 변법의 조서를 내렸고 공손앙을 좌서장左庶長에 임명해서 변법을 총괄하게 했다. 진은 공손앙, 즉 '상앙의 변법'을 통해 비약적으로 강성해졌다. 마침내 천하통일의 신호탄이 울린 것이다.

간절하기에 더욱더 꽁꽁 숨겨놓은 소원

공손앙이 진 효공을 설득할 때 썼던 화술은 '상대의 깊은 욕망을 끌어내기'다. 불교에서는 삼생원이라는 말이 있는데 여기서 '삼생'三生은 전생, 현생, 내생을 가리키며, '원'愿은 보통의 바람이 아니라 오랫동안 마음속 깊은 곳에 숨겨둔 간절한 소원을 의미한다. 삼생을 거쳐 간직해 온 소원은 함부로 입에 담지 못할 뿐만 아니라 쉽게 들키지도 않는다. 그러니 상대의 깊은 욕망을 끌어내는 일은 삼생원을 탐사하는 것과 다름없다.

'탐사'는 지질학과 관련한 작업 방식 가운데 하나다. 광산이나 땅 속의 상황을 파악하기 위해서는 시추 탐사, 갱도 탐사, 물리적 탐사, 화학적 탐사 등 여러 수단을 동원한다. 화술에서 '탐사'는 대화를 통해 상대방의 내면세계로 깊숙이 도달한다는 의미로 쓰인다.

공손앙은 끈질기게 대화를 네 차례나 진행함으로써 효공이 진짜 바라는 바를 발견했다. 그렇게 요순임금부터 우왕, 탕왕, 문왕, 무왕에 이르기까지, 춘추오패에서 부국강병에 이르기까지 공손앙은 모든 화제에서 성큼성큼 나아간 끝에 마침내 효공의 삼생원에 도달했다.

실생활에서 말하기의 중요성을 잘 알고 있는 사람은 대체로 '탐사의 달인'이기도 하다. 화술 설명에서 이미 눈치 챘겠지만, 이 화술을 실천하려면 만반의 준비를 갖춰야 한다. 준비한 많은 아이디어들을 실제 대화에 적용하며 층층이 감춰진 상대방의 내면을 끈질기게 파고들어야 비로소 삼생원과 마주할 수 있기 때문이다.

상하이의 한 잡지와 가진 인터뷰에서 자리가 마무리될 즈음에 기자가 이렇게 물었다.

"선생님께서는 대학에서 커뮤니케이션학을 전공하고 박사 과정에서 미디어학을 연구하셨네요. 그리고 이 두 전공을 결합해 현재 화술 분야에서 경력을 쌓고 계신데요. 앞으로 전문 분야에서 가장 간절히 이루고 싶은 것이 있다면 무엇인지요?"

기자의 마지막 질문은 그가 다양한 차원의 탐사를 통해 얻은 성과를 바탕으로 대화를 꿰뚫어 본 후 나의 '삼생원'을 묻는 것이었다.

나는 이렇게 대답했다.

"언어는 인류 존재의 징표입니다. 사람은 언어를 통해 시대를 구분 짓는 동시에 사람과 사람의 생각을 이어 시간과 공간을 초월합니다. 그래서 역사적 인물들이 남긴 대화에 감사하고 있습니다. 그 말들을 통해 저는 천년을 뛰어넘어 위인들을 한 명씩 만나고 있으니까요."

가장 말을 걸기 어려운 상대는 바로 나 자신이다

《사기》〈상군열전〉에서 배운다

살다 보면 종종 상대방을 마주보고 말하는 것 같지만 사실은 자기 자신에게 말을 거는 순간을 맞는다. 이때 우리가 취할 수 있는 유일한 태도는 자신을 속이지 않는 것이다. 그래서 자신을 설득하기 위해 스스로에게 말을 거는 방법이 모든 화술 가운데 가장 어렵다.

"그를 쓰거나 죽였어야 했다!"

"그는 천성이 각박하고 은혜를 모른다. 제왕의 도를 밝히며 진왕에게 유세했으나 모두 뜬구름 잡는 이야기일 뿐 그 자신의 신념이 아니었다. 진왕이 총애하는 신하의 추천을 받아 득세하더니 자리에 오르자마자 진왕의 친척들을 죽이고 비열한 방식으로 위魏 공자를 속였다. 충신의 권고를 따르지 않은 것은 덕이 부족함을 드러낸다. 나는 그가 편찬한 변경 개척과 농업 발전에 관한 책들이 그의 행적과 퍽 유사하다고 생각한다. 그는 결국 반란을 모의한 죄로 죽임을 당했는데 벌을 받아 마땅했다."

사마천이 《사기》에서 공손앙, 즉 상앙을 두고 한 말이다. 중국 역사에서 엇갈린 평가를 받는 인물이 적지 않은데 그중에서도 상앙이 특히 그렇다. 그가 진이 강성해지는 데 큰 역할을 했음에도 대체 무슨 짓을 했기에 태사공이 붓을 칼로 삼아 이토록 혹독하게 평가했을까?

변법 이후 일 년이 지났을 무렵 진에서는 신법新法이 비인간적이고 불편하다며 관아로 달려가 읍소하는 사람이 수천 명에 이르렀다. 이 와중에 진의 세자 사駟까지 사형 선고를 받은 왕족을 숨겨 신법을 어기는 일이 벌어졌다. 상앙은 백성들이 새로운 법령을 따르지 않는 까닭은 특권 계급부터 그러하기 때문이라고 여겼다. 그는 세자를 처벌할 수 없자 법령에 따라 세자의 스승이자 큰아버지인 공자 건虔에게 죄를 물어 처벌하고, 다른 스승인 공손가公孫賈를 경형에 처했다. 백성들은 왕족도 형벌을 피하지 못하는 것을 보고서 감히 불평을 입에 담지 않게 되었다.

신법 시행 십 년 후, 진에서는 길바닥에 떨어진 물건도 줍는 사람이 없고 도둑도 사라졌다. 백성들은 먹을 것과 입을 것이 풍족해 전쟁이 나면 기꺼이 나가 싸웠고 사회 질서가 안정되었다. 이전에 신법이 비인간적이고 불편하다며 불만을 토로했던 사람 중에 굳이 수도로 와서 신법을 칭찬하는 이들도 생겨났다. 그런데 상앙은 이런 사람이야말로 사회 질서를 어지럽힌다며 모두 붙잡아 변방으로 강제 이주시켰다. 이후에는 누구도 신법에 대해 왈가왈부하지 않았다.

신법 시행 13년 후, 진은 도량형을 제정해 물건의 길이, 부피, 무게를 측정하는 기준을 일정하게 통일시켰다. 국력이 크게 향상하자 효공은 수도를 함양으로 이전했다.

신법 시행 14년 후, 공자 건이 또 법을 어겨 코를 베이는 형벌을 받았다.

신법 시행 15년 후, 주나라의 천자가 제사에 쓸 고기를 효공에게 하사해 공적을 치하하자 각국 제후들이 모두 축하했다. 이제는 누구도 진을 얕보지 않았다.

신법 시행 16년 후, 위魏 나라가 제나라에 패해 세자 신申이 포로로 끌려갔고 장군 방연龐涓 을 잃었다.

신법 시행 17년 후, 상앙이 효공에게 말했다. "이 기회에 위를 쳐야 합니다. 위는 제에 패한 지 얼마 되지 않았으니 분명히 화의를 청할 것입니다. 그러면 우리가 위의 험지인 황하와 효산을 점령해 다른 여섯 나라를 공격하는 발판으로 삼을 수 있습니다."

효공은 상앙의 제안을 받아들이고 군사를 보내 위를 공격했다. 이때 상앙은 도의에 크게 어긋나는 일을 저질렀다. 자신이 아직 위를 좋게 생각하고 있으니 만나서 옛날이야기나 나누다가 평화 조약을 맺자고 위 공자 앙昻 을 속인 것이다.

충신인 앙은 상앙의 말을 믿고 약속한 자리에 왔다. 그러나 상앙은 얼굴을 바꿔 공자 앙을 포로로 잡고 그 틈에 출병해 위군을 격파했다. 위왕은 어쩔 수 없이 진에 영토를 할양하고 수도를 대량大梁 으로 옮겼다. 이 추악한 일이 알려지자 천하에 상앙과 친분을 다지려는 사람이 사라졌다. 위왕은 후회하며 한탄했다. "그때 공숙좌의 말을 들었어야 했다. 그를 쓰든지, 죽이든지 했어야 하거늘!" 효공은 상앙의 공로를 높이 사 어於 와 상 지역의 15개 성을 하사했다.

스스로를 괴롭히지 않고자 할 수밖에 없는 말

상앙이 강력한 신법을 밀어붙이고 빛나는 공적까지 세우니 시기하는 사람이 많았다. 한번은 정직한 선비 조량趙良이 상앙에게 만남을 청했다. 상앙은 조량을 만나 이렇게 말했다. "그대를 만난 까닭은 맹란고孟蘭皐가 소개했기 때문이오. 맹란고가 그대를 매우 존경하던데 우리도 가까이 지내면 어떻겠소?"

평범한 사람이라면 나는 새도 떨어뜨리는 권세를 휘두르는 상앙이 친분을 청하면 바로 받아들였을 것이다. 그러나 조량은 지혜로웠다. "감히 받아들일 수 없습니다. 공자 말씀에 어진 이를 추천해 받드는 자는 번영하고, 어질지 못한 자를 불러 모아서 왕 노릇을 하는 자는 몰락한다고 했습니다. 저는 어질지 못해 따를 수 없습니다. 또 자격이 없는 자가 지위를 차지한 것을 탐위貪位라 하고, 명성이 없는데 그 명성을 누리는 것을 탐명貪名이라 했습니다. 제가 명을 받아들인다면 탐위와 탐명에서 벗어날 수 없을까 봐 두려워 감히 명을 따를 수 없습니다."

상앙은 그의 말이 께름칙했는지 다시 물었다. "보아하니 그대는 과인이 진을 다스리는 데 불만이 많은가 보오?"

조량이 대답했다. "반대 의견을 듣는 것을 총聰이라 하고 스스로 반성하는 것을 명明이라 하며, 자신을 이기는 것을 강强이라 합니다. 순임금께서는 '자신을 낮추는 사람만이 공경을 받는다'라고 했습니다. 순임금의 도를 행하지 않으신다면 구태여 제게 불만의 연유를 물으실 필요가 있습니까?"

조량이 매섭게 직언하자 기분이 상한 상앙이 다시 물었다. "과거 진은 서융이라 불리며 멸시받았는데 과인이 진의 풍습을 바꿔 백성들이 교화되고 국력이 강해졌으며 궁은 더욱 웅장해졌소. 그대가 보기에 과인이 진을 다스리는 것과 목공 시절 재상이었던 백리해百里奚가 다스리는 것 중 어느 쪽이 더 현명해 보이오?"

조량이 대답했다. "천 장의 양가죽은 여우 겨드랑이 털로 만든 모피 한 장보다 값이 싸고, 천 명의 아첨은 한 명의 의로움보다 낫지 않습니다. 주 무왕이 백관의 직언을 허락하니 나라가 번성했고, 상 주왕이 신하의 의론을 허락하지 않으니 나라가 멸망했습니다. 주 무왕을 반대하시는 것이 아니라면 제가 드리는 말로 저를 처벌하지는 않으시겠지요."

상앙이 답했다. "마음에 드는 말은 꽃봉오리와 같고 충언은 열매와 같소. 쓴 소리는 좋은 약이고 아첨은 나쁜 병이오. 그대가 직언하기를 원한다면 좋은 약이 될 테니 스승으로 모실 생각이 있는데 어찌 과인과 가까이하기를 원치 않으시오?"

조량은 상앙의 말을 듣고 오랫동안 마음속에 간직했던 말을 꺼냈다.

"백리해는 초나라의 촌사람으로 진 목공秦 穆公이 현명하다는 말을 듣고 만나기를 원했으나 여비가 없었습니다. 결국 그는 스스로를 진나라 사람에게 팔아 노비가 되어 허름한 옷을 입고 소를 치며 살았습니다. 일 년 후, 목공이 이 일을 알고 백리해를 소를 먹이는 일꾼에서 만인지상의 상국으로 중용했는데 감히 불평하는 사람이 없었습니다.

백리해는 6~7년 동안 진秦에서 재상을 지내며 동쪽에서 정鄭을 정복하고 진晉의 국군을 세 차례나 옹립했습니다. 출병해 고향인 초를 재난에서 구했고, 진秦에서는 늘 어진 정치를 베풀어 백성을 교화했습니다. 오랑캐조차 공물을 바치러 오고, 진晉의 귀족 유여由餘도 문을 두드리며 투항했습니다.

백리해는 아무리 힘들어도 가마를 타지 않았고 아무리 더워도 차양을 치지 않았습니다. 성 안팎을 들고 나설 때도 시종이나 호위무사 없이 다녔습니다. 그의 공적은 책에 기록되어 후대에 전해집니다. 백리해가 세상을 떠나자 남녀 할 것 없이 백성들이 모두 눈물을 흘렸고, 아이들은 까불며 노래하지 않았으며, 농부들은 일하면서 농요를 부르지 않을 정도로 슬퍼했습니다. 이 모든 것이 백리해의 공덕입니다.

그러나 상공께서는 당시 총애를 받던 경감의 추천으로 효공을 뵈었는데 어찌 백리해와 비교할 수 있겠습니까? 진에서 재상이 되어 백성의 이로움을 도모하지 않고 궁궐을 지었으니 어찌 백리해와 비교할 수 있겠습니까? 세자의 스승을 고문하고 백성들에게 가혹한 형벌을 내려 원한이 쌓였는데 어찌 백리해와 비교할 수 있겠습니까?

명령보다 교화가 백성에게 더 설득력이 있고, 덕을 배우는 것이 참혹한 형벌보다 더 힘이 있습니다. 가혹한 형벌로 나라를 다스리는 것은 교화가 아니니 어찌 백리해와 비교할 수 있겠습니까? 또 봉지에서 왕처럼 남쪽을 향해 앉아서 오직 왕만 쓸 수 있는 '과인'이라는 자칭을 쓰시니 어찌 백리해와 비교할 수 있겠습니까?

《시경》에 이르기를 쥐와 사람은 모두 몸뚱이와 사지를 갖췄는데 사람에게 예법이 없으면 쥐와 다를 바 없으니 차라리 빨리 죽는 편이 낫다고 했습니다. 그런데 어떻게 백리해보다 낫다는 칭찬을 바라십니까?

《시경》에서 또 이르기를 마음을 얻는 자는 번창하고, 마음을 잃는 자는 무너진다고 했습니다. 상공께서 지금 시행하는 일들 중에는 인심을 얻는 것이 없습니다. 외출할 때마다 수십 대의 가마와 건장한 호위 무사들을 대동합니다. 이들은 모두 손에 창을 든 채로 상공에게서 한 발짝도 떨어지지 않습니다.

상공께서는 새벽의 이슬처럼 위태롭습니다. 만약 백세까지 장수하기를 바란다면 어서 봉지를 나라에 돌려주고 한적한 곳으로 떠나 농사를 지으며 세상일을 묻지 말고 사십시오. 임금께 더 현명한 자를 중용해 작위를 내리시라 권하십시오. 백성들이 노인을 공경하고 고아를 돌보며 부모 형제가 서로 사랑하게 하십시오. 그래야만 오래도록 목숨을 보전할 수 있습니다. 봉지에서 나는 부유함을 탐하고, 권력이 주는 쾌락에만 관심을 가지시며, 백성을 계속 억압하고 원한을 쌓는다면 어떻게 되겠습니까? 효공께서 상공을 보호하지 못하는 때가 되면 상공을 없애려는 자들이 많이 나오지 않겠습니까? 그러면 죽을 날이 잠깐 사이에 다가올 것입니다."

상앙은 조량의 충고에 전혀 귀를 기울이지 않았다. 설령 귀를 기울였다 한들 눈앞에 놓인 것을 포기할 수는 없었을 것이다. 5개월 후, 효공이 승하하고 세자가 즉위했으니 바로 혜문왕이다. 이번에는 상앙이 죄를 물어 코를 베었던 공자 건이 이전과는 반대로 상앙에게 반란을 모의했다는 죄를 물었고, 상앙은 어쩔 수 없이 변경으로 도망쳤다.

해가 질 무렵, 상앙이 여관에 묵으려 하자 주인이 "신법에 따라 증명서가 없으면 묵을 수 없습니다. 신법을 어기면 제가 처벌받습니다"라고 말하면서 그를 쫓아냈다.

상앙은 긴 한숨을 쉬면서 탄식했다. "목수가 자기가 만든 칼을 쓴다

더니, 자업자득이구나!" 이후 상앙은 고생 끝에 국경을 넘어 위나라로 도망쳤다. 하지만 위나라 사람들은 예전에 상앙이 공자 앙을 속여서 땅을 빼앗은 일을 잊지 않아 그를 사로잡은 다음 진으로 돌려보냈다.

혜문왕은 상앙을 광장에서 거열형에 처하고 그의 가문 전체를 잡아들여 참수했다.

다른 '누군가'가 아닌 '나 자신'을 위한 설득

상앙이 '마침내' 죽은 이 이야기에서 조량이 직언할 때 사용했던 화술은 '도리를 지키기'다. 중국 격언 중에는 '심안이득'心安理得이라는 말이 있다. 자신의 언행이 도리에 어긋나지 않았다고 생각해 마음이 편안하다는 의미다. 격언을 뜯어보면 순서가 뒤바뀌었다는 것을 알 수 있는데, '마음이 편안하다'는 '심안'心安이 '도리에 어긋나지 않는다'는 '이득'理得보다 먼저 나오기 때문이다. 유심론자가 아닌 이상 마음이 편해서 도리에 어긋나지 않는다는 것은 논리적으로 순서가 맞지 않아 보인다. 추정컨대 말의 순서를 뒤바꾼 쪽이 입에 더 잘 붙기 때문에 이리 불리게 된 것이 아닌가 싶다. 다만 이번 화술은 '심안이득'의 순서 그대로 도리를 지켜 마음이 편안해진다는 의미를 가진다.

조량은 도리를 지키고자 어렵게 말을 꺼냈으나 결과적으로 상앙을 설득하는 데 실패했으며, 결국 상앙은 조량이 예상한 운명을 맞았다. 설득에 실패한 사례까지 굳이 분석할 필요가 있을지 궁금한 독자들도 있을 것이다. 말은 목적하는 대상에 따라 대인 전파, 집단 전파, 조직

전파, 대중 전파, 그리고 자기 전파 등으로 나뉜다. 다시 말해 누군가를 설득하는 것이 화술이라면 그 '누군가'라는 대상에는 자기 자신도 포함된다.

조량은 분명히 상앙의 성격을 알고 있었을 것이다. 그러나 설득할 수 없다고 아예 상대방과의 소통을 포기해 버리는 것은 올바른 태도가 아니다. 조량은 먼저 말을 에두르다가 상앙으로부터 직언을 해도 좋다는 승낙을 받은 후에 비로소 솔직하게 말했다. 그가 말한 내용은 구구절절 도리에 맞았으니, 설령 상앙이 자신의 말을 따르지 않더라도 스스로를 포기하지 않았다는 마음의 평안은 얻을 수 있었을 것이다.

'도리를 지키기' 화술은 자신의 신념을 위해 죽음도 불사한다는 데에서 '자리에 맞게 말하기' 화술과 비슷하지만, 파고 들어가면 그 성격이 전혀 다르다. '자리에 맞게 말하기'가 자신에게 주어진 책임을 다하고자 해야 할 말을 하는 것이라면, 이 화술은 스스로를 속이며 괴로워하지 않고자 하고 싶은 말을 하는 것이기 때문이다.